大学生心理健康教育

Education of Mental Health for University Students

主编　陈秋燕　　副主编　韩佩玉

编委　程　科　张海滨　张晨光　查抒佚　张　勇

北京师范大学出版集团
BEIJING NORMAL UNIVERSITY PUBLISHING GROUP
北京师范大学出版社

图书在版编目(CIP)数据

大学生心理健康教育/陈秋燕主编，韩佩玉副主编. —北京：北京师范大学出版社，2020.9(2023.1 重印)
ISBN 978-7-303-26297-7

Ⅰ.①大… Ⅱ.①陈…②韩… Ⅲ.①大学生—心理健康—健康教育 Ⅳ.①G444

中国版本图书馆 CIP 数据核字(2020)第 166567 号

图书意见反馈：gaozhifk@bnupg.com 010-58805079
营销中心电话：010-58802755 58800035
北师大出版社教师教育分社微信公众号 京师教师教育

DAXUESHENG XINLI JIANKANG JIAOYU
出版发行：北京师范大学出版社 www.bnupg.com
北京市西城区新街口外大街 12-3 号
邮政编码：100088
印　　刷：天津旭非印刷有限公司
经　　销：全国新华书店
开　　本：710 mm×1000 mm 1/16
印　　张：17
字　　数：335 千字
版　　次：2020 年 9 月第 1 版
印　　次：2023 年 1 月第 5 次印刷
定　　价：49.00 元

策划编辑：何　琳　　　责任编辑：马力敏　梁民华
美术编辑：李向昕　　　装帧设计：李向昕
责任校对：康　悦　　　责任印制：马　洁

序

林宗德

我国高校的心理健康教育起始于20世纪80年代末90年代初，至今约有四十年的历史。近四十年来，我国高校心理健康教育工作专业化成效较为显著，大学生心理健康教育体系逐步建立，课程建设也日趋完善。据统计，目前全国有95%以上的高校设立了大学生心理健康教育和咨询机构，高校心理咨询专业工作人员的自身素质在逐年提高，丰富多彩的心理健康活动蓬勃开展，这些活动在大学生群体中产生了较为广泛的影响。越来越多的大学生积极主动地参与到此类活动中，并较自觉地关注自身和他人的心理健康状况。不少心理健康教育的教师还承担科研课题，探讨了大学生心理健康及其教育的机制、方法和理念，也获得了较为丰富的研究成果，为大学生心理健康教育工作专业化发展提供了重要支撑。

今天，我面前放着由西南民族大学陈秋燕教授修订、即将由北京师范大学出版社出版的《大学生心理健康教育》，读后颇为赞赏。西南民族大学开展大学生心理健康教育课程建设已有近十年的时间，该课程在西南民族大学的开设和完善有其特色，它又是我国高校心理健康教育教学发展的一个缩影。陈秋燕教授团队在2015年《大学心理健康教育》课程教材的基础上，对《大学生心理健康教育》课程改革给予了很大的投入，如进行了翻转课程教学模式的探索，开展了在线开放课堂和精品在线课程的建设；特别是在现代化教育技术方面，在多媒体教学和网络课堂方面做了有益的探索和建设，建成了大学生心理健康教育的精品在线课堂，使得这门课程从教学内容、教学形式到教学效果都有所改进。改革后的这门课程不仅深受西南民族大学学生的肯定，而且得到其他兄弟院校学生的欢迎。四川、海南、云南、河南、河北、广东、广西、山东、山西等地的近30所高校使用了《大学生心理健康教育》，扩大了该教材的受益对象。即将出版的《大学生心理健康教育》对2015年版本的教材进行了修改和完善，具有一些创新之处，这里仅述三个方面。

一是在教学内容上，这本教材以培养大学生心理健康的需要为出发点，以提升大学生健康素质的目标，针对大学生心理成长过程中经常出现的心理议题，应用心理健康的相关理论知识，改变了单纯以理论体系构建课程内容的传统做法，既重视课程的实际应用性，又注重心理学理论的科学性，取得了理论联系实际的效果。

二是在教学方式上，这本教材实现了线上和线下的有机结合，最大程度地扩大了教学的时空。尤其在“新冠”疫情期间，《大学生心理健康教育》的视频课程发挥了重要作用，不仅提高了教学的针对性和实效性，而且使每个学生都能够灵活学习。在课堂教学中，这本教材采用互动体验式教学方式和案例分析教学方法，使教学活动既有活力又有吸引力，对提高学生学习的愉悦性、增强其心理素质都起到了积极作用。

三是在教材结构上，这本教材从案例开启，以问题的形式引出教学内容，在讲解概念和知识之后进行操作练习；然后是活动链接或知识链接；最后提出思考题，推荐影视鉴赏。这种方式较好地满足了大学生心理发展的需求，既提出了大学生的具体心理问题，又阐述了科学的心理学知识，并解决了大学生心理成长中的困惑。

党的十九大提出“加强社会心理服务体系建设，培养自尊自信、理性平和、积极向上的社会心态”。2018 年 11 月，教育部等 10 部委颁发的《全国社会心理服务体系建设试点工作方案》明确提出要完善教育系统心理服务网络，开设心理健康教育课程，培养学生积极乐观、健康向上的心理品质，促进学生身心可持续发展。做好大学生心理健康教育课程教材建设，有助于面向心理健康教育的实效性，增强心理健康评估的针对性，提升心理健康教育研究的实践性，发挥高校心理健康教育队伍出人才、出成果、出特色的前瞻性。

目前大学生心理健康教育的版本越来越多，呈现了百花齐放的局面。我希望高校心理健康教育界的同人们本着百家争鸣的精神相互探讨，一起落实教育部党组印发的《高等学校学生心理健康教育指导纲要》。

是为序。

2020 年秋 于北京师范大学

前　言

习近平总书记在十九大报告中提到，要加强社会心理服务体系建设，培育自尊自爱、理性平和、积极向上的社会心态。大学教育就是培养德智体美劳全面发展的社会主义建设者和接班人。大学生心理健康教育的出发点和落脚点是心理育人，坚持育心与育德相统一，加强人文关怀和心理疏导。规范开展心理健康教育，能更好地适应和满足学生心理健康教育服务需求，促进学生心理健康素质与思想道德素质、科学文化素质协调发展。

自 2011 年教育部颁发《普通高等学校学生心理健康教育课程教学基本要求》到现在已快 10 个年头了。《大学生心理健康教育》课程建设经历了从少数高校开设发展到几乎所有高校开设的探索阶段，从最初的选修课发展到必修课或必选课的成长阶段，从一般课程发展到精品课程的成熟阶段。《大学生心理健康教育》已是大学生的基础必修课。课堂教学是提升大学生心理素养的主要手段，成为开展大学生心理健康教育的一个重要途径。加强《大学生心理健康教育》教材建设是对提高大学生心理健康教育质量的自然回应。

大学是人生发展的一个重要阶段，是大学生形成世界观、人生观和价值观的关键时期。大学生在追寻真理的同时，也在求索内在的精神世界；大学生在接受专业培养的同时，也在经历心理发展的淬炼；大学生在谋求职业发展的同时，也在积累人生的智慧。他们既要经历专业学习上的成功与挫败，也要接受内心世界的各类挑战。例如，从单纯的中学生转变为独立的大学生，从被动学习转变为自主学习，从自我怀疑转变为自我肯定，从不善交往转变为能与人愉快相处，从不堪负荷转变为在迎接挑战中成长，从寻找工作的迷茫无知到胸有成竹地谋划生涯发展，把心理问题化为创伤后的成长。几乎每个大学生都会遇到这样那样的心理问题，这些问题正是促进他们心智成熟的催化剂。本书旨在通过心理健康教育教学使大学生认识心理成长中的挑战，掌握一些心理调节的应对方法，达到提升其心理素养的目标。

自从 2015 年出版《大学生心理健康教育》教材后，在这五年中我们不断进行课程和教学改革，如通过在线开放课程建设扩大了授课对象，通过“翻转课堂”教学模式改进了教学方式，通过精品在线课程建设提高了教学质量和水平。我们在不断加强队伍建设、不断完善教学内容、不断改进教学方式的过程中，把大学生心理健康教育课程创新为“一课三式的 TEC 教学模式”：“一课”是把大学生心理健康教育建设为全体学生的公共必修课，做到心理健康教育教学全覆盖；“三式”是指教授(Teach)—体验(Experience)—改变(Change)三种教学方式，即教授心理健康知识，体验心理活动，改善心理素质，实现心理健康知识与心理素质相结合的目标。

根据当代大学生的学习方式和多媒体信息化的特点，本书对2015年《大学生心理健康教育》教材进行修改升级，优化了教学内容。本书中的案例均来自当代大学生所面临的实际问题及所关注的热点话题，理论联系实践，抓住了大学生的主要心理特点，既传达了科学的心理学知识，又解决了大学生发展中的心理困惑。同时，本教材采用线下和线上相结合的方式，下载“知到”应用软件，搜索“西南民族大学”，即可观看本书配套的大学生心理健康教育视频课程。

本教材集知识传授、心理体验与行为训练为一体，力图使学生在理论知识、技能方法和自我认知三个层面融会贯通。在知识层面上，大学生了解心理健康的基本概念和一般理论，明确心理健康的标准及意义，知道大学阶段人的心理发展特征及异常表现，掌握自我调适的基本知识；在技能层面上，大学生掌握适应环境技能、自我探索技能、时间管理技能、压力调试技能、人际沟通技能、生涯规划技能和问题解决技能等；在自我认知层面上，大学生树立心理健康的自主意识，了解自身的心理特点和性格特征，能对自己的身体条件、心理状况、行为能力等进行客观评价，在出现心理问题时能进行自我调适或寻求帮助，积极探索适合自己并适应社会的生活状态。

在本书创作过程中，我们团队群策群力，反复研讨。本书的编写分工为：韩佩玉、陈秋燕(第一章)，张勇(第二章)，程科(第三章)，查抒佚(第四章)，张晨光(第五章)，陈秋燕(第六章)，张勇、查抒佚(第七章)，张海滨、陈秋燕(第八章)。与教材相匹配的大学生心理健康教育精品在线课程，经过近两年的斟酌和打磨录制而成。精品在线课程的授课老师分别为：韩佩玉、王晓刚(第一章)，王晓刚(第二章)，程科(第三章)，张海滨(第四章、第七章)，张晨光(第五章)，陈秋燕(第六章)。团队成员在专业上不断成长，在四川省高校第二届、第三届、第四届和第五届高校心理健康教育课程教学比赛中获得了三个一等奖和一个二等奖，获得了国家民族事务委员会2019年教学成果一等奖和四川省第八届高等教育优秀教学成果奖二等奖。

本书得到北京师范大学出版社何琳编辑的大力支持，感谢她对本书提出宝贵的修改意见。虽然本书是我们对大学生心理健康教育教学的努力之作，但书中仍有一些不足之处，没有完全达到我们的预期目标，敬请大家批评指正，以帮助我们日后改进和完善。

陈秋燕

2022年7月于成都

目录 Contents

第一章

积极适应　呵护健康

如果说人生的成功是珍藏在宝塔顶层的桂冠，那么健康的心理就是握在我们手中的一柄利剑。只有磨砺好这柄利剑，才能一路披荆斩棘，最终夺取成功的桂冠。

——［美］乔治·斯格密

学习目标

明确适应对大学生心理健康的重要意义；初步识别心理问题，了解大学生常见的心理问题及其表现形式；学会客观正确地看待心理咨询，并树立自助和求助的保健意识，提高自身心理健康水平。

第一节　适应大学

案　例

大学“轻松”的学习环境让我有些手足无措。高中老师很负责，每天“盯”得很紧，还不时地抛出各种小测验和考试，不想努力都难。但是进了大学，作业不常布置，整个人都松懈了，学习没动力和方向。——小张

大学“轻松”的学习环境让我有些无所事事。习惯了高中时时间被安排得满满的。上了大学，时间一下子宽裕了很多，反而觉得不知所措、无所事事。每天上完课之后如何处理大量的空闲时间令人头疼。——小马

上百个社团向我招手，这个我喜欢，那个能让自己得到锻炼，这个是学姐推荐的，那个是舍友强烈举荐的……每天特别忙，感觉挺充实的；但就是有点累，上课也常常犯困。——小李

问　题

1. 让自己忙碌起来就能适应大学生活吗?
2. 如何避免大学生活中的“忙而不实”?

大学阶段是一个人成长发展的重要阶段。大学生生理发育基本成熟，但心理发展尚未稳定。大学生会面临多重人生任务，需要探索和回答诸多人生问题，如交友与择偶、择业与就业、学习与生活、社会发展与个人成才等。这比起“两耳不闻窗外事，一心只读圣贤书”的高中生活复杂了很多。案例中三位同学对大学生活的描述在大学生群体中并不少见，尤其是大学生活与高中生活差异越大，不适应状况表现得越为突出。例如，案例中的小张习惯了高中“看

管式”的学习方式，对于适应大学“自主式”的学习方式来说是一种挑战；小马习惯了自己的时间“被安排”，忽略了自己是时间的主人，自己可以管理自己的时间，可以利用自由支配的时间去做那些当初为了高考而暂时放弃的事情；小李表面上看是由于太多的社团花费了自己大量的时间，贪多嚼不烂，让自己的学习受到影响，但实际上是由于没有做好时间管理工作，因此没能将社团活动与学习安排好。如果小张、小马和小李不能及时自我调节，找到正确的应对方法，长时间处于那种状态，那么心理健康会受到影响，甚至阻碍成长。

一、初识大学

十几年的寒窗苦读迎来了今天的金榜题名。怀着理想和憧憬迈入大学校门的莘莘学子，面对的是一个崭新的世界——大学。大学与高中不同，不仅在于空间更加广大，设施更加完善，而且在于它更开放、自由、多元与包容。大学为所有胸怀梦想的人探究真理提供了无尽的可能，也为各有特长的人相互学习提供了充分的机会。大学之所以是大学，是因为它研究范围广大，研究学问高深，研究视野开阔。大学是梦想的陈列室，是人生之旅的关键期，是知识探究、能力培养和人格养成的场所。上大学的目的不是追逐功名、趋利避害，而是学会分辨和体察，探索事物的本源，在更高层面上追求自我价值的实现。唯有找到心之所爱，才能够发现更广阔的天地。

1917 年，蔡元培先生在北京大学就职演讲中提出：“大学者，研究高深学问者也。大学者，囊括大典，网罗众家之学府也。”清华大学原校长梅贻琦在就职演讲中提出“所谓大学者，非谓有大楼之谓也，有大师之谓也”的著名论断。

联合国教科文组织把大学生的主要任务界定为“四个学会”，即学会做人、学会做事、学会学习、学会与人相处。

第一是学会做人。著名教育家陶行知说过：千学万学，学做真人。大学生应该认真践行社会主义核心价值观，以为人民服务为核心，以集体主义为原则，以诚实守信为重点，做一个有志向、有担当、有梦想、善良、感恩、宽容的人，做一个勇敢面对困难、坚韧不拔的人。有一句话说得特别经典：一个学生如果智不合格，那是次品；如果体不合格，那是废品；如果德不合格，那是危险品。

第二是学会做事。学会做事是指用一种善始善终的态度认真对待和处理各种事务，坚持不懈并力求完善。“小事不做何以做大事?”“一屋不扫，何以扫天下?”在修炼出“盖世武功”之前，要脚踏实地地练好基本功。

第三是学会学习。大学生与非大学生最主要的区别不在于是否掌握了一门专业技能。新东方董事长俞敏洪说，大学一定要学到很多必要的知识，在精通专业知识的同时还要博览群书，至少读400本书，一定要把专业领域的前三本书读得滚瓜烂熟。实践也是学习，而且是更重要的学习。在大学，学习不再是一块敲门砖，而是一条自我追求、自我修炼的途径。学习的目的在于满足自己对世界的好奇，自发地追求自己的兴趣，从而体验主动探究带来的快乐。

第四是学会与人相处。大学不仅是知识的圣殿，也是人才的聚集地。大学把一群极具创新追求的教师和一群极具创新潜质的学生集聚在一起，让大家的创造力得到激发，进而锻造出彼此终身受益的创新能力和智慧。上了大学，不仅需要独立自主地探索未知，而且需要重新定义自己与他人的关系；不仅要尝试结交朋友，而且要学会不同的思维方式，在与教师、同学的讨论与对话中相互启发、共同成长；不仅要学会付出与合作，而且要学会求助与竞争，在影响他人的同时成就更好的自己。

总的来说，大学是人生的关键阶段。在这个阶段，大学生应当认真把握好每一个"第一次"，让这些"首秀"成为未来人生道路的基石；要珍惜每一个"最后一次"，不要让自己在不远的将来追悔莫及。

二、大学新变化

世界上唯一不变的就是变化。理解生活中的变化，提高自己的适应能力，是每个人的必修课。

（一）生活上的变化

大学是一个特殊的人生阶段。大多数同学都是第一次远离家乡异地求学，开始真正意义上的独立生活。自理、自主、自立、自律是大学生活的主旋律。初来乍到，面对新的城市、新的校园、新的宿舍、新的教师、新的同学，许多同学都会遇到这样一些生活琐事，如"这里的气候太潮湿""食堂的饭菜太麻太辣""宿舍的空间太小""半个月就把生活费花光了，后面的日子不知怎么过""脏衣服堆了一地也没人管"……在家千日好，出门事事难，一切都要靠自己的生活并不是那么舒坦和自由。不同地域有着不同的饮食习惯，如"南米北面""南甜北咸""东辣西酸"等；不同民族有着自己独特的饮食文化和传统习俗，如酥油茶和糌粑是藏族传统早餐的标配，穆斯林同学食用清真食品。来自大江南北的同学的兴趣爱好、生活方式和行为习惯也大不相同，有的人细腻敏感，有的人大大咧咧。面对这些变化和差异，同学们需要尽快了解和适应，在不违背民族及个人禁忌的情况下，尽量接受不同的饮食习惯，尊重不同民族的文化习俗，照顾他人的感受，做好自己的理财规划，让大学生活尽在掌握之中。

（二）学习上的变化

十几年的风雨历程、寒窗苦读，早已练就了大学生强大的学习能力。"好学生""优秀学生""学习标兵""学习之星"等曾是大多数同学在过去学习生涯中的重要"标签"。来到大学，固定的课桌、固定的教室、固定的课程统统消失，堂堂换老师，节节换教室。从上大学开始，学生们开始有了真正意义上的专业。不同专业课程设置不同。大学课程分为必修课和选修课：必修课有专业必修课、文理基础课和通识必修课，选修课有专业选修课和通识选修课。对于选修课，同学们可以根据自己的兴趣、专业发展等自由选择。因此，常常会出现跨年级、跨班级、跨专业的同学在一起上课的情况。此外，各种讲座、社团活动、创新项目等也是大学生理论学习和专业实践的一部分。

大学教育的目的是培养学生的综合能力；培养既有扎实的专业基础，又有较强的实践动手能力的社会主义建设者和接班人。具体来说，大学学习具有以下特点：在学习行为上，由被动学习转为主动学习；在学习要求上，由重基础知识转为基本理论、基本知识与基本技能"三基"并重；在学习方法上，由教师传授知识为主转为学生自学知识、师生互动解惑相结合。在大学阶段，貌似作业量少于中学时期，但高质量地完成作业需要查阅大量参考文献。因此大学生要充分使用好图书馆、阅览室、实验室等第二课堂的资源。

（三）人际关系的变化

教师与学生是大学校园里的两大基本群体，也是与大学生联系最为紧密的人。与中学时期相比，大学生的人际交往发生了很大的变化。中学时期大多在家乡就读，同学之间充满了乡音乡情，基本上没有语言上的沟通障碍，交往相对比较容易；大学生来自全国各地，其语言文化、个性特征、生活习惯等各不相同，交往时需要更多的接纳、理解、尊重以及关心。具体来说，和中学时期相比，大学生交往的对象和范围、交往的方式、交往的深度都发生了很大的变化。大学生的人际交往并不局限在老乡和班级同学，而是五湖四海的朋友。大学生人际互动形式多种多样，如各种社团活动、各类班级/院级/校级等集体活动、聚会等。此外，各种社交方式，如QQ、微信、微博等实时交友软件在大学生人际交往中发挥着重要作用。大量实践表明，人际关系渗透在大学校园生活的点点滴滴，人际关系不良会严重影响大学生的学习和生活，给大学生带来苦闷和烦恼，阻碍大学生的成长。当代大学生要学会积极主动地与人交往，消除在交往中的羞怯情绪，并在交往的过程中获得乐趣、增强自信。

（四）自我角色的变化

大学生与中学生扮演的角色不同。一些学生在中学时担任班长、学习委员等班干部职务，是父母的骄傲，是老师和同学眼中的高才生。在人才荟萃的大学校园里，一些人成为不担任任何职务的普通学生。有的因此而自暴自弃，情绪低落，失去了往日的自信与抱负；有的虽然成绩优秀，但因为缺乏特长而感到自卑；也有的尽管不再那么出众，但中学时期的光环让自己有些迷失，觉得其他人都不如自己优秀。作为大学生，究竟自己是"鸡立鹤群"还是"鹤立鸡群"呢？客观地认识和评价自己对于大学生的成长和发展至关重要。大学生要适应这种由“出人头地”到“默默无闻”、由“高材生”到“普通学生”的转变。此外，中学生很少考虑自己的职业方向，而每一位大学生需要确定自己的职业方向并为之努力。社会对大学生的期望和要求也要比对中学生高得多。因此，大学生要实现从中学生到大学生这种角色的变化，及时调整自我评价，让自己尽快适应大学生活。

以积极的心态看待眼前正在发生的事情，会有助于人们适应发展和变化。当然，面对新的环境和新的挑战，何尝不是一个重新认识自我和学习成长的机会？面对变化，你可以更清楚地看到自己的长处和局限，知道有许多新的知识和技能需要学习。压力或许还会帮助你发现自己的潜能。

答　案

1. 让自己忙碌起来就能适应大学生活吗？

很多学生感觉大学很忙，每天事情特别多，但很少体验到忙碌之后的收获与满足。如果一个人用“忙碌”来描述大学生的生活状态，那么他传递出来的是一种无奈、压力、累和疲惫感；如果一个人用“充实”描述大学的生活状态，那么他传递出来的是积极、动力、满足和收获。所以，适应大学生活不是“胡子眉毛一把抓”地忙碌，而是做好自我规划，按照计划充实和完善自己。

三、积极适应大学生活

适应是来源于生物学的一个名词，用来表示能增加有机体生存机会的那些身体上和行为上的改变。① 现代社会处于急剧变化的时代，无论我们愿意与否，适应已经成为一种生活态度和心理能力。适应是人们一生都要面临的问题，金榜题名、洞房花烛、为人父母、职务变迁、婚姻变故、亲朋离世、疾病、突发事故、意外灾难……在面对生活中各种变化、转折和挫折时，个体需要在心理、行为、观念及目标上做出适当的调整和改变，以适应环境的改变。因为新的情况会产生新的体验，新的经历需要新的技巧和方法。

适应是离开安适区、突破压力区、到达成长区的过程。对于每一个人来说，安适区是熟悉的、安全的、自在的。但是，为了获得更多的发展，我们不得不离开安适区，进入一个充满不确定性的压力区。压力区是进入成长区的一条通道。它可能很黑，让你看不清自己；它可能很曲折，让你不知道出路在哪里；它可能很坎坷，让你会摔跤，感到疼痛。有些人为了避免这些不适，选择逃避，退回到原来已经习惯和感到舒服的环境，以为这样一切就会好了。殊不知，从压力区退却固然会感到一时的舒服，但因为放弃了成长，反而会给今后

---

① 朱智贤:《心理学大词典》，618 页，北京，北京师范大学出版社，1989。

带来更多的适应性问题。

适应与发展是心理健康的重要标志之一，是大学生适应现代社会的必备素质。面对无数的挑战和机遇，谁拥有良好的适应能力，谁就能够获取成功。一位哲学家曾经说过：“生活的成功与否，要看适应发展能力与其内外机遇调剂融合的难度是否相对应。”积极地适应才能发展。① 大学阶段是青少年成长的关键阶段。面对大学阶段带来的诸多变化，大学生能否适应新的校园生活决定了他们能否在大学阶段良好成长。对于大学生而言，适应是提升心理素质不可或缺的能力。

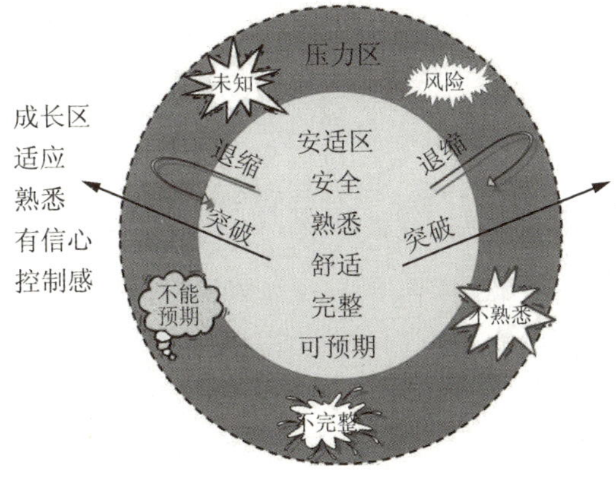

图 1-1 成长周期三区论

由于教育体制等诸多方面的原因，我国在高中和大学交汇阶段互不衔接的现象日渐凸显。长期以来，高中教育和大学教育沟通不够，高中关心的是如何提高升学率，大学关心的是如何招收到更多的尖子生；高中对大学教育茫然，大学对高中教育漠然。由此造成一些高中生进入大学以后出现诸多的不适应。② 一项对某高校 500 名新生进行测试的结果显示：从“陷入迷茫彷徨”到“走出困境”，46％的学生需要三个月左右的时间，43％的学生需要一年左右的时间，11％的学生需要调整的时间更长。③ 另一项对某大学 100 名新生的大学环境适应性进行调查的结果显示：军训后一个月左右即能迅速融入大学生活的占 5％左右，经过两个多月基本适应大学生活的占 30％左右，经过一学期基本适应大学生活的占 60％左右，5％左右的学生经过一年仍不能完全适应大学生活。④ 大学生的适应性受多种因素的影响，如成人依恋类型、性别角色、认知风格、自我同一性、家庭经济状况、家庭教养方式、自尊等。

适应大学生活是适应社会的前奏曲。适应的方式主要有本能的自我防御机制和习得的应对方式。

---

① 余国政：《大学生适应与发展的特点及途径》，载《湖南科技学院学报》，2007，28(11)。

② 黄兆信、李远煦：《大学新生适应性问题研究——从高中与大学衔接的视角》，载《中国高教研究》，2010(5)。

③ 严明：《大学新生心理适应性调查及教育对策研究》，载《西南民族大学学报(人文社科版)》，2005，26(10)。

④ 王守栋：《大学新生“磨合期”问题刍议》，载《继续教育研究》，2009(4)。

（一）自我防御机制

一个人在学习、工作、生活等方面遇到困难、遭受挫折或陷入困境时，往往会伴随着烦恼、痛苦的情绪体验。通常情况下，面对新情况或挫折时，人们会不自觉地采取一些应对方式，使波动的情绪获得平复，以解除精神上的痛苦、烦恼和不安。这种有意或无意处理当前的困境和挫折，以减轻心理痛苦的活动，就是心理防御机制。

防御机制是一种本能的应对方式，可以使人暂时忘记痛苦和不安。但是一个人如果过多地采用防御机制来逃避现实，而不是用积极的应对方式去解决矛盾时，就会使自己陷入更深的困境，产生更多的痛苦和不安。因此，适当地运用防御机制在紧急情况下可以暂时缓解一个人的痛苦。

1. 否认

否认是一种原始又比较简单的心理适应机制。其方法是借着扭曲个体在创伤情境中的想法、情感及感觉来逃避心理上的痛苦；或通过“否定”不愉快的事件，认为它根本没有发生，来获取心理上暂时的安慰。否认并不在于把已发生的痛苦的事情有目的地“忘却”，而是期望把它加以“否定”。一般情况下，在发生悲伤事件时人们会本能地用否认来逃避巨大的痛苦。在一定时间里否认属于一种本能的心理活动；但如果长期以否定的心态来回避问题、逃避现实，就会出现严重的心理问题，甚至产生幻想或妄想。

2. 压抑

压抑是人们把意识不能接受的经验、欲望、情感和记忆抑制到潜意识里，使之不为意识所觉知，以免产生焦虑、恐惧、愧疚的过程。被压抑的冲突、紧张或经验并没有真正消失，而是处于潜意识里，常常会以梦境、口误、笔误等形式表现出来。当压抑成为一种行为习惯时，可能会导致失去记忆。有些遭遇极度悲伤或恐惧事件的人，会把那些痛苦的经历“遗忘”，无法回想当时的情景和发生的事件，这就是用失去记忆来避免悲伤和绝望。

3. 倒退

倒退是指个体在遭遇挫折时，表现出与其年龄不相符的幼稚的行为反应。这是一种反成熟的倒退现象。随着年龄的增长，人们逐步成熟起来，常常用合理的方法和态度处理事情。但在某些情况下，当用成人的方法难以达到目的时，个体会采取幼稚的行为反应以此获得满足。适度的倒退可以给生活带来乐趣，如女孩子在男朋友面前撒娇，父亲和儿子一起顽皮地逗妈妈；但如果经常采用倒退方式来应对困难和挫折，就会妨碍个人的成熟。

4. 反向

反向是指人们在潜意识中把某些不被允许的内心冲动、欲望转化为某种相反的行为，以加强超我的力量，减轻和消除不断增强的自我焦虑。人有许多本能的冲动和欲望与社会规则不符合，不能随意表现和满足，只能把它们压抑到潜意识里，用相反的方式表现出来。“此地无银三百两”“赶狗入穷巷”“以退为进”都是反向的表现。

5. 合理化

合理化也称文饰，是用一种自我能接受、超我能宽恕的理由来代替自己行为的真实动机，用于为自己的失败或错误辩护，而不承认理性不能容忍的行为的真正动机、需要和欲望，以避免精神上的痛苦。在日常生活中，人们经常用合理化来减轻痛苦和不满。

常见的合理化形式有两种：酸葡萄和甜柠檬。

(1)酸葡萄

当自己希望达到的目标没有实现时，个体就否认该目标的价值和意义，以此来消除自己的痛苦。狐狸吃不到葡萄，为了安慰自己，便说葡萄还没熟、是酸的。例如，一个经济条件差的学生讨厌有钱的同学，经常说金钱会腐蚀人的灵魂；一个成绩差的学生觉得成绩好的同学是高分低能。这些行为都是运用酸葡萄防御机制的表现。为了解除内心不安，通过贬低自己得不到的东西的价值，编造一些“理由”自我安慰，以消除紧张，减轻压力，使自己从不满、不安等消极心理状态中解脱出来，保护自己免受伤害。

(2)甜柠檬

在未达到事先预定的目标时，个体以抬高现实的价值和意义来减轻内心的痛苦。当狐狸吃不到葡萄时，会觉得柠檬是甜的，自己更喜欢吃柠檬。例如，一些没考上理想大学的同学反过来说“幸亏没上那个大学，否则压力肯定很大，在这个普通大学轻轻松松的多好”；考研失利的同学说“幸亏没考上，早工作早挣钱，要真考上了还得穷三年”；长相一般的同学会说自己有“内在美”；木讷寡言的同学会说自己“忠厚老实”；资质平庸的同学会说自己“傻人有傻福”。

适当地运用酸葡萄和甜柠檬机制，能够帮助一个人接受现实；但过分使用这种方法，就会妨碍个人进步。

6. 转移

转移指对某些对象的情感、欲望或态度，因不合社会规范而难以直接表现出来，通过转移到一个安全的、被社会接受的对象上，从而减轻个体心理上的不舒服感。例如，一个男学生上课时玩手机，被老师当着全班同学的面严厉批评，当时觉得不舒服但又不能和老师顶撞。下课后因为女朋友迟到三分钟便对女朋友粗声粗气地发火，女朋友回到寝室拿起自己的布娃娃一顿狂打。

事实上，转移不一定都是负面的，也有正面的转移。例如，一个人在儿子去世之后，到孤儿院倾心照顾那些孤儿，把痛失自己孩子的悲伤转化成关爱其他孩子的爱心。

7. 投射

投射是指个体将自己不喜欢或不能接受的而自己又具有的性格、特点、观念、态度、动机或欲求等转移到别人身上，指责别人具有这种不好的特点。所谓“以小人之心，度君子之腹”“临渊羡鱼”都是投射的表现。

8. 幻想

一个人在遇到问题或处于困境而又无法摆脱时，可以通过幻想来满足自己的愿望，减少焦虑和痛苦。例如，一个学习困难的大学三年级学生，每天逃课、打游戏，面对十几门课程的重修，想象着自己成绩很好，准备考研究生、读博士，将来要做一名大学老师。幻想可以使人暂时脱离不满意的现实而得到一种缓解和满足，但并不能解决现实的问题。幻想成为个体的行为习惯时，会使人分不清真实和幻想的区别。过分沉迷于自己虚构出来的世界是不健康的，发展到极端就会患上妄想症。

9. 升华

个体将不为社会所认可的本能冲动(如性冲动和攻击冲动)转化为符合社会标准的行为表现，如将性欲升华为诗歌、音乐、艺术创作，将攻击冲动升华为体育竞赛运动。例如，某大学生失恋之后，发愤读书，最终取得了好成绩，获得了国家奖学金，他的行为就是将失恋的痛苦升华为进取的动力。

当我们处于矛盾、冲突与困境的时候，会自觉或不自觉地采用以上防御机制来调节自己的心理。在防御机制中，只有升华是积极的应对方式。其他的防御机制如果成为人们应对变化、挫折或应激的习惯，就会影响人们的健康。因此，当遇到挫折和应激时，人们不应过多地采用防御机制来应对，而是要采用积极的应对方式。

(二)应对方式

一个人为了减轻压力所采取的特定行为模式就是应对方式。应对方式有三大类：情绪取向应对、问题取向应对和逃避应对。[①] 情绪取向应对是指在有压力的情形下，人们尽量控制自己面对压力时的情绪，试图改变自己的认知和应对问题的方式。例如，在专业课考试时，小明很紧张，看着卷子上的题目脑子一片空白。他逐渐告诉自己放松，在做了三次深呼吸放松训练后逐渐平静下来，开始答题。问题取向应对是指通过直接的外部行动或认知的改变直接应对压力源，进而解决问题的策略。例如，面对第二天的专业考试，小明感到很焦虑，觉得自己没有好好复习，抱着“临阵磨枪，不快也光”的侥幸态度，抓紧时间复习。逃避应对是指以否认等逃避的方式面对压力。例如，小明多门功课不及格，如此下去，毕业都难。他放弃了解决问题的努力，而是采取上网、吸烟、酗酒等方式麻醉自己，逃避问题。

---

① 罗伯特·费尔德曼、黄希庭：《心理学与我们》，黄希庭译，249页，北京，人民邮电出版社，2008。

活动链接

当你在新的环境或变化中遇到问题时，你会采取下列哪几种应对方式？

A. 自己苦苦地想办法，独自去探索解决的方法　（　　）

B. 找好朋友商量，听取他们的意见　（　　）

C. 听之任之，到了最后才着急，随便应付了事　（　　）

D. 告诉父母和老师，听取人们的经验和方法　（　　）

F. 看书或查资料，从书籍中学习新知识来对付困难　（　　）

G. 到心理辅导室，寻求专业人员的帮助　（　　）

H. 以“车到山前必有路”“柳暗花明又一春”的态度对待　（　　）

问题A和F是问题取向应对，问题B、D和G是情绪取向应对，问题C和H是逃避应对。大部分情况下，人们会同时采用情绪取向应对和问题取向应对解决问题。当面对不可控的环境时，人们更多地选择情绪取向应对。

答　案

2. 如何避免大学生活中的“忙而不实”？

第一，理解和接纳大学所面临的各种变化带来的情感体验，无论舒服还是不适，都要接受它的存在，而不是抵触和逃避。第二，要理性评估，有时思考“why”“how”比了解“what”更为重要，如为什么学习，为什么参加社团，为什么参加学生组织，为什么玩游戏……这些问题虽然不紧急，但却是比较重要的。第三，做好时间管理和个人规划，让自己的大学生活尽在计划之中。

知识链接

值得大学生浏览的网站

学习类网站：网易公开课、中国大学MOOC、我要自学网、哔哩哔哩、大学资源网、硕鼠、网易云课堂、Coursera、中国教育在线开放资源平台、译学馆、学堂在线、超星尔雅、eslbuzz、edX、可汗学院中文版、壹课堂、纳米学习网、问答库、一席、TED、腾讯课堂、Harvard Extension School等。

文献资料类：中国知网、学术网站大全、万千合集站、科塔学术导航、SCI-HUB 等。

语言学习类网站：沪江网校、英语学习网站大全、中国日报网、环球人物网、有道精品课等。

职场技能：Word 联盟、ExcelHome、优优教程网、锐普 PPT 论坛、幕布、软件自学网等。

考研：考研帮、小木虫等。

留学：申请方、一亩三分地等。

生活类网站：丁香医生、Hi 运动健身网、马蜂窝、电影网、人人影视等。

第二节　心理健康

案　例

一位老和尚身边聚拢着一些虔诚的弟子。一天，他嘱咐弟子们每人去南山打一担柴回来。弟子们匆匆行至离山不远的河边，人人目瞪口呆。只见洪水从山上奔泻而下，无论如何也不能渡河打柴了。无功而返，弟子们都有些垂头丧气，唯独一个小和尚与师傅坦然相对。师傅问其故，小和尚从怀中掏出一个苹果，递给师傅说："过不了河，打不了柴，见河边有棵苹果树，我就顺手把树上唯一的一个苹果摘来了。"

问　题

一个人面对困难时，如何保持心理健康?

一、什么是健康

健康是人类永恒的主题。20 世纪以前，人们普遍认为"身体没有病、不虚弱，就是健康"。随着科学的发展和时代的变迁，健康已不仅仅指四肢健全、无病或虚弱。除了身体健康外，精神上还需要有积极的状态。人的精神、心理状态和行为对自己和他人甚至整个社会都有影响。更深层次的健康观还应包括人的心理、行为的正常和社会道德规范以及环境因素的完美。可以说，健康的含义是多元的、广泛的。1947 年，世界卫生组织（WHO）在成立宪章中指出："健康乃是一种身体的、心理的和社会适应的健全状态，而不只是没有疾病或虚弱现象。"

1985 年，《简明不列颠百科全书》把健康定义为："健康，是个体长时期地适应环境的身体、情绪、精神及社交方面的能力。"这一定义明确涉及了个体生理、心理、社会三个方面的状态。

1986 年，世界卫生组织在宪章中规定："健康乃是一种身体上、精神上和社会适应上的完满状态，而不仅仅是没有疾病和虚弱的现象。"

1988 年，沃林斯基（Wolinsdy）在所著的《健康社会学》一书中提出了"医学—心理—社会模式"的立体健康观，从医学尺度、心理尺度和社会尺度将健康分为 8 种，分别为正常健康者、悲观者、社会疾病者、忧郁症患者、身体疾病者、自我牺牲者、自乐者和严重疾病者。

表 1-1　健康模型中的 8 种健康状态

健康状态	类别	医学尺度	心理尺度	社会尺度
1	正常健康者	健康	健康	健康
2	悲观者	健康	患病	健康
3	社会疾病者	健康	健康	患病
4	忧郁症患者	健康	患病	患病
5	身体疾病者	患病	健康	健康
6	自我牺牲者	患病	患病	健康
7	自乐者	患病	健康	患病
8	严重疾病者	患病	患病	患病

1989 年，世界卫生组织提出了 21 世纪健康新概念："健康不仅是躯体没有疾病，还要具备心理健康、社会适应良好和有道德。"在这一新概念中，生理健康与心理健康是相互依存、相互促进的。生理健康是健康的物质基础，在这个基础上发展出心理健康和良好的社会适应能力，道德健康是整体健康的统帅。

生理健康是指人体各系统、器官、组织、细胞结构正常，功能完整，有机体对细菌、病毒有一定的抵抗力。一个生理健康的人的外在表现为体重适中，体形匀称，眼睛明亮，头发有光泽，皮肤有弹性，睡眠良好，关节活动敏捷，肌肉刚劲有力等。生理健康是人正常生活和工作的基本保障，达不到这一点，就谈不上健康。

心理健康是指一个人智力发育正常，情绪稳定乐观，意志坚强，行为规范协调，精力充沛，应变能力较强，能适应环境，能从容不迫地应对日常生活和工作压力，经常保持充沛的精力，乐于承担责任，人际关系协调，心理年龄与生理年龄相一致，勇于面向未来。据医学专家测定，良好的心态能促进人体分泌出更多有益的激素，从而增强机体的抗病能力，促进人体健康。

社会适应良好是指一个人的心理活动和行为能与自然环境、社会环境保持良好接触，并对周围环境有良好的适应能力，有一定的人际交往能力，能有效应对日常学习、生活和工作中的压力。良好的社会适应能力是心理健康的表现，心理健康是良好的社会适应能力的基础。

道德健康是指一个人能够按照社会道德行为规范准则约束自己，支配自己的思想和行为，有辨别真伪、善恶、美丑、荣辱的是非观念和能力。把道德纳入健康范畴是有科学依据的。巴西著名医学家马丁斯(Martins)长达十年的追踪研究发现，屡犯贪污受贿的人易患癌症、脑出血、心脏病和神经过敏症。品行善良、淡泊名利、为人正直、心地善良、心胸坦荡会心理平衡，有助于身心健康；相反，有违于社会道德准则、胡作非为，则会导致情绪紧张、恐惧等不良心态，有损健康。据测定，这类人很容易发生中枢神经、内分泌系统的功能失调，其免疫系统的防御能力也会减弱，最终会在不良心态的重压和各种身心疾病的折磨下或者早衰，或者早亡。

总之，健康是人类宝贵的社会财富，是人类生存发展的基本要素，是人类取得成功的重要基石。健康不是第一，而是唯一。

二、关注心理健康

随着经济和社会的发展，心理健康问题受到越来越多的关注，见诸报端的恶性事件绝大部分是因为心理不健康甚至是异常心理所致。习近平总书记高度重视心理健康工作，在2016年8月召开的全国卫生与健康大会上指出：要加强心理健康问题基础性研究，做好心理健康知识和心理疾病科普工作，规范发展心理治疗、心理咨询等心理健康服务。在党的十九大报告中，他再次强调：加强社会心理服务体系建设，培养自尊自信、理性平和、积极向上的社会心态。

心理健康是指一种幸福安康的状态。在这种状态下，每个人都有可能实现自我，应对生活中的正常压力，有成效地工作，并能够为集体做贡献。① 如何评估一个人心理健康与否？主观感受是一个评价指标。我们相信，当一个人处于失望、痛苦、悲伤、愤怒、恐惧等状态时，其心理也会处于一定程度的亚健康或不健康状态。但一个不痛苦的人也并不意味着一定是心理健康的，如躁狂症患者自我感觉良好，但其处于心理障碍中。现实生活中，人们往往更多采用客观评价指标来衡量一个人的心理健康水平。

---

① 世界卫生组织对心理健康的最新定义(2017)。

（一）心理健康的标准

判断一个人的心理健康与否是一项重要而复杂的工作。不同学者对心理健康的评价标准不完全一样。其中，美国人本主义心理学家马斯洛（Maslow）和米特尔曼（Mittelmann）提出的衡量心理健康的十大标准具有代表性。

①有充分的自我安全感。

②能充分了解自己，并能恰当评估自己的能力。

③理想切合实际，不脱离周围现实环境。

④与现实环境保持接触，而非沉溺于空想或自我封闭。

⑤能保持人格的完整与和谐，悦纳自己。

⑥善于从经验中学习。

⑦能保持良好的人际关系。

⑧能适度地宣泄情绪和控制情绪。

⑨在符合团体要求的前提下，能有限度地发挥个性。

⑩在不违背社会规范的前提下，能适当地满足个人的基本需求。

心理健康与心理不健康是相对的，而不是绝对的。判断一个人的心理健康与否，除了要考虑其行为表现外，还要考虑其所处的时代、年龄、环境、背景、文化等诸多因素。此外，心理健康与心理不健康之间不存在泾渭分明的界限，它们是一种连续或交叉的状态。从良好的心理健康状态到严重的心理疾病是一个连续、渐变的过程。心理不健康可以通过积极调适恢复到心理健康水平，消极被动的应对方式会破坏心理健康。

（二）心理健康的基本原则

1. 快乐原则

快乐原则是指一个人自我感觉良好。弗洛伊德（Freud）于 1911 年在《详论心理功能的两个原则》中指出，满足可以带来快乐，不满足则会带来紧张、不安甚至是痛苦。每个人都具有追求快乐、避免痛苦的本性。当一个人经常遭受严重的忧郁、焦虑、敌意等不良情绪的困扰时，当一个人经常失眠、头痛、注意力无法集中、记忆力减退时，当一个人脸红、心跳、出汗、发抖并感到自己无能时，他们是很难感受到快乐的。

2. 现实原则

一个人的心理活动应与外部环境相符合。自我感觉良好的人不一定是健康的。例如，在悲伤的葬礼上，一个人反而感到开心和快乐，没有一点伤心难过。精神病患者也很少会意识到自己有问题，而且越严重的越不承认自己有问题。除此之外，一些自私自利的人常常以自我为中心，只管自己的感受，从不顾及对他人造成的伤害。虽然这些人很快乐，但是他们的心理并不健康。每个人都生活在社会中，一个心理健康的人必须适应社会，除了自我感受外，还要考虑其所思所想、所作所为是否符合社会规范，是否与社会处于和谐状态而不是对立状态。

快乐原则和现实原则是衡量心理健康的两个基本原则。心理健康的人不仅自己能够体验到快乐愉悦，而且他的言行符合现实要求，受人欢迎。不论牺牲哪个原则都是不健康的，甚至是病态的。因此，快乐原则和现实原则是心理健康缺一不可的。

答　案

一个人面对困难时，如何保持心理健康？

生活中总会遇到意想不到的困难，但办法永远比困难多，即使当下的困难没有办法解决，也不要忘了放飞思想的"风筝"，摘下一个"苹果"。不能让生活中的"不如意"影响了生活中的"诗"和"远方"。

知识链接

《中国学生核心发展素养》①

北京师范大学林崇德教授提出的学生发展核心素养是指一个学生应该具备的、能够适应终身发展和社会发展需要的必备品格和关键能力，是关于学生知识、技能、情感、态度、价值观等多方面要求的综合表现，是每一个学生获得成功、适应个人终身发展和社会发展所需要的、不可或缺的共同素养。中国学生发展核心素养以科学性、时代性和民族性为基本原则，以培养全面发展的人为核心，分为文化基础、自主发展、社会参与三个方面，包含六大素养：人文底蕴、科学精神、学会学习、健康生活、责任担当、实践创新。

一、文化基础

文化是人类存在的根和魂。文化基础重在强调能习得人文、科学等领域的知识和技能，掌握和运用人类优秀智慧成果，涵养内在精神，追求真、善、美的统一，发展成为有深厚文化基础、有更高精神追求的人。

(一)人文底蕴

人文底蕴主要是学生在学习、理解、运用人文领域的知识和技能等方面所形成的基本能力、情感态度和价值取向，具体包括人文积淀、人文情怀和审美情趣等基本要点。

---

① 林崇德：《21世纪学生发展核心素养研究》，186～188页，北京，北京师范大学出版社，2016。

（二）科学精神

科学精神主要是学生在学习、理解、运用科学领域的知识和技能等方面所形成的价值标准、思维方式和行为表现，具体包括理性思维、批判质疑、勇于探究等基本要点。

二、自主发展

自主性是人作为主体的根本属性。自主发展重在强调能有效管理自己的学习和生活，发现和认识自我价值，发掘自身潜力，有效应对复杂多变的环境，成就出彩人生，成为有明确人生方向、有生活品质的人。

（一）学会学习

学会学习主要是学生在学习意识的形成、学习方式方法的选择、学习进程的评估调控等方面的综合表现，具体包括乐学善学、勤于反思、信息意识等基本要点。

（二）健康生活

健康生活主要是学生在认识自我、发展身心、规划人生等方面的综合表现，具体包括珍爱生命、健全人格、自我管理等基本要点。

三、社会参与

社会性是人的本质属性。社会参与重在强调能处理好自我与社会的关系，养成现代公民所必须遵守和履行的道德准则与行为规范，增强社会责任感，增强创新精神和实践能力，促进个人价值实现，推动社会进步，发展成为有理想信念、敢于担当的人。

（一）责任担当

责任担当主要是学生在处理与社会、国家、国际等关系方面所形成的情感态度、价值取向和行为方式，具体包括社会责任、国家认同、国际理解等基本要点。

（二）实践创新

实践创新主要是学生在日常活动、问题解决、适应挑战等方面形成的实践能力、创新意识和行为表现，具体包括劳动意识、问题解决、技术应用等基本要点。

第三节　心理问题

案　例

几乎每个人都认为小王是一个温和的人，但是，在脑部受到突然撞击后的一天，他抓起身边的椅子、电话机及所有能拿到的东西用力掷向同学。

小张是一个大学一年级的女孩，三天以来滴水未进，但在周日的两小时内却吃了八块奶油巧克力蛋糕，然后去洗手间引吐，接着持续三天禁食。

小李从来都不敢乘坐飞机，即使长途旅行也坚持乘船或火车。

在非洲，一个十几岁的女孩用刀把自己的手和脸划破，用来制造具有装饰性的伤疤。

问　题

1. 如何评估一个人有无心理问题？　判断依据是什么？
2. 在判定心理问题时，　我们要考虑哪些影响因素？
3. 当我们陷入心理困境时，　我们要怎么做？

一、心理问题

面对生活、学习和工作压力，产生心理问题的人越来越多。不少人会对心理问题存在偏见，甚至歧视、恐惧和厌恶。一听到心理问题或者心理疾病，人们潜意识里就把它等同于精神病。事实上，精神病属于临床医学中精神病学的研究范畴，更多的是指心理功能严重受损、自知力缺失、不能应付日常生活要求的精神疾病。心理问题是心理学的研究范畴，是指个体在心理、情绪、行为等方面出现异常，包含一般心理问题、严重心理问题和心理障碍。

几乎每个人在成长历程中都会出现心理问题。本书以“大学生”合并“心理问题”为主题词在中国知网全文数据库检索，结果如表 1-2 所示。从表 1-2 中可以看出，学者对大学生心理健康的关注度逐年增加，且增幅较大。龙云兰对 1.4 万名大学生的调查显示，17%的学生存在负面心理情绪；全国大学生中因心理精神疾病退学的占退学总人数的 54.4%，且呈逐年上升趋势。① 孙琛辉对

① 龙云兰：《家庭教育中要重视挫折教育》，载《经济与社会发展》，2003(8)。

南京大学等25所江苏省高校的大学生心理健康状况调研的报告结果显示：几乎各年级阶段的大学生中都有部分群体存在值得关注的心理异常问题，且心理异常学生检出比例有逐年上升趋势，平均达到5%～7%，有些学校高达14%以上。大学生心理问题以学习、适应、人际关系、恋爱与性、挫折应对、毕业择业等发展性问题为主，强迫症、焦虑症、抑郁症、成瘾、物质依赖、神经症等障碍性问题次之。①

表1-2　1965—2019年在中国知网检索到的文献篇数

主题词	年代	篇数
大学生、心理问题	1965—1969	1
	1970—1979	2
	1980—1989	286
	1990—1999	3718
	2000—2009	42535
	2010—2019	54328

我们通过采用大学生人格问卷(UPI)，曾对四川省某高校新生进行心理健康状况调查，发现大学新生心理问题表现出以下三大特点：第一，有10%～20%大学新生在入学时可能存在较为严重的心理问题，明显影响其正常学习和生活；第二，有30%左右的新生存在一般心理问题，但能维持正常学习和生活；第三，50%左右的新生心理健康状况良好，暂未表现出心理困扰或心理问题。辛自强等人对1986—2010年237项、涉及30多万名大学生的心理健康进行了横断历史研究，结果发现大学生心理健康水平在逐年提高。② 这一结果表明学校教育不仅传授知识，而且对学生心理健康具有保护作用。

(一)心理问题的分类

一个人的心理状态可以分为正常心理和异常心理。正常心理包括心理健康和心理不健康。心理不健康与异常心理统称为心理问题。一个人出现心理问题时，常常会表现出一系列的情绪反应、生理反应和行为反应。例如，面对升学考试的压力、人际关系的冲突、失恋、择业就业的压力等，大部分人都会出现不同程度的情绪低落、心跳加快、出汗、肌肉紧张、呼吸急促、紧张、焦虑、抑郁，甚至会出现行为的异常和性格的偏离。人的一生几乎都会遇到不同的心理问题。一般的心理问题如果被忽视，那么很有可能转化为严重心理问题，甚至是精神疾病。

根据心理问题的类型，可以将心理问题分为适应性心理问题、发展性心理

① 孙琛辉：《大学生心理健康不能只盯高校》，载《中国科学报》，2012-06-24。

② 辛自强、张梅、何琳：《大学生心理健康变迁的横断历史研究》，载《心理学报》，2012，44(5)。

问题与障碍性心理问题。适应性心理问题是由个人与环境不能协调一致带来的心理困扰；发展性心理问题主要是指个体不能树立正确的自我认知，特别是对自我能力、自我素质方面的认知，其心理素质及心理潜能没有得到有效、全面的发展；障碍性心理问题指达到临床诊断标准的心理障碍，如抑郁症、焦虑障碍、人格障碍、精神分裂症等。

根据问题的严重程度，心理问题可分为一般心理问题和严重心理问题和精神障碍。一般心理问题多是由现实生活、工作压力等因素产生的内心冲突，持续时间较短，一个月以内；情绪反应在理智控制之下，不严重破坏社会功能，尚未泛化。严重心理问题是由相对强烈的现实因素激发的，初始情绪反应强烈，持续时间较长，达半年以内；部分社会功能受损，情绪反应泛化。

表 1-3　一般心理问题和严重心理问题的区别

区分视角	一般心理问题	严重心理问题
刺激的性质	由现实生活、工作压力等因素而引起的内心冲突和不良情绪反应，有现实意义且带有明显的道德色彩	由较强烈的、对个体威胁较大的现实刺激引起的心理障碍，有着痛苦情绪
反应持续的时间	情绪体验时间不间断地持续 1 个月或者间断地持续 2 个月	情绪体验超过 2 个月，未超过半年，不能自行化解
反应的强度	不良情绪反应在理智控制之下，不失常态，基本维持正常生活、社会交往，但效率下降，没有对社会功能造成影响	遭受的刺激越大，反应越强烈。多数情况下会短暂失去理智控制，难以解脱，对生活、工作和社会交往有一定程度的影响
泛化程度	情绪反映的内容对象没有被泛化	情绪反映的内容对象被泛化

我根据自己的咨询经验了解到，当代大学生常见的心理问题主要集中在适应问题(如新生入学环境适应、学习适应)、学业问题(学习动力不足、学业倦怠)、人际关系问题(室友关系、同学关系、师生关系、亲子关系、亲密关系)上。较少学生会出现心理障碍，如焦虑、恐惧、强迫、神经衰弱、疑病症、人格异常和性心理障碍等。

(二)心理问题的识别

1. 常识性的区分

拥有下列四种表现的个体，往往被认为有异常心理。

第一，离奇怪异的言谈、思想和行为，如一个人尽管看起来很疲倦，但他认为自己不需要睡眠，扬言要拯救整个世界。

第二，过度的情绪体验和表现，如一个人终日低头少语，行动缓慢；与人交谈十分吃力；对生活悲观失望，失去兴趣，觉得一切都是灰色的。

第三，自身社会功能不完整，如一个人不敢与他人目光对视，不敢见人。

第四，影响他人的正常生活，如一个多门不及格的学生每天旷课，宅在寝室里通宵打游戏，严重影响其他同学的睡眠却视而不见。

2. 心理学的区分

第一，主观世界与客观世界的统一性原则。例如，一个人有没有幻觉，包括幻听、幻视；有没有缺乏客观依据的妄想，如被害妄想(认为别人在侮辱、贬低、伤害甚至是毁灭自己)，夸大妄想(觉得自己是救世主)，关系妄想(原本无关的现象和事物都会跟自己关联起来，如认为别人吐痰是在针对他)，影响妄想(认为自己的思维活动受外力干扰、控制、支配、操纵)。

第二，心理活动的内在协调性原则。正常情况下，一个人的认知、情感、意志是协调一致的。当一个人以一种愉悦的心情向别人述说痛苦的事情，或者以悲伤的心情讲述愉悦的事情时，其心理活动存在着严重的不协调性。

第三，人格的相对稳定性原则。人格是一个人较为稳定的特质模式及行为倾向。如果一个向来勤俭节约、用钱很仔细的人，突然挥金如土，在不能用合理理由解释的情况下，可能有严重心理问题或心理障碍。

答　案

1. 如何评估一个人有无心理问题？判断依据是什么？

判断一个人有无心理问题，可以根据心理问题识别的常识性区分和心理学区分来判断。越是符合条件的，出现心理问题的可能性越大。几乎所有人认为案例中的小张存在心理问题，大部分人认为案例中的小李存在心理问题。他们的判断依据就是小张、小李都表现出了不同于其他人的行为。

2. 在判定心理问题时，我们要考虑哪些影响因素？

在判定一个人有无心理问题时要注意个体所处的文化背景。例如，案例中的非洲女孩创造具有装饰性的伤疤，尽管看上去很痛苦，甚至有些自残，但在其文化背景下是一种正常行为。有研究者指出，出现心理问题的人一定会有痛苦的表现。事实上也不完全是这样的，大部分有心理问题的个体会出现痛苦，但也有例外。例如，躁狂症的个体往往表现出超出常态水平的愉悦感，酒精成瘾者也表现出兴奋和愉悦，但不代表他们是正常的。案例中的小王因其脑部受伤后表现出异常应为，此时我们需要进一步确定小王有无大脑的器质性病变。如果其行为可以用大脑的器质性损伤解释，那就不是心理问题。

二、大学生常见的心理问题

（一）适应性问题

小丽，女，18岁，某高校新生，家庭经济状况良好。第一次远离父母住校生活，之前没有集体生活的经验，一切由父母料理，自理能力较差。内向、敏感、争强好胜，对自己要求严格，遇到小的挫折就会郁闷好几天。与寝室同学的关系一般，常常因为一些小事而发生争吵。小丽曾竞选过学生会干事、社团成员和班干部，但最终均落选。入学半个月以来，情绪低落，失眠，食欲减退，上课无法集中注意力，感觉在学校学习没意思，想退学回家复读，争取明年考更好一点的大学。

对于大学生来说，从高中步入大学及从大学踏入社会是人生的两个重大转折，无论是学习环境、生活环境、人际环境还是心理环境都发生了很大的变化。面对新的环境，每个人都需要一定的时间去适应。有的人很快就能适应，有些人需要较长的时间。面对新变化，不要着急，可以跟家长、同学、朋友、学长学姐和老师等多沟通交流，听听他们的想法和建议，找到适合自己的有效积极应对方式，让自己尽快适应大学生活。

（二）发展性问题

1. 自卑

小玉是一名来自农村的大学二年级女生，个子矮矮的，普通话不标准，平时不敢与同学交往，尤其是不敢与来自城市的同学说话，怕对方不理自己或表现出看不起自己的眼神。上课回答问题时脸通红，声音低，想参加但从未参与过班级活动和讨论，每天过着枯燥乏味的“三点一线”生活，看着身边的同学生龙活虎很是羡慕。

自卑是一种消极的自我评价，但自卑也可以成为自我超越的动力。并非只有那些看起来胆小、懦弱的人才会自卑。有些人即使表面上很强势，甚至很自负，其内心也可能有自卑感。自卑心理可以让自己发现缺点和不足，但陷入自卑心理会影响人的成长与成才。每个人都有自己的人生阅历，要学会对自己的经历进行创造性的解读，多做一些力所能及、把握性较大的事情，成功后要及时鼓励自己“别人能做到的事，我也做到了！”同时，也可以将自己的兴趣、爱好、才能、特长等全部写下，让自己明确知道自己不是“一无是处”。

2. 嫉妒

小惠是一名来自贫困家庭的大学一年级女生。她和姐姐在读大学，弟弟在读高中，家里供三个孩子读书不容易。小惠入学时就申请了国家助学贷款和助学金。小惠同寝室三名同学均家境优裕。平时大家商量着一起出去吃饭时小惠总是以各种理由拒绝。渐渐地，她发现自己已经被圈出去了。她认为造成这一切的原因就是其他人家庭条件好，看不起她。她多次趁同学不在寝室时故意破坏同学的东西，在衣服上剪洞，往护肤品里加水。她说："我就是看不惯她们那种居高临下的样子。"

大学生中的嫉妒集中表现在以下七个方面：一是嫉妒他人政治上的进步，二是嫉妒他人学习上的拔尖，三是嫉妒他人某一方面的特长，四是嫉妒他人生活上的优裕，五是嫉妒他人社交上的活跃，六是嫉妒他人仪表上的出众，七是嫉妒他人恋爱上的成功。嫉妒是以自私为核心、以对别人超过自己而心怀不满为特征的消极心理现象。嫉妒者尽管表达嫉妒的方式和程度不尽相同，但多以"唯我独尊"或"不患寡而患不均"的心态看待现实，容不得别人有任何优越之处。嫉妒心理是大学生建立良好人际关系的拦路虎。嫉妒也可以使人看到他人的长处，意识到自己还存在的差距，从而转化为前进的动力。一个人的嫉妒心理如果不能得到及时化解和消除，失去控制，那么就可能让人失去理智，做出损人又害己的行为。

3. 人际关系

也不知怎么的，可能是我这人太不注意自己的说话方式，说话太直接，不会拐弯抹角，感到宿舍同学经常用讥讽的口吻跟我说话。我若无意间说了哪名同学，大家就一起帮着她。我感到很苦闷，觉得回宿舍也没什么意思，怕说错话引起更大的麻烦。所以每天很早就起床，背着书包到教室看书，晚上很晚才回去。有时即使看不进去，也不愿意回宿舍，就顺着操场逛，一圈一圈又一圈，估计快熄灯了才回去。

我们宿舍的一名同学很过分，不过她现在已经被孤立了。但我现在也感到很压抑，因为宿舍气氛不好，形成了对立的局面。其实，我觉得那名同学也不是一无是处，也很想和她说说话，但大家都不理睬她。我若主动与她好，势必也会造成她那样的结果，不被大家理睬。

我们宿舍关系还可以，没有争吵，但大家都很客气，没有什么话好说，觉得挺闷的。①

人的成长、发展、成功、幸福都与人际关系密切相关。正常的人际交往和良好的人际关系能让人感到舒适与安全。研究表明，影响大学生人际关系的主观因素涉及人际安全、人际疑虑、人际张力和人际报复。② 大学生人际关系所带来的心理问题占50%以上，多表现为缺少知心朋友，与个别同学难以深交，与他人交往平淡，感到人际交往有困难及存在一定程度的社交恐惧。③ 寝室人

---

① 知乎：如何处理宿舍人际关系。

② 赵崇莲、郑涌、李宏翰等：《影响大学生人际关系主观因素的初步研究》，载《心理科学》，2006(6)。

③ 许怡学：《大学生人际关系不良现状及改善对策》，载《云梦学刊》，2008(S1)。

际关系是大学生人际关系中的一种特殊关系。大学生寝室人际关系与心理健康发展相互作用，良好的寝室人际关系能够缓解大学生的心理压力，减少心理问题的产生，使心理健康得到更好的发展；紧张的寝室人际关系会影响大学生的生活质量、学习效率及心理健康水平，甚至引发恶劣后果。①② 寝室是大家共同的家，是缘分让天南海北的大家聚在一起。宿舍成员之间应该彼此珍惜这种缘分，共同经营好这个家。在平时，可以让自己的起居尽量不影响他人的休息；以平等的态度对待寝室的每一个人，不厚此薄彼；千万不触犯舍友的隐私；当别人有困难需要帮助时，别袖手旁观；勤快一点，以保持宿舍良好的卫生。

4. 考试焦虑

小林是某高校会计学专业的学生，数学和统计学是会计学专业的必修课。她在中学时数学就不是强项，这就给她带来了沉重的心理负担。每到期末考试临近时，她就紧张焦虑起来，还伴有较严重的睡眠障碍。大学二年级第一学期开学初，因数学不及格，小林进行了补考，担心数学补考也通不过，情绪很低落。现在，一想到考试，小林就会手发抖，考试前很多天都会失眠，即使睡着了也会惊醒，考试时头脑空白，以前熟悉的内容也想不起来了。

现实生活中，大多数人几乎每天都会在生活中体验到某种程度的焦虑。有学者调查发现，大学生的考试焦虑现状十分严重，有焦虑感的学生达到总人数的55.2%，高度焦虑的学生达到总人数的19.0%。③ 大量研究表明，焦虑程度与学习效率之间的关系呈倒“U”形关系，即焦虑程度过强和过弱都会使学习效率下降。因此，某种程度的焦虑对于大学生来说是必需的。自己感到焦虑较大、严重影响到学习与生活、出现一定程度的躯体症状时，应当做放松训练，可以试着做做深呼吸放松练习，也可以听着轻柔的音乐做做肌肉放松练习。④

5. 择业就业压力

小军是一名大学四年级的学生，身边的同学考研的忙着考研，找工作的忙着找工作，可是自己却不知道该考研还是该就业。考研吧，自己成绩一般，怕考不上；就业吧，也不知道自己适合做什么工作。参加了几场招聘会，有些工作看不上，看上的工作用人单位不招。几次碰壁后，内心处于极度烦躁、矛盾中。每天像一只无头苍蝇一样乱碰乱撞，无所适从，靠睡觉、上网、打游戏等

---

① 江纳：《寝室人际关系对00后大学生心理健康的影响及其对策》，载《智库时代》，2019(46)。

② 庄兴忠、陈乃车：《当前大学生人际关系新倾向及调适》，载《求索》，2003(5)。

③ 陈璟：《大学生考试焦虑现状及其影响因素的研究》，硕士学位论文，辽宁师范大学，2006。

④ 化得元：《论学习焦虑——心理学视野中的学习心理健康问题》，载《西北师大学报(社会科学版)》，2003(5)。

方式来消磨时间。

随着高校的不断扩招，大学毕业生的人数逐年递增，择业难、就业难成为当代大学生面临的一大难题，在导致大学生就业形势日趋严峻的同时，也给毕业生带来了巨大的就业心理压力，引发了一系列不良心理问题。考研在一定意义上可以暂缓就业压力，但考研更重要的是对专业知识的延伸和专业技能的拓展。大学生要学会做好以终为始的职业规划，按照自己的规划一步一个脚印地进行；此外也要摆正心态，坚信再平凡、再普通的岗位也有光彩。①

（三）障碍性问题

1. 抑郁症

小红整日待在寝室，什么都不想做，甚至连吃饭都没兴趣，没有饥饿感，昼夜颠倒，晚上睡不着，白天睡不醒，起床闹铃也不能叫醒她，经常因为早上起不来而旷课。别人觉得小红是“懒”；老师点了小红的名，说如果再不来上课就会面临挂科；辅导员也找小红谈话，让小红自己多注意，约束自己的“堕落”行为。其实，小红是真的动不起来，不是“懒”。

抑郁症已经成为家喻户晓的一种心理障碍，不同人对抑郁症的理解不同。在现实生活中，形容抑郁最常用的词是悲伤、沮丧、无助、不幸、绝望、寂寞、不快乐、郁闷、无用、自尊受挫、羞愧、焦虑、无价值。其中，悲伤是最明显的情绪症状。当一个人表现出上述情绪时，我们很容易认为他抑郁了。实际上，几乎每个人都有过哀伤、沮丧、悲观甚至是绝望，这只是抑郁情绪。抑郁情绪不足以使抑郁症的诊断成立。相反，如果遇到悲伤事件，一个人不感到伤心难过，他反而是有问题的。抑郁本身的体验尽管是不愉快的，但并不意味着就是异常的。就像疼痛，虽然令人痛苦，但也是对人的一种保护性反应。因此，我们也要看到抑郁的积极作用。研究发现，轻度的抑郁从长期来看有适应性的功能，可以使人面对一些平常试图避开的思考和感受。

2017 年世界卫生组织公布的数据显示，全球范围内约有 4.3％的人患抑郁症，相当于大约每 25 个人当中就有 1 个人患有抑郁症，且任何年龄阶段都不能幸免，女性患病率高于男性。《健康中国行动（2019—2030 年）》的调研数据显示：2014 年，我国抑郁症患病率为 2.1％。随着竞争压力的增加，专家预测抑郁症患病率将呈上升趋势。

抑郁和其他负性情绪一样，有从正常到异常的过程。只有当抑郁达到某种特定的严重程度，影响到一个人的正常生活和社会功能时，才是异常的、需要治疗的。面对抑郁，我们能做什么？自己如果感到抑郁，那么首先找专业医生（咨询师）进行专业评估；如果被诊断为抑郁症，一定要遵医嘱，认真接受心理

① 程菲、马军军：《新常态下大学生就业心理的研究》，载《经营管理者》，2019(11)。

治疗。没有人是完美的，我们要承认自己的脆弱。如果我们的朋友或家人被诊断为抑郁症，那么我们要给予他们无条件的支持、理解和陪伴，倾听他们到底发生了什么，让他们感到不是一个人在孤独地面对生活。

2. 社交恐惧症

比利在家中是一个模范男孩，会按时完成家庭作业，服从父母，很安静，很少吸引他人注意。上初中时，比利没有朋友，不愿参加学校组织的社会活动或体育活动，即使班上很多同学参加他也不去，在班里也从不发言。如果知道自己将被叫起来回答问题时，就会胃疼，而且也只会回答是或否。担心吃饭时嘴巴发出声音引起尴尬或出丑，他一个人躲在男生休息室的角落里吃饭。

当今社会，人们不可避免地要参加各类社交活动。然而对于一些人来说，在公共场合表现自己，甚至是进行日常社交活动都像是一场“灾难”。他们会紧张发抖、脸红心悸、不停出汗、说话口吃，甚至会感到恶心。这些人或许正在经历心理学上所谓“社交焦虑”或“社交恐惧”。许多大学生更是深受社交恐惧症的困扰。在大学，新生入学需要自我介绍，集体活动中需要表现自我，课堂上要当众发言，毕业时需要论文答辩等。如果带着社交恐惧症做这些事情，当然很“煎熬”。①

其实，大多数人在众人面前发言、面对老师或领导时都会有些紧张，这是一种正常的现象。这种紧张如果超出正常范围，伴随着心慌、颤抖、出汗、恶心、尿急等症状，那么就是异常。② 有研究显示，大约有 13.3%的人会在生活中有社交恐惧，这使得社交恐惧成为一种常见的心理障碍。罹患社交恐惧症的人特别注意自己的表情和行为，并对自己的评价过低，害怕别人评论自己，害怕自己的行为或紧张的表现引起羞辱或难堪。由于害怕，这些人拒绝参加各类聚会，也回避所有公众场合，如餐厅、剧场、商场等，更多时间会把自己关在家里，孤立自己。

社交恐惧的形成原因可能有以下三个方面。第一，受挫型。由于在以往的交往过程中碰到过挫折、麻烦、失败，或者受到过嘲笑、讽刺、拒绝等，因此心理留下了阴影，使其对人群感到恐惧，以致害怕与人交往，和人说话时就会出现紧张、焦虑、不安等情况。第二，防备型。不相信别人，常常容易误解别人或者对别人怀有强烈的防备心理，从而造成人际交往障碍，久而久之，对社交产生了恐惧心理。第三，缺乏自信型。因缺乏自信，担心别人看不起自己，害怕在交往中出丑，因而害怕交往。不论是哪种成因，是社交恐惧还是一般害羞，都需要专业人员进行评估和临床诊断。目前有效干预的手段包括认知行为治疗、系统脱敏治疗、放松训练等，都能收到较好的干预效果。此外，角色扮

---

① 李新影：《大学生如何克服“社交恐惧症”》，载《人民论坛》，2018(36)。

② 钱铭怡：《变态心理学》，192 页，北京，北京大学出版社，2006。

演和行为训练的效果也较好。

3. 精神分裂症

小明从小性格内向，少言寡语，与他人较少交往，一年前因失恋开始出现失眠、呆滞、闷闷不乐，常常自言自语："我活不了几天了，我有罪。"最近更是言行怪异，时时刻刻戴着帽子，帽子里面附了一层铝箔，他认为这样火星人就不能洞悉他的思维了。有一次，他突然对着宿舍的空调下跪，说听到空调里有声音责骂他是"叛徒和内奸"，也常常"听到"舍友半夜三更一起商量着怎么整他。

在日常生活中，人们有时会遇到像小明这样的人。他们行为怪异，表情或呆滞或古怪，衣着褴褛，哭笑无常。面对他们，人们常常表现出一中恐惧和鄙视的心理，常把这样的人称为"疯子"。在世界范围内，精神分裂症的男女患病率差不多，都在1%左右。因此，有人称之为"百里挑一"。精神分裂症患者最为突出的症状是幻觉，在无现实感官刺激的情况下出现听觉、视觉、嗅觉、味觉、触觉等。在这些幻觉中，以言语性幻听最为常见，有时患者会在幻觉的支配下做出违背本性、不合常理的举动。例如，幻听内容好笑，可出现独自傻笑；与幻听的内容对话，表现为自言自语；如幻听内容具有侮辱性，可能会与幻觉对骂，甚至引起冲动和攻击。除了幻觉之外，精神分裂症患者也常常出现妄想。妄想的内容荒谬且缺乏现实基础，但患者对其坚信不疑，不能被说服。常见的妄想类型有被害妄想(觉得有人要伤害自己)、夸大妄想(觉得自己无所不能)、关系妄想(任何无关事物都与自己有关)等。案例中的小明表现出明显的幻听和被害妄想。

精神分裂症是一种能被控制的，但可能终生致残的疾病。和其他慢性病一样，对于控制疾病，使病人能正常生活，服用药物是必须的。同时，心理治疗和康复治疗可以有效地帮助精神分裂症患者处理现实问题，提高社交技能，应对应激事件，培养对自己有利的、适应性的行为方式。[①] 很多人认为，精神分裂症患者是危险的，事实上大多数精神分裂症患者对自己比对别人更危险。

4. 强迫症

理查德是一个19岁的大学生。为了避免沾上厕所的细菌，他会在纸巾上大便，在纸杯里小便。吃东西的时候，理查德也要按照一定的方式进行。如果没有按照原来的顺序吃东西，理查德就会用手指将食物引吐。走路时，理查德也是用脚尖迈着很小的步子走，并且不停地回头看，一遍又一遍，否则他会担心有灾难发生。

在现实生活中，有些人总是执着于按照"正确的方式"做事，尽管看上去很持之以恒，但沉迷于细节却让他们一事无成。例如，反复检查门锁半小时以上

---

① 钱铭怡：《变态心理学》，131页，北京，北京大学出版社，2006。

才能出门；洗手洗到手痛、脱皮仍不罢休；必须数清楚道路铺了多少块砖；走路时小心翼翼，不踩在人行道的白线上。临床上强迫症的表现形式多种多样，但以反复出现的强迫观念和强迫行为为主要特征，而强迫观念又是强迫症的核心症状。个体想要极力摆脱但又无能为力，因此感到明显的焦虑和痛苦，包括强迫性穷思竭虑、强迫怀疑、强迫联想(好—坏、成功—失败)等。为了减少强迫观念带来的痛苦和不安，强迫症患者往往发展出一系列强迫动作，包括一些固定仪式动作，如反复洗涤、反复检查、强迫整理。有些强迫行为主要表现为心理活动，如反复计数、默默重复某个词语、强迫询问。强迫行为的目的是避免或减少焦虑，逃避恐惧的实践或情境。就像理查德一样，走路都是轻轻地迈着小步并反复回头，以免发生灾难。

其实，大多数人都有过强迫行为。从症状的频率和强度、患者对症状是否感到痛苦及有无对抗的意念来看，强迫症患者的强迫观念或行为更持久(每天耗时 1 小时以上)，感到痛苦且存在明显的不合理性，严重影响其正常生活(如学习、工作、人际关系等)。许多人把强迫症患者的行为简单看作一种怪癖，没有意识到这其实是一种严重的精神障碍，需要专业的心理治疗和药物治疗。

5. 睡眠障碍

小丽一到晚上，脑子就特别清醒，一点睡意都没有，思维也异常活跃。一开始想着白天发生的杂七杂八的事；一会儿又想明天穿什么，早餐吃什么，到最后也不知道自己在想什么，结果就是躺在床上翻来覆去。说好今晚要早睡，一看手机，凌晨三点，好不容易睡着了，一晚上也是一个梦接着一个梦，有时也常常会中途醒来。可是到七八点钟的时候要起床，小丽却困得要命，根本起不来。

人的一生有三分之一的时间处于睡眠中。也就是说，大多数人每年约有 3000 小时是在睡眠中度过的。一个经常被问到的问题为：“正常的睡眠量到底是多少?”大多数人认为，每人每天需要 8 小时的睡眠。但是，真正理想的睡眠量是因人而异的。每晚 5～6 小时的睡眠对于有些人来说已经足够，而其他人可能需要 10 小时。一个人的睡眠模式会随年龄增长而发生变化。对于大学生来说，平均每天 7～8 小时的睡眠时间是非常必要的。失眠是最为常见的睡眠问题。中国睡眠研究会 2016 年公布的睡眠调查结果显示，中国成年人失眠率高达 38.2%，超过 3 亿的中国人有失眠问题，且这个数据仍在逐年上升中。15%的大学生每日睡眠不足 6 小时，33%的大学生习惯熬夜，17%的大学生反映睡眠质量差，77%的大学生有失眠问题(17%经常失眠，60%偶尔失眠)。①

失眠者表现出对睡眠时间和(或)质量感到不满足，并且影响日间社会功能

① 中国睡眠研究会官网。

的一种主观体验。例如，很难入睡（超过 30 分钟），频繁醒来（一晚上超过 2 次）或过早醒来之后不能继续入睡（睡眠维持困难），晚上睡了足够长时间但第二天仍然很疲倦（睡眠不解乏），睡眠质量下降及总睡眠时间减少（通常少于 6.5 小时），同时伴有日间功能障碍。①

短期睡不着不可怕，可怕的是长期慢性失眠带来的严重后果，如注意力不集中，记忆力减退，判断力和日常工作能力下降，严重者合并焦虑、强迫和抑郁等症状。有一个早期研究，350 名被试被要求保持清醒状态达 112 小时，结果有 7 名被试出现了精神行为问题。此外失眠还是导致冠心病和症状性糖尿病的因素。

环境因素（噪声、光照、气温、卧具不适等），心理因素（过度紧张、焦虑、兴奋等），药物因素（某些兴奋性药物，如咖啡因、茶碱、甲状腺素、可卡因、皮质激素和抗帕金森病药等）和疾病状态（躁狂症、抑郁症、甲亢、疼痛等）都可能导致失眠。很多人面对失眠时，常常自己从药店买镇静剂或保健品帮助入眠。临床数据表明，一旦停药，失眠反弹就会出现，甚至比之前更糟糕。有的人会用白天小睡来补偿晚上的失眠，这些做法都是错误的。正确的做法如下。

养成合理的睡眠时间。人卧则血归肝，人定（21～23 时）之时，就应该躺下准备睡觉。子时入睡，在睡梦中进入第二天，则有利于阳气升发，对于身体各个系统的休息和恢复是最好的。

保持平和的睡眠心态 。如果有短暂性的失眠，千万不要把它当作失眠症来理解。平时白天不要光是为了工作而工作，也要适时进行爬山、打球、游泳等运动。活动越多，消耗越多，晚上睡得越深。尽量定点睡觉，不轻易打破生物钟，偶尔打破也不要给自己睡不着的暗示。过度重视睡眠反而会导致失眠。

改正不良生活习惯。在卧室除了睡觉以外，不要做别的，不要把工作放在卧室去完成。睡觉之前不玩手机，如经常睡前追剧，这是错误的做法。睡前不喝咖啡、茶、酒等刺激性、兴奋性的东西。

按压助眠的穴位。睡前可以按压印堂穴、内关穴、神门穴等帮助入眠。

答　案

3. 当我们陷入心理困境时，我们要怎么做？

当我们陷入心理困境时，我们首先问问自己以前有过这样的感受吗。多做一些让自己感觉舒服的事情，如运动、看书、听音乐、做手工、写日记等；也可以分享给父母、老师和身边的同学、朋友，听听他们的想法或成功经验。当然，比较明智的做法是预约学校的心理咨询，让专业的心理咨询师帮助我们进

---

① 张鹏、李雁鹏、吴惠娟等：《中国成人失眠诊断与治疗指南》，载《中华神经科杂志》，2018(5)。

行问题的专业评估，与我们一起探寻有效的解决方法。

第四节　心理咨询

案　例

大学生小强对大学生活极度不适应。因为同学们听不懂自己的方言，自己又不会说普通话，所以以前活泼开朗的小强在大学里变得沉默寡言、闷闷不乐。让他难以接受的是，大学各科成绩很普通，失去了引以为傲的成绩资本。于是，他经常独来独往，整天遨游在网络游戏中，越来越少去上课，甚至有时考试都会旷考。最后，小强因为没有修完本科阶段的学分，所以不能按时毕业。

问　题

大学生在哪些情况下需要预约心理咨询？

一、什么是心理咨询

心理咨询起源于1896年诞生的《临床心理学》。[①] 中外不同学者对心理咨询提出了不同的概念。罗杰斯(Rogers)将心理咨询解释为通过与个体持续的、直接的接触，向其提供心理帮助，以促使其行为、态度发生变化的过程；威廉森(Williamson)等人将心理咨询定义为咨询师对求助者面对面地提供援助的过程；陈仲庚认为，心理咨询就是帮助人们探索和研究问题，使他们能决定自己应该做什么；朱智贤主编的《心理学大辞典》将心理咨询定义为对心理失常的人，通过心理商谈的程序和方法，使其对自己与环境有一个正确的认识，以改变其态度与行为，并对社会生活有良好的适应。[②]《中国心理学会临床与咨询心理学工作伦理守则》认为，心理咨询指在良好的咨询关系基础上，由经过专业训练的心理咨询师运用咨询心理学的有关理论和技术，对有一般心理问题的求助者进行帮助，以消除或缓解求助者的心理问题，促进其个体协调发展的过程。[③] 需要解

---

① 刘华山、江光荣：《咨询心理学》，上海，华东师范大学出版社，2010。

② 中国就业培训技术指导中心、中国心理卫生协会：《心理咨询师》基础知识，421～423页，北京，民族出版社，2017。

③ 中国心理学会临床与咨询心理学专业机构与专业人员伦理守则制定工作组：《中国心理学会临床与咨询心理学工作伦理守则》，2007。

决问题并主动前来寻求帮助者为来访者，提供帮助的咨询专家为咨询师。来访者针对自身存在的心理不适或心理障碍，通过语言文字等交流媒介，向咨询师述说、询问，在其支持和帮助下，共同挖掘问题的原因，分析问题的症结，进而寻求摆脱困境、解决问题的条件和对策，以便恢复心理平衡，提高对环境的适应能力，提高身心健康水平。心理咨询不仅在于为来访者解决心理问题，而且在于提升来访者自己解决问题的能力。①

心理咨询的对象是遇到心理困惑或有强烈心理冲突与矛盾的人。心理咨询所提供的服务可以帮助人们认识自己与社会，处理各种关系，学会与外界相适应的方法，提高工作效率，改善生活质量，以便更好地发挥内在潜力，实现自我价值。

知识链接

心理辅导、心理咨询与心理治疗的异同

联系：有共同的理论基础和共同的基础技术与方法，同样以人格为发展、健全和修正为目标，同样有从行为、认知到人格逐步深入的过程，是一种分工合作的关系。

不同：心理辅导的对象往往是处在转变或转折时期的普通学生，即他们的心理健康状况相对良好。心理辅导关注对象的未来，心理干预的重点是预防，根本目标是为防止未来问题的产生提供知识性服务。心理咨询以遇到心理困惑或有强烈心理冲突与矛盾的正常人为对象，关注对象的现在，心理干预的重点是发展；根本目标是改善个体的心理机能，提高心理健康水平。心理治疗以心理健康水平较低、心理机能失调或心理上有障碍的患者为对象，关注对象的过去，心理干预的重点是矫治；根本目标是纠正与治疗学生心理与行为的失常问题，恢复其心理健康。

二、咨询的基本原则

（一）保密性原则

保密是心理咨询工作中最重要的原则之一。咨询师会对来访者的所有信息保密，包括测试资料、咨询档案等材料，不在任何场合谈论未经来访者同意的咨询内容。遇到以下四种情况时，将突破保密性原则：第一，来访者有伤害自身或伤害他人的严重危险；第二，来访者有致命的传染性疾病，如性病等，且

① 罗静：《“发展”心理咨询的意义》，载《社会心理科学》，2004(3)。

可能危及他人时；第三，未成年人受到性侵犯或虐待时；第四，法律规定需要披露时。①

（二）理解性原则

咨询师对来访者的年龄、性别、种族、性取向、宗教和政治信仰、文化、身体状况、社会经济状况等任何方面都要充分理解，不得以道德的眼光批判对错，要与来访者一起分析原因并寻找出路。

（三）限时性原则

心理咨询一般每次50分钟左右(初次咨询时间可以适当延长)，原则上不能随意延长咨询时间。研究表明：咨询时间过长，会让咨询师和来访者产生疲劳，降低咨询效果；咨询时间过短，不能很好地与来访者交流，也会对咨询效果有影响。此外，咨询时间的限定有助于来访者抓紧时间，把重要的核心问题及时提出，有利于咨询顺利进展。当然，咨询师也需要时间对上一位来访者的资料进行整理，厘清头绪，接待下一位来访者。

（四）助人自助的原则

咨询过程中的每一个问题都是一个独一无二的。在咨询过程中，咨询师陪伴来访者厘清思绪，引导来访者挖掘自身资源，学会理性分析问题，探索出积极有效的应对办法，帮助来访者获得成长。

（五）自愿的原则

原则上讲，咨询必须建立在来访者完全自愿的基础上，这是确立咨访关系的先决条件。“来者不拒”，对来访者积极提供可能的帮助；“去者不追”，在心理咨询过程中，来访者退出或离开，应及时安排，做好结束咨询工作；不必勉强建议来访者继续接受心理咨询服务，告诉来访者，当有需要帮助时，可以随时预约心理咨询。

（六）客观的原则

存在即合理，每个人的选择必然有其道理。每个人的问题形成也必然有其原因。在面对来访者的任何问题时，咨询师都要处在一个客观的立场上，不能以道德的标准对来访者的问题进行评价；要对来访问者无条件地积极关注，与来访者一起工作，探索解决问题的有效办法。

三、心理咨询的类型

（一）个别咨询

一对一的心理咨询是高校最为常见的心理咨询方式之一。心理咨询师运用

① 中国心理学会临床与咨询心理学专业机构与专业人员伦理守则制定工作组：《中国心理学会临床与咨询心理学工作伦理守则》，2007。

心理学的方法，对有心理困扰的来访者提供心理帮助。来访者可以针对自身存在的心理不适或心理问题，通过语言文字等交流媒介，向咨询师进行述说、询问与商讨；在咨询师的专业支持和帮助下，共同讨论，厘清引发心理问题的原因，分析这些问题的症结，进而找出摆脱困境、解决问题的条件和对策，从而恢复心理平衡，提高对环境的适应能力，保持身心健康。个别咨询的特点是"助人自助"。

(二)团体咨询

团体咨询是在团体情境下提供心理帮助与指导的一种咨询形式，即由咨询师根据当事人所提问题的相似性将其组成咨询小组，通过共同商讨、训练、引导，解决成员共同的发展问题或共有的心理问题。团体咨询与个体咨询最大的区别在于来访者对自己的问题的认识、解决是在团体中通过成员间的交流、互动、相互影响来实现的。相对于个别咨询一次只解决一个人的问题，团体咨询在解决问题方面是很有效率的。并且，团体的丰富性会带给团体成员其他的收获。团体心理咨询的效果也容易巩固。"团体咨询的基本原理是它提供了一种生活经验，参加者能将之应用于日常与他人的互动中。"①团体咨询创造了一个类似真实的社会生活情境，增强了实践的作用，也拉近了咨询与生活的距离，使得咨询较易出现成果，成果也较易迁移到日常生活中。团体咨询的特点是"助人互助"。

(三)朋辈咨询

大多数学生遇到心理困扰，最先向朋友倾诉和寻找帮助。极少数人会寻求专业的帮助。朋辈辅导逐渐受到重视，成为高校心理咨询的重要形式之一。朋辈咨询能充分发挥学生朋辈在心理教育中的主体作用。朋辈咨询的特点是"自助—助人—互助"。

(四)网络咨询

网络咨询是指以网络为媒介，运用心理学理论和方法，帮助当事人以恰当的方式解决其心理问题的过程。就目前而言，网络咨询方式主要包括实时聊天软件(微信、QQ 等)、电子邮件(E-mail)、电子布告(BBS)等。网络咨询的优点是选择的自由度大，信息量丰富，方便快捷，便于存储和查询案例；网络咨询的缺点是来访者的信息不全面，真实性不确定，咨访关系不稳定等。

四、正确认识心理咨询

我国的心理咨询起步较晚，人们对心理咨询的认识还存在很多偏差和误区。例如，有病的人才需要做咨询，心理咨询就是聊聊天，有效的心理咨询只需要做一次就够了，心理咨询就是思想政治教育，任何一个经验丰富的人都可以胜任心

---

① 吉拉尔德·科瑞:《团体咨询的理论与实践》第6版，方豪等译，4页，上海，上海社会科学院出版社，2006。

理咨询师的工作……[1]为提高当代大学生心理健康水平，纠正对心理疾病的污名化和对心理咨询的错误认知，全面、正确认识心理咨询尤为重要。

（一）心理咨询的污名化

研究发现，大学生对心理咨询的态度是矛盾的。当问到"你认为心理咨询对人有帮助吗"时，近80%的学生都认为心理咨询对人是有帮助的。当问到"如果你的同学遇到心理问题时，你认为他可以去做心理咨询吗"时，有近80%的人支持同学去做心理咨询。当问到"如果你有心理问题时，你会去做心理咨询吗"时，不到20%的人选择会去做心理咨询。[2] 可见，80%的大学生在认知上是肯定心理咨询的作用的，但只有20%的大学生才会选择这种行为。为什么大多数人认为心理咨询是一种有效方式，但只有少数人才去做心理咨询呢？正如世界卫生组织指出，"心理和行为阻碍患者康复的最大阻碍就是社会对他们的污名和与之相连的歧视"。

"污名"一词最早源于古希腊，指刻在或烙在某人身体上的一种符号或标记，表明此人具有道德或行为缺陷，人们会因此拒绝、回避他们。污名是一种标志或标签，表明被标记者具有不受社会欢迎的负面属性，导致其个人价值受损，社会身份被贬抑。

污名分为公众污名和自我污名两种类型。公众污名是一般公众对受污名群体成员做出的反应。自我污名是受污名群体成员将污名化态度指向自己而做出的反应。公众污名是一般人因对有心理问题的人产生刻板印象而产生歧视和偏见，把心理问题等同于道德问题、品行或人格缺陷等而加以排斥。公众污名现象把心理咨询打上了不良的烙印。自我污名是个人觉得心理咨询是一件"丢脸""没面子"的事情，有自卑感、羞耻感。

表1-4　公众污名与自我污名的特点

公众污名	自我污名
刻板印象：关于某个群体的负面认识，如没有能力、个性软弱、危险	刻板印象：对自我的负面信念，如没有能力、个性软弱、危险
偏见：对认识的赞同和消极反应，如愤怒或恐惧	偏见：对认识的赞同和消极反应，如低自尊或低自我效能感
歧视：对偏见的行为反应，如不提供工作和住房机会，回避提供帮助	歧视：对自我偏见的行为反应，如不去寻求工作和住房机会，不去寻求帮助

资料来自：Corrigan P W，Kerr A，Knudsen L，2005

① 罗静：《"发展"心理咨询的意义》，载《社会心理科学》，2004(3)。

② 刘开强、陈秋燕、刘复英：《民族高校大学生心理咨询需求与态度的调查研究》，载《四川师范大学学报(自然科学版)》，2012(7)。

（二）纠正对心理咨询的误解

误解1：只有患心理障碍的人才需要做心理咨询。

这是对心理咨询的污名化。事实上，心理咨询的服务对象是正常人，心理咨询有发展功能和教育功能，可以帮助正常人更好地自我认识、自我觉察和体验，是一种心理保健和促进心理健康的专业方法。一个人在生活中遇到了自己无法解决的问题时，如学习问题、人际交往问题、恋爱问题、婚姻问题、家庭关系问题、子女教育问题、职业选择问题等，可以选择专业的心理咨询。相反，很多有心理障碍的人往往不认为自己有心理问题，不会主动寻求心理咨询或心理治疗。接受心理咨询的病耻感或许会阻碍人们寻求帮助，但实际上能向外寻求帮助是一种智慧的表现。①

误解2：心理咨询和朋友聊天是一样的。

很多时候，在你身处困境时，亲朋好友的援助是非常重要且有效的，但经验丰富的专业心理咨询师能更有效地解决你的问题。例如，朋友愿意听你说，但不一定能理解和认同你，有时他们会给你很多看似有用的经验和建议，但对你来说却是“你不懂我”或“算了，说了也白说，不说了”；心理咨询师在倾听过程中不会随意地打断你，也不会对你有任何偏见，更不会主观评判你。相比较而言，经过专业训练的咨询师更能客观地帮助你识别自己的行为或思维模式。友谊常是一种互助互利的人际关系，心理咨询是完全为来访者服务的。

误解3：心理咨询就是思想教育、心灵鸡汤。

目前，越来越多的“心灵鸡汤”类的书籍、节目和课程出现在大众的视野里。它们大多以“情感”“正能量”“个人成长”等主题呈现。然而，心理咨询并非如此。例如，当你感情绪低落时，“心灵鸡汤”会告诉你：“不要悲伤，要坚强，要微笑，你一定能成功！”心理咨询师会允许你悲伤，接纳你的情绪，并且引导你面对自己的情绪，和你一起探讨产生情绪的原因和应对这种情绪的合理方式。在心理咨询的过程中，专业的咨询师不会对你提建议或进行思想道德教育，更不会灌输“心灵鸡汤”。心理咨询师能提供的是一个安全的环境，带着共情和不评判的心与你一起探索你的困惑，同时运用专业科学的临床咨询技能帮助你处理问题。

误解4：好的心理咨询能立竿见影。

心理咨询是一个自我探索的心理成长过程。“冰冻三尺，非一日之寒。”一个人的情绪问题、行为问题不是在短时间内形成的，一个人的错误观念、不健康的行为方式、童年不幸经历带来的创伤等也都不可能在一夜之间得到消除。所以期待一两次的咨询就能完全解决问题是不切实际的。心理问题解决需要多长的时间，一般而言取决于两个方面的因素。第一个因素是求助者的配合程

① 美国心理学会官网。

度。如果求助者没有解决问题的意愿，或者对咨询师的要求不积极配合，那么会拖延心理问题解决的时间。第二个因素是病情的严重程度。心理问题形成的时间越长，需要的时间就越长；心理问题对工作、学习、生活、家庭等方面影响越大，需要的时间就越长。心理咨询的目的是让人们更有力量地发展自己，而不是让人们永远成为来访者。

误解 5：心理咨询就是“催眠”。

“催眠”只是一种心理咨询技术，咨询师在咨询过程中可能会根据不同的来访者或不同的问题使用多种心理咨询技术。技术并不等同于咨询。在心理咨询中，无论是哪种技术，都能帮助心理咨询师更好地理解来访者，并从中找到解决问题的方法。不同咨询技术的侧重点可能有些不同。例如，认知行为的咨询过程中多采用可实践性的方式，如家庭作业，心理咨询师可能会要求来访者收集一些信息，完成应对问题的技巧的练习；或要求来访者记录下特定情境发生时的反应；也有可能会要求来访者阅读一些书籍、文章等。心理动力学或者人本主义可能会把焦点集中在来访者的谈话上而非具体行动上。①

误解 6：没有生活经验不能做心理咨询。

心理咨询工作主要是靠心理咨询师的咨询理论和技术，而不是靠咨询师的生活经验。因为心理咨询师的工作不是要给来访者以具体的指导，而是通过心理咨询的技术启发来访者自己找到解决问题的办法。在这个过程中，是否具有与来访者相同的生活经验不是必要条件。当然，心理咨询师是否具有相应生活经验对心理咨询效率会带来一定的影响。心理咨询师如果缺乏相应生活经验，那么可能会需要更多时间获取更多的信息来理解来访者的问题。

答　案

大学生在哪些情况下需要预约心理咨询？

当意识到自己具有以下特征时，就要考虑预约心理咨询了。

情绪上：长期沉浸在无助感或悲伤中；过分忧虑，总觉得会发生糟糕的事；总处于紧张状态；想从情绪危机(如焦虑、恐惧或抑郁情绪)中解脱出来。

行为上：难以集中注意力完成工作任务或其他日常活动；有酗酒、药物成瘾、暴力等行为，并已伤害到自己或他人。

关系上：经历失恋、失业、离异、丧亲、罹患重大疾病等生活变故，遭遇学业(职业)发展瓶颈，亲密关系、婚姻关系、亲子关系等出现问题。

个人成长：想减少压力对身心健康的损害；想建立自信和抗挫力以便更好地应对挑战；想在学习、工作和生活中保持一种良好的心态；想维持良好的人

① 美国心理学会官网。

际关系，获得更健康、幸福的生活。[1]

五、大学生如何接受心理咨询

心理咨询的各个阶段都需要来访者的密切配合，因此，来访者应做好充分的心理准备，这对于增强咨询效果十分必要。

（一）咨询前准备

1. 有主动咨询的愿望

良好的心理咨询首先建立在来访者自愿的基础上。来访者如果没有沟通的愿望，仅仅是被老师或家长带来，那么会出现极大的阻抗，不会真实地谈及真实的自我，从而使咨询效果受到影响。通常来说，来访者的求助动机越强，与咨询师的配合越好，咨询的效果也会更明显。

2. 减少不必要的担心

心理咨询遵循保密原则和价值中立原则，这是心理咨询师最基本的职业道德。有些来访者担心谈话的内容外露，咨询时往往隐去某些关键问题，这样不利于咨询师发现问题，做出评估和提供帮助。此外，有些来访者清楚自己的行为是“非主流”的，如同性恋，担心咨询师嘲笑，又想解决自己的痛苦，交流过程中表现出犹犹豫豫。心理咨询不是思想工作，不是与领导谈话。心理咨询师的关注点不在价值判断，而是帮助来访者解决心理上的困惑。

3. 选择合适的咨询师

每个咨询师的职业背景、职业经历、咨询擅长领域有所差异，来访者要尽量找受过专业培训、具有从业资格的咨询师（如二级心理咨询师、注册心理师、注册心理督导师等）。来访者可以在咨询前，通过预约平台了解咨询师的相关信息，选择合适的咨询师。一般来说，咨询婚姻问题，最好找年龄偏大的咨询师；有关性的问题，最好找同性别的咨询师，咨询时会更方便。如果与咨询师接触后，感觉不适，可以提出终止咨询或请求转介其他咨询师。

4. 了解咨询的时间规定

根据心理咨询的工作设置，来访者需要在预约的时间准时前往咨询室，每次咨询时间约 50 分钟。根据来访者的心理问题程度，咨询师会将咨询计划及咨询安排与来访者商讨。在高校心理咨询中，一般咨询次数不超过 8 次。对于超过 8 次的咨询，咨询师需提交申请，经心理咨询督导师同意后方可继续接受咨询。来访者如遇特殊情况不能前来，需提前与咨询师联系，以便更改约定咨询时间。

---

① http://www.apa.org/helpcenter/understanding-psychotherapy.aspx，2020-03-03。

(二)咨询过程中的准备与配合

1. 来访者要有自助意识

心理咨询不是一般的帮助人的行为，而是“助人自助”的过程。咨询师只能起到分析、引导、启发、支持、促进来访者适应和成长的作用，不能替来访者做出改变或决定。心理咨询需要来访者积极主动配合，参与咨询计划的制订，认真完成咨询师留的作业，勇于改变自己、战胜自己，这样才能走出心理困境。

2. 来访者要有耐心

心理问题、心理疾病不是一天两天形成的，可能是多种原因造成的，解决问题也需要一定的时间。心理咨询是一个循序渐进的过程，一般要经过了解来访者的问题、评估、设立咨询目标、选择咨询方法、制订咨询方案、实施咨询计划和反馈咨询效果等过程，欲速则不达。有时在咨询过程中，心理问题会出现反复，这需要来访者能够有耐心和意志力迎接挑战。

3. 真诚坦率地交流

心理咨询主要以语言沟通为主。面对咨询师，来访者不要过多地考虑说话的方式方法，要如实地、直截了当地讲述困扰性问题及在心理咨询过程中的内心感受；即使分不清问题所在，也不用担心，咨询师会在倾听过程中捕捉一些重要信息，来访者只要实事求是地回答即可。

4. 认真完成咨询作业

咨询过程中，一个重要的环节就是来访者和咨询师共同制订咨询目标和咨询计划。来访者要在咨询的不同阶段认真完成各种实践作业，执行咨询计划，做好反馈，这样才能收到理想的咨询效果。

活动链接

大学生心理健康测试题

对以下40道题，如果感到“常常是”，画√；“偶尔是”，画△；“完全没有”，画×。

1. 平时不知为什么总觉得心慌意乱，坐立不安。
2. 上床后怎么也睡不着，即使睡着也容易被惊醒。
3. 经常做噩梦，惊恐不安，早晨醒来感到倦怠无力，焦虑烦躁。
4. 经常早醒1～2小时，醒后很难再入睡。
5. 学习的压力常使自己感到非常烦躁，讨厌学习。
6. 读书、看报甚至在课堂上也不能专心致志，往往自己也搞不清在想什么。

7. 遇到不称心的事情便较长时间地沉默寡言。

8. 感到很多事情不称心，无端发火。

9. 哪怕是一件小事情，也总是很放不开，整日思索。

10. 感到现实生活中没有什么事情能引起自己的乐趣，郁郁寡欢。

11. 老师讲概念，常常听不懂，有时懂得快忘得也快。

12. 遇到问题常常举棋不定，迟疑再三。

13. 经常与人争吵发火，过后又后悔不已。

14. 经常追悔自己做过的事，有负疚感。

15. 一到考试，即使有准备也紧张焦虑。

16. 一遇挫折，便心灰意冷，丧失信心。

17. 非常害怕失败，行动前总是提心吊胆，畏首畏尾。

18. 感情脆弱，稍不顺心就暗自流泪。

19. 自己瞧不起自己，觉得别人总在嘲笑自己。

20. 喜欢跟年幼或能力不如自己的人一起玩或比赛。

21. 感到没有人理解自己，烦闷时别人很难使自己高兴。

22. 发现别人在窃窃私语，便怀疑是在背后议论自己。

23. 对别人取得的成绩和荣誉常常表示怀疑，甚至嫉妒。

24. 缺乏安全感，总觉得别人要加害自己。

25. 参加春游等集体活动时，总有孤独感。

26. 害怕见陌生人，人多时说话就脸红。

27. 在黑夜行走或独自在家时有恐惧感。

28. 一旦离开父母，心里就不踏实。

29. 经常怀疑自己接触的东西不干净，反复洗手或换衣服，对清洁极端注意。

30. 担心没有锁门和可能着火，反复检查，经常躺在床上又起来确认，或刚一出门又返回检查。

31. 站在经常有人自杀的场所、悬崖边、大厦顶、阳台上，有摇摇晃晃要跳下去的感觉。

32. 对他人的疾病非常敏感，经常打听，生怕自己也身患同病。

33. 对特定的事物、交通(电车、公共汽车等)、尖状物及白色墙壁等东西有恐惧倾向。

34. 经常怀疑自己发育不良。

35. 一旦与异性接触就脸红心慌或想入非非。

36. 对某个异性伙伴的每一个细微行为都很注意。

37. 怀疑自己患了癌症等不治之症，反复看医书或去医院检查。

38. 经常无端头痛，并依赖止痛药或镇静药。

39. 经常有离家出走或脱离集体的想法。

40. 感到内心痛苦，无法解脱，只能自伤或自杀。

计分方法与解释：√得 2 分，△得 1 分，×得 0 分。

0～8 分：目前你的心理非常健康，请继续保持。

9～16 分：目前你的心理仍属于健康的范围，但要有所注意，当遇到压力和困难时，可以找老师或同学聊聊。

17～30 分：目前你的心理状态处于亚健康水平，应采取适当的方法进行调适，或找心理辅导老师帮助你。

31～40 分：你可能存在某些心理问题，建议进行专业的评估与诊断。

41 分以上：你可能患有较严重的心理障碍，请及时接受专业的心理治疗。

思考题

1. 如何更好地适应大学生活？

2. 举例说明你一般会用哪些方式来应对生活中的挑战，哪些方式是有效的，哪些方式是无效的。

影视赏析

当幸福来敲门

克里斯·加德纳(威尔·史密斯饰演)的成长过程并没有父亲的陪伴，28 岁时他才第一次见到父亲。于是当他做了父亲的时候，他发誓要做一个称职的爸爸。然而天不遂愿，这位单身父亲屡遇

不顺，遭遇失业等不幸，和年幼的儿子相依为命，流离失所。为了儿子的幸福，加德纳咬紧牙关，重新振作，处处向机会敲门，并毛遂自荐进入一家证券公司工作，从最底层的员工做起。终于苍天不负有心人，他最后成为知名的金融投资家。之后他慷慨解囊，热心于公益活动，成为全美知名的慈善人物。过程中支持他咬紧牙关的最大动力除了宝贝儿子外，就是他始终相信：只要今天足够努力，幸福明天就会来临。（来源：豆瓣电影）

推荐阅读

1.［美］黛比·夏比洛．坏心情出卖了你的健康［M］．夏乐，译．吉林：吉林文史出版社，2007．

2. 于洛生．从心理问题到心理优势：一个抑郁症患者的家庭治疗笔记［M］．北京：清华大学出版社，2014．

3.［美］凯利·麦格尼格尔．自控力［M］．王岑卉，译．北京：印刷工业出版社，2012．

4.［美］艾琳·R. 萨克斯．我穿越疯狂的旅程：一个精神分裂症患者的故事［M］．李慧君，王建平，译．北京：中国轻工业出版社，2013．

5.［美］厄尔·希普．对付看不见的老虎［M］．赵霞，李文道，译．北京：新华出版社，2005．

6.［美］亨利·克劳德，［美］约翰·汤森德．过犹不及——如何建立你的心理界限［M］．蔡岱安，译．成都：四川大学出版社，2003．

7.［美］狄巴克·乔布拉．不老的身心［M］．崔京瑞，译．北京：中国工人出版社，2007．

第二章

学会学习　缓解拖延

书山有路勤为径，学海无涯苦作舟。

——（唐）韩愈

学习目标

认识大学阶段学习的特点，理解学习倦怠及其产生的原因，合理调节自己的学习动机。了解时间管理的基本方法，理解学习拖延现象及其心理根源。学会辨别学业压力和学习焦虑，掌握缓解压力的基本方法。

第一节 大学学习

案 例

大学伊始，小王同学对学习充满了好奇和期待；但一段时间之后，他感到非常困惑。他有点摸不着头脑，不太确定自己以往的学习方式是否还奏效。他陷入迷茫，等到略微回过神来的时候，大学的第一个学年已经快结束了。

大学是人生的重要阶段。在大学期间，一个人会经历很多事情，认识很多人。大学生活涉及一个人从青少年走向成年的方方面面，但其中最主要的内容还是学习。尽管大学新生会听到关于“大学应该如何度过”的各种说法，但是不可否认的事实是，对于大学生而言，最重要的仍然是学习，而不是其他。大学生活中的诸多问题也都与学习紧密相连。

在中学阶段，学生经常听到家长和老师这样说：努力学习，再坚持一下，等考上大学就好了。这是家长和老师为了鼓励学生备战高考的权宜之计，但是对很多学生造成了误导。一部分学生在进入大学之后一下子就松懈了，对学习毫无热情；还有一些学生，因为失去了类似高考这样明确的学习目标，慢慢迷失了学习方向。更不用说，大学学习不再有家长和班主任在身边时刻监督，有些大学生逐渐变得懒散和厌学。大学生面临的这些学习问题不仅普遍，而且比较严重。本节先介绍学习的基本概念及大学学习的特点，然后介绍新的学习方式。

一、学习的基本概念

广义的学习是指由经验引起的相对稳定的心理和行为结构的改变。这可以从以下三个方面来加以理解。

首先，学习是由经验引发的。这种经验可以是直接经验，也可以是间接经验。我们每个人每天都在发生变化，但是并非所有的变化都可以叫作学习。学习必须是经验的产物。身体发育就是一个极好的例子。青少年在青春期会出现明显的身体发育，如男生长胡须、长喉结，女生体型和皮肤发生变化等。这些生理变化是显著的，只是身体随着年龄增长而自然发育的结果，无须个体的主观努力，所以这样的变化不能叫作学习。但是，青少年注意到自己的身体发育，开始在意自己的外表和他人的看法，并且从书本和网络获得关于青春期生理变化的知识，这个过程就属于学习。因为青少年的心理（自我意识增强）和行为（注意卫生和健康）发生了比较稳定的改变，这些改变源于青少年的个人体验和知识的获取，即经验。

其次，学习的结果是引发心理或行为的变化。有些变化可以马上从外在行为中表现出来；有些变化属于心理倾向或者态度的改变，需要在一段时间以后，在条件适合或者允许的时候，才会表现出来。例如，小男孩无意中摸到烧红的铁锅，马上把手缩回去，以后也不太敢触碰铁锅了。这就是学习，其结果是当下的行为和以后的行为都发生了变化。心理学家班杜拉（Bandura）在他女儿身上观察到一个有趣的现象。女儿看到动画片中有个小朋友在发脾气，看完之后，女儿当时并没有什么反应。但是一周之后，当班杜拉因为一件生活琐事惹恼了他女儿时，他发现女儿发脾气的方式与动画片中的小朋友如出一辙。班杜拉深受启发，通过研究证明，观看暴力电视节目会影响青少年的暴力行为和攻击倾向。

最后，学习所引发的改变比较持久。不过，持久和稳定只是相对的概念，并无固定的标准，持续时间通常为几分钟、几小时到若干年。

从上面这个定义来看，日常生活中的很多活动都属于学习范畴，每个人都在不断体验着学习过程。其实，不只是人的活动是这样的。动物学家的观察表明，几乎所有的动物都表现出学习现象。

有一个有趣的例子。我们知道，水族馆里驯养的海豚在人的训练下学会了在水面上“直立行走”，但是野生海豚不会这个技能。生物学家曾经在南印度洋捕获一只受伤的海豚，把它带到水族馆里养伤。这只野生海豚在水族馆生活的时间里，也慢慢学会了在水面上直立行走。后来，它被放回到野生海域。不久以后，渔民常常看见这片海域上有野生海豚在水面上直立行走。从这个例子中我们可以推断，野生动物会主动“学习”一些自己不具备的特殊技能，即使这些技能对于野生动物的生存可能并没有专门的适应性意义。

那些对于动物具有重要适应价值的技能，就需要专门的练习了。大型猫科动物的幼崽需要花费几年的时间才能学会捕猎技能。在此之前，它们需要依赖母亲的供给才能存活。即便如此，这些幼崽也只有大约三分之一能活到成年。黑帽岩猴的食物之一是坚硬的椰果，幼崽在成功破开椰壳之前，需要练习数年之久，包括挑选合适的石头、掌握有效的抓举动作等。在这个过程中，幼崽要经历无数次令人沮丧的失败。

身处现代社会，野生动物也习得了一些特有的技能。例如，峨眉山的猕猴不仅会向游客讨要食物，还学会了熟练拧开饮料瓶盖的动作技能；在某些公园里，成年猴子捡起游客掉落的长头发，将其用作牙线来剔牙，并且将这一技能教给它们的幼崽。

所以，从这个意义上来看，人和其他动物的生活当中充满了广义的学习现象。对大学生而言，上课是学习，看书是学习，听讲座是学习，做调查和做实验是学习，参加竞赛是学习，考证书是学习，参加社团是学习，做志愿者是学习，兼职实习是学习，打零工挣钱同样也是学习。大学生在这些活动中投入了一定的时间和精力，获得了心理或行为上相对持久且稳定的改变。所以，这些活动都可以被称为学习。

从狭义的角度来讲，大学生的学习是指专业知识和专业技能的习得过程。尽管上述活动都属于学习的范畴，但是对于大学生来说，专业知识仍然是最主要的学习内容。本章所谈到的学习，在大部分情况下是指此类学习。

二、大学学习的特点

与高中时期相比，大学阶段的学习在某些方面表现出截然不同的特点。很多大学生在初入校园时，仍然习惯性地沿用高中时期的学习方式和学习习惯，这使得他们不能很好地适应大学阶段的学习。总体而言，大学阶段和中学阶段的学习的差异主要体现在以下五个方面。

第一，课程性质不同。中学时期的课程比较稳定，课程数量相对较少，知识点存在比较明确的承接关系。大学课程不同，首先，大学课程的门数较多，大学一个学期的课程门数几乎等于中学时期所有课程的门数。在整个大学期间，每个学生总共要修几十门课程。其次，每门课程都是当期结业，课程结业的节奏比高中快。最后，各门课程的知识点之间的关系较为隐蔽，需要大学生主动进行深入思考。

第二，授课方式不同。中学课程的教学大纲和教学内容是非常固定而且明确的，教师需要紧扣大纲，将知识点讲清楚，并通过大量的练习让学生掌握解题思路和答题技巧。大学不同，大学课程的教学内容拥有一定的弹性，教师的教学方式更多的以引导和启发为主，鼓励学生思考并提出问题。此外，大学课程的授课方式比较灵活和多样化，除了教师讲授之外，还会引入实验操作、分组讨论、案例报告、学生分享、翻转课堂等方式。学生不再是被动的接收者，而是课堂教学的主动参与者，甚至是主导者之一。

第三，师生关系发生了质的变化。在中学时期，师生之间共同相处的时间较多，师生关系在物理空间和心理空间上也更为靠近。但是在大学阶段，师生之间的人际距离更富有弹性，教师不仅把学生当作传道、受业、解惑的对象，也将其视为一个具有独立人格的成年人来对待。因此在学业上，中学老师要扮演监督者的角色，大学教师更倾向于扮演专业引路人的角色。大学生的学习活动主要依靠自己来安排和规划，而不是教师的严厉管教。

第四，考核方式不同。高考属于选拔性考试，目标是择优录取；大学考试属于结业性考试，目标是达到各门课程的基本标准。考核目标不同导致中学阶段和大学阶段的考核方式截然不同。中学阶段的考试以闭卷为主要形式，考试内容为课堂上所讲授的核心知识点，题型也是比较固定的。大学阶段的考试既有闭卷考试，还有很多新的考核方式，如实验报告、作品或模型、学期论文、调查报告等。大学生需要对中学时期的学习策略进行及时调整，以适应大学的考核方式。

第五，时间安排不同。大学一年级学生当中存在两种完全不同的感受。一部分学生说，大学太忙了，经常觉得时间不够用；另一部分学生却说，大学太闲了，经常不知道该干什么。区别在于，有些学生会主动寻找学习内容；但有些学生还是像高中时期一样，仍然被动地等待老师的安排。如果老师没有给出明确的任务，课余时间又比高中多出很多，这些大学生就会不知所措。

三、探索新的学习方式

正是由于大学学习和中学学习存在显著区别，因此在学习上，大学新生首先要做的事情是积极探索新的学习方式，跟上大学学习的节奏。

第一，主动了解信息。大学生应该查阅所学专业的培养方案，熟悉本专业的课程设置，对核心课程的基本情况做初步了解，这有助于建立起关于本专业的课程结构和框架；如有必要，还可以对本校本专业的课程体系与其他高校（包括国内和境外）相同专业的课程体系进行对比，寻找其共同点，并思考各个高校在该专业上的优势和特色；在学习每门课程时，应该主动了解这门课的课程性质、教学目标、知识结构、理论原理和应用领域等，学会站在高处理解该课程的意义所在。

第二，主动讨教经验。大学生可以向任课教师和学长学姐请教学习专业知识的经验。这些经验可以是直接经验，也可以是间接经验。大学生需要学会如何提问和如何理解前辈的回答。这首先要求大学生对自己的情况进行反思和总结，找到问题所在，然后以恰当的方式提出自己的疑惑。另外，对于任课教师和学长学姐所提供的答案，很多大学生也未必能完全理解，或者未必适合每一个人，这时候就需要根据自己的实际情况灵活处理。

第三，主动安排时间。大学的课堂教学时间比高中要少，这给大学生预留了大量的课后时间。因此，大学生要慢慢学会合理安排自己的时间，协调好课堂时间和课后时间的比例，通过课前预习、课堂听讲和记录、课后复习的方式把整个学习串起来。

第四，主动探索自己。大学学习的个性化程度比高中阶段更高，这不仅体现在课堂上，也表现在课后。大学生应该逐步探索和总结自己的学习风格和方式。例如，有的学生喜欢面对面教学，有的学生喜欢网络教学；有的学生喜欢传统式教学，有的学生喜欢翻转式教学；有的学生喜欢听别人讲课，有的学生喜欢自己看书。大学生可以充分利用图书馆和互联网资源，探索适合自己的学习节奏、学习模式和学习策略。

课堂活动

你觉得大学学习和高中学习有何区别？请写下来，并与小组同学进行分享和讨论。

第二节　学习倦怠

案　例

刚上大学一年级时，小李同学对每门课程都非常认真，甚至还暗暗定下了考研的目标，内心充满了斗志。但是一年时间不到，他发现自己慢慢松懈了，上课有点心不在焉，上自习也提不起劲，完全没有学习状态。他觉得课程有点枯燥，甚至开始厌烦，并对自己的专业产生了怀疑。后来，他迷上了网络游戏，成绩也每况愈下。

一、学习倦怠的定义与表现

学习倦怠一词是从职业倦怠或工作倦怠中衍生而来的。所谓学习倦怠，是指学生因为长期的学业压力和负担，产生了精力耗竭，从而对学业及相关活动逐渐丧失热情和兴趣，并且对学业持有比较负面的态度。有学者认为，学习倦怠是指学生在学习过程中因为课业压力或者其他个人心理层次上的因素，以致出现缺乏人性化和个人成就感低落等现象。也有学者提出，学生对学习没有兴趣或者缺乏动力，但又不得已而为之时，就会感到厌烦，从而产生一种身心俱疲的心理状态，并且消极对待学习活动，这种状态即学习倦怠。这几种定义的描述方式略有区别，但所指向的心理和行为表现是比较一致的。

总体来说，学习倦怠是指大学生对学习及学校生活的一种负面态度，在行为上表现为对学习任务拒绝或回避；在学校人际关系中表现为退缩；在情绪上表现为对自我负面评价，且具有疲倦、无精神、冷漠等负面体验。学习倦怠是大学生学习问题的核心所在，也是诸多其他问题的间接表现。例如，常见的大学生沉迷手机和网络游戏的问题，其实与学习倦怠有关。至于学习困难、人际关系差、自我认识不清、品性障碍等，也可能以学习倦怠的形式表现出来。

综合国内多名学者的调查结果可以发现，当代大学生的学习倦怠情况不容乐观。在受访的在校大学生中，超过70%的人存在不同程度的学习倦怠。其中，轻度学习倦怠的检出率为23.5%，中度学习倦怠的检出率为43%，重度学习倦怠的检出率为7%。就性别而言，男生学习倦怠的发生率明显高于女生。而且，学习倦怠对大学生的学习满意度、生活满意度、健康满意度及专业满意度等具有显著的预测作用。① 还有研究表明，大学生自我效能感、自尊水平与学习倦怠之间存在显著的负相关，自我效能感和自尊等因素对学习倦怠具有预测作用。② 由此看来，在大学生群体中，学习倦怠不仅十分普遍，而且具有较强的破坏性。对于中度和重度学习倦怠者，勉强完成大学学业、顺利获得大学毕业证已是一件不太容易的事情。那么，大学生为什么会出现学习倦怠呢？这要从学习动机谈起，学习倦怠本质上是学习动机不足。

二、学习动机

当谈到“为什么上大学”这个问题时，每个学生都会给出自己的答案。例如，为了获得专业知识，为了找工作，为了过上向往的生活，为了发挥自己的才能，为了实现理想，为了让父母或家人满意，为了赢得尊敬，为了拿文凭……这些学习目标尽管迥然相异，但都会指引大学生投入学习活动，由此引发的心理需要即为学习动机。正式来讲，所谓学习动机，是指激发一个人的学习活动，使学习活动能够持续并指向特定目标的内驱力。学习动机是学生能够长时间积极努力投入学习的直接原因，能调节学生的学习状态，引导学生朝着某个方向前进；在达到阶段性目标的时候，又会带来相应的成就感和满足感，形成良性循环。反过来，学习动机不足的学生很容易产生学习倦怠和学习拖延，并伴随有沮丧和焦虑等消极情绪，进而影响学业表现。

大学生的学习动机是多种多样的。我们可以从以下三个方面分类。

第一，根据学习动机的作用时效，可将学习动机分为近期动机和远期动机。近期动机是由学习活动的直接后果激发的学习驱力。例如，为了取得好的考试成绩，或赢得老师的表扬、同学的赞赏而努力学习。远期动机是指学生因

---

① 李永鑫、谭亚梅：《大学生学习倦怠的初步研究》，载《中国健康心理学杂志》，2007(8)。

② 王小新、苗晶磊：《大学生学业自我效能感、自尊与学习倦怠关系研究》，载《东北师范大学学报(哲学社会科学版)》，2012(1)。

为对学习活动所能达成的远期目标有期待，从而激发了当前的学习动力。例如，周恩来少年时立志“为中华之崛起而读书”，就是远期动机的经典代表。近期动机因为其诱因非常临近，又很具体，所以往往显得有更加显著的影响。但是，近期动机因为容易受到环境、个人情绪等因素的影响，所以通常不太稳定，容易波动。相比之下，远期动机与一个人的社会角色定位、人生观、世界观等比较稳定的个人特质相联系，因此往往能持续很长时间。有些人之所以终身保持强烈的学习热情，就是因为他们的远期动机持续存在。中学生拥有明确的升学任务和考试目标。在长期的学习过程中，其学习动机以近期动机为主。这一特征延续到大学阶段，即表现为一部分大学生在面对新的学习环境时，对各种临近诱因的认识发生了巨大的转变，导致近期动机发生非常强烈的波动，而远期动机又还未建立起来，最终造成学习动机的全面减弱。

第二，根据学习动机的指向内容，可以将学习动机分为本能性学习动机和社会性学习动机。上文提到，人类之外的其他动物也存在普遍的“学习”活动。猫科动物在很小的时候就会自发性地练习捕猎技能，只是这些早期的自发训练通常以兄弟姐妹为对象，表现为轻柔的打闹和撕咬等。这样的学习动机几乎是与生俱来的。此外，人类和很多其他哺乳动物都有对新异事物好奇的本能，这种本能是学习动机的生物性来源，是人类学习活动的原始驱动力。相比之下，社会性学习动机是指改变和提升个体生活的学习动机，即将学习当作提升个人社会地位的手段。例如，如果一个大学生的学习动机主要是为了以后能找一份体面的工作，那么这样的动机就属于社会性学习动机。社会性学习动机所追求的对象比本能性学习动机更加复杂，因为每个人对人生价值和生活条件的理解有所不同，并且会随着时代变化而变化。更重要的是，尽管人类具有学习的本能，但受从小到大的教育经历的影响，大学生在专业学习中的本能性学习动机(科学知识真奇妙，我想弄懂它)通常比较弱，很多学生都是以社会性学习动机(绩点高了能保研，我要考高分)支撑自己的学习活动的。这无疑为学习倦怠提供了温润的土壤。

第三，根据学习动机产生的源头，可以将学习动机分为内部动机和外部动机。这是关于学习动机最重要的一种划分。内部动机源于大学生自身的内在因素，如对学习内容感兴趣，在学习过程中体验到成就感和满足感等。内部动机不需要外在因素的激发和鼓励，也不需要外部的报酬和奖赏来强化。外部动机是指由外在因素诱发的学习动机，如学生为了赢得奖励而学习即属于这一类。很明显，内部动机是一个人保持学习状态的动力源泉。但遗憾的是，大学生的大部分学习动机都不是内部动机，而是外部动机。这要从小时候说起。

儿童对大千世界充满了好奇，总想弄个明白，这既是一种本能性学习动机，又是一种内部动机。8～10 岁的儿童识字能力明显增强，开始对阅读故事书表现出浓厚的兴趣，有时简直是沉迷其中。这种发自内心的兴趣、好奇、喜欢就是内部动机。在某种意义上，儿童具有天然的内部学习动机，但有时候这些动机慢慢被家长和考试带偏了。殊不知，内部动机和外部动机是可以此消彼长、相互转化的。很多家长不懂得奖励孩子的方法，如对孩子说“你这次如果考好了，就奖励你 100 块钱”。这其实是帮了倒忙。也许孩子本来对学习识字和算术挺感兴趣的，拥有强烈的内部学习动机，但是在家长的外部悬赏之下，孩子的内部学习动机被削弱，开始转而追求外部的奖励。当外部激励不能持续存在时，学习动机必然下降，内部动机被损害之后又无法得到修复，使得孩子的学习动机不断弱化，最终陷入恶性循环。

下面有个更直观的例子：有位老先生刚搬了新家，附近的小孩子对他好奇，就跑到他家门口把易拉罐当球踢来踢去，看他有什么反应。老先生被吵得不行，冲出来骂他们。小孩子们如鸟兽散，但看到老头气急败坏的样子，反而乐开了花。此后他们经常跑来逗老先生，老先生被吵得非常烦躁，但又没有办法。后来有一天，小孩子们又来了，老先生出去跟里面的孩子王说，我很喜欢听易拉罐的声音，请你们每天都来，每人一天一块钱。孩子们高兴坏了，从此每天都来，老先生也履行承诺。不久，老先生有点为难地跟他们说，最近手头有点紧，能不能打个折，每人一天五毛钱。孩子们有点不乐意，但想到有总比没有强，就继续踢。又过了几天，老先生愁眉苦脸地说，实在没有钱了，但他确实很想听易拉罐美妙的声音，央求孩子们免费踢。孩子们不干了。从此，老先生清静了。

这是内部动机被彻底逆转的一个例子。小孩子们为什么不乐意踢了？要知道，他们刚开始是发自内心地喜欢踢易拉罐的。应试教育的大环境中，很容易发生类似的现象。从小学到中学一直到大学，学生的内部学习动机总是不停地被削弱，取而代之的是如下外部动机：考名校、好名次、教师的夸奖、父母的奖励、同学的羡慕、亲朋好友的吹捧、奖学金、游戏机、游乐场、新衣服、旅游……不健康的外部诱因不断提高了学生的激励阈限，当外部奖励达不到心理预期时，其学习动机就会大幅下滑。换句话说，家长和教师是在帮倒忙。学生在进入大学生之后，由于内部动机本来就非常脆弱，而外部动机又很不稳定，因此造成学习动机整体偏低。这也从另一个角度解释了为什么大学生的学习倦怠现象如此普遍。

有研究者曾对中国大学生学习动机的表现形式和影响因素进行了调查。研究结果表明，父母的教养方式对大学生学习动机的形成有一定的影响。例如，父母的情感温暖与大学生的内在学习动机呈正相关，父亲严厉惩罚、母亲过分干预与大学生的学习动机呈负相关。还有研究表明，大学生的学习观与其内在动机、自我效能感、学习效能感等都存在显著正相关。

至此，我们可以回到学习倦怠的话题。学习倦怠就是由学习动机不足或丧失造成的。根据上文所述，人的学习动机是多层次的、多类型的。如果一个学生的学习动机受到了全面损害，那他很容易表现为学习倦怠。例如，一名学生正在学外语，他的学习活动涉及多种不同的学习动机。如果他努力学外语是为了考上理想的大学，或者申请国外高校的奖学金，那这就属于社会性学习动机，也属于外部动机。如果有一天他突然发现，即使学好外语也无法达到他想要的目标，或者丧失了对目标的期望，那么他的学习动机就会大大降低。但是，如果他对数学充满了好奇和热情，他会深深地沉迷其中，并从中获得满足感和成就感，根本不需要来自外部的奖励。这就属于本能性学习动机，也属于内部动机。也正因如此，外部条件的变化并不会大幅动摇他的学习动机。

通常来讲，兴趣和成就动机属于比较持久稳定的学习动机，这两类动机都需要慢慢培养。有些兴趣发自人的天性，但在学习活动中，大部分的兴趣源于投入。换句话说，不是对一件事感兴趣才去做它，而是经过对它的熟悉和了解之后才慢慢形成对它的兴趣的。所以，不要误以为兴趣是从天而降的。此外，兴趣与成就动机密不可分。成就动机源于学生先前经历的成功体验，兴趣源于学生对学习内容的认识和接纳。大学生缺乏成就动机，可能是因为很少在学习中经历成功体验，这甚至可以追溯到一个人的早期教育阶段。如果家长和教师对待儿童的方式过于严厉，一直采取批评和指责等负面评价方式，那么儿童很难建立起较强的成就动机，也更容易出现学习动机不足的情况。不过，大学生能够顺利通过高考，至少应该经历过一些成功的学习体验。只不过，当面对大学里全新的学习内容时，以往的学习习惯、学习方法等可能不再适用，从而使大学生体验到严重的挫败感。有时候正是这种挫败感，导致了大学生出现了学习倦怠。

上大学之后，大学生面对专业学习，可能会感到迷茫。报志愿的时候，很多人仅仅根据名字望文生义地做一些猜测：这个专业可能比较有趣，或者这个专业听起来似乎比较好。入学后开始慢慢接触专业知识的时候，就发现它并没有原本想象的那么精彩，于是学习兴趣开始衰退。还有些大学生因为专业调剂，从一开始就对所学专业带有偏见。这种情况下，如果没有得到及时的专业辅导和自我调整，学习兴趣就很难培养起来。

三、如何改善学习倦怠

通过对学习倦怠的原因分析可以推知，大学生的学习倦怠在大学一年级时就已经开始显现，在大学二年级、大学三年级逐渐发展到高峰。所以，对于学习倦怠，应该以预防为主。对于大学一年级学生而言，建议如下。

第一，暂时接受自己的平庸。很多大学生都有这样的感受，以前一直觉得自己挺优秀的，但是上了大学之后发现自己特别普通，各方面都不再突出。这其实是很正常的，毕竟大学生都是从各省择优录取而来的。另外，一个在中学时代表现优异的学生很可能在大学里表现得很平庸，而中学时学习平平的学生却有可能成为大学里的优秀学生。这主要是因为进入大学之后，学习活动与中学时期很不一样，考核标准和考核方式也发生了很大的变化。所以，大学生要有全部清零、重新开始的觉悟，忘掉自己以往的荣耀，接受自己和自己的同学再次站在同一起跑线上的现实，做好开始新征程的准备。每个大学生都可以发挥自己的特长，探索自己的优势，收获自己的大学学业。

第二，逐渐适应大学生活。前面提到，当面对新的环境或生活时，每个人都会产生一系列的心理变化，如兴奋、紧张、惶恐、焦虑等。这需要一个适应过程，大部分大学生在第一学年就可以比较顺利地适应大学生活了。相比之下，大学生对学业活动的适应比较缓慢。一部分大学生直到进入大学二年级还没有摸索出适合大学阶段、适合自己的学习方法、学习策略、学习态度和学习习惯。所以，大学生应该主动探索和反思，并且积极向老师和学长学姐请教；同时，不要急于求成，允许自己有一个适应和探索过程，因为探索的结果并不仅仅对大学四年的学习有用，还会让自己终身受益。

第三，学会欣赏自己的专业。大学生的学习兴趣通常与他们对自己所学专业的认同度有关。但是，不管是第一志愿的学生，还是被调剂的学生，大部分人都会对所学专业有失望的情感体验。这是因为大部分人对专业的认识是浅薄的，甚至存在极大的误解。正所谓距离产生美。很多大学生带着对某个专业名称的想象，进入大学校园。但是一旦踏入这个专业的门槛，遭遇到的却是那些枯燥、单调的基础训练。此时大学生可能开始失去对专业学习的耐心，专业兴趣也逐渐衰退。但是请耐心一点，这些枯燥的基础训练是必要的。如果打不好基础，那么怎么能胜任后面更有意思的学习呢？

如果已经体验到比较明显的学习倦怠，不妨试试下面的方法。

第一，积极培养自己的内部动机。通过挖掘自己的兴趣爱好，探索自己的未知领域，激发自己的内在动力。兴趣爱好可以是专业领域的内容，也可以是其他内容，如参加社团活动、学乐器等。如果能够在兴趣方面取得进展，体验到更多的成就感和满足感，那么这些积极体验是可以迁移的，能够为学习动机提供内在的动力。

第二，调整自己的归因方式，以激发自己的成就动机。归因是指个人对一个事件的结果为什么会发生做出的解释。当面对自己的成功或失败时，每个人都会习惯性地采取某种固定的解释方式，这就叫归因方式。

如果一个学生考得很好，他可能会说这是他努力学习的结果；如果考得不好，他可能会说这都怪自己那天刚好感冒了。研究者将人们经常使用的归因策略进行分类，发现归因策略的主要差异体现在两个维度上：内在归因—外在归因，稳定归因—不稳定归因。两个维度的组合总共可以划分出四种归因策略（见表 2-1）。

表 2-1　归因策略

	稳定归因	不稳定归因
内在归因	我很聪明 我不够聪明	我很努力 我不够努力
外在归因	考试总是很容易 考试总是很难	这次运气好 那天刚好生病了

在这四种归因策略中，有些策略更加有效，有助于维护我们的自尊和成就动机，从而维持我们的学习动机。例如，一个人把成败归因于自己是否努力，这就属于“不稳定的内在归因”。由于努力是可以自发调节的，自己能够掌控和改变，因此能够激发后续学习中的成就动机，进而增强学习动机。但是，有些归因策略不太有效，不利于增强我们的成就动机，如“稳定的内在归因”。这是因为一个人如果总是将自己的成败归因于自身无法改变的个人特质，就只能听天由命，不做任何努力和尝试。在两种外在归因策略中，稳定的外在归因要优于不稳定的外在归因。这是因为后者总是将成败归因于自己无法掌控的外部因素，如天气、运气等；前者使人有某种程度的掌控感，愿意做出一定的努力。

第三，主动向专业任课教师或学长学姐请教。或许我们正在经历的倦怠，他们也曾经历过。此外，教师和学长学姐能够帮助我们纠正一些偏颇的观念和看法，有助于我们更好地调整自己的状态。

第四，了解与专业相关的应用场景，通过对市场应用和市场需求的认识，提升对专业学习的热情；同时，在研究实践和实习过程中，增强对专业的认同感。

心理测试

大学生学习倦怠量表

请根据以下每句话与您符合的程度，在最符合自己情况的数字上画圈。每题只选一个答案，请不要多选或者漏选。

题目	完全不符	不太符合	不太确定	比较符合	完全符合
1. 我有自己的学习方法和计划，并能付诸实践。	1	2	3	4	5
2. 我觉得所学的知识毫无用处。	1	2	3	4	5
3. 学习并掌握专业知识，对我来说很容易。	1	2	3	4	5
4. 早上起来，想到要面对一天的学习，便感到很疲倦。	1	2	3	4	5

续表

题目	完全不符	不太符合	不太确定	比较符合	完全符合
5. 我很难对学习保持长久的热情。	1	2	3	4	5
6. 学习时，我能够冷静地处理自己情绪上的问题。	1	2	3	4	5
7. 一整天学习下来，我感到筋疲力尽。	1	2	3	4	5
8. 到目前为止，大学学习使我的能力得到充分的展示。	1	2	3	4	5
9. 对学习，我感到厌倦。	1	2	3	4	5
10. 我课后很少学习。	1	2	3	4	5
11. 我能胜任大学的课程。	1	2	3	4	5
12. 我学习时经常打瞌睡。	1	2	3	4	5
13. 我对自己的专业很感兴趣。	1	2	3	4	5
14. 在学习上我觉得我的耐心还不够。	1	2	3	4	5
15. 对我来说，拿到大学毕业证很容易。	1	2	3	4	5
16. 只有快到考试时，我才会看书。	1	2	3	4	5
17. 我想学习，但觉得学习很枯燥。	1	2	3	4	5
18. 学习时，我感到精力充沛。	1	2	3	4	5
19. 我很少计划自己的学习时间。	1	2	3	4	5
20. 考试总是让我厌烦。	1	2	3	4	5

这个量表由连榕等(2005)参考马氏职业倦怠量表编制而成。量表总共包括3个维度：情绪低落、行为不当和成就感低。验证性因素分析的各项指标均在0.87～0.91。3个维度具体如下：

情绪低落(2、4、5、7、9、12、17、20)

行为不当(1、8、10、14、16、19)

成就感低(3、6、11、13、15、18)

其中，第1、3、6、8、11、13、15、18题为反向题，需要反向计分。在3个维度中，若有1个维度的均值(维度总分/题目数)＞3，则为轻度倦怠；若有2个维度的均值＞3，则为中度倦怠；若有3个维度的均值＞3，则为重度倦怠。

第三节　学习拖延

案　例

上高中的时候，小马的学习成绩还不错，但他一直有拖拖拉拉的毛病。好在当时有高中班主任督促，他能够完成大部分学业。进入大学之后，小马的拖延越来越严重了，他经常不能按时交作业，本来打算参加的学科竞赛也因为拖延而未能递交申请书。他陷入深深的自责，但又无力改变。

一、学习拖延的主要特点

近年来，拖延变成了一个非常流行的话题。在社交网络上，自称患有严重拖延症的人越来越多。网友们自发结成了各种“战拖”小组，分享各自的经验并且相互监督。简・博克(Jane Burke)及其合作者所著的《拖延心理学》一书，销量一直非常好。罗振宇曾经做过《人人都有拖延症》的视频节目，收获了惊人的点击量。由约翰尼・凯利(John Kelley)编导的动画短片《拖延症》，通过短短的4分18秒，运用动画简约流畅的线条，为我们生动地描绘了拖延症的一系列表现。由此看来，拖延症已经成为全世界关注的热门话题，从中我们可以看到许多人在拖延的旋涡里苦苦挣扎。在智能手机普及的年代，拖延的流行性和程度也变得更加严重。

大学生并不是受拖延困扰的唯一群体，人类也不是拖延的独自拥有者。经济学家将拖延理解为“因为追求及时行乐，而过度折现未来”。他们在鸟类身上也观测到了类似的拖延行为。鸟儿在秋天时需要储藏食物过冬，但它们并不是早早就开始收集食物，而是要等到冬天快要临近的时候才开始动手。“早起的鸟儿有虫吃”，这些鸟儿应该越早准备过冬食物越好，但它们并没有这样做。鸟儿最终在食物的多寡、气温的数值和提前准备食物的浪费之间，寻找一个平衡点。在这个意义上来讲，拖延不仅仅是一种生物本性，而且涉及非常复杂的技能。

拖延症只是一种戏谑和自嘲的说法，并不是一种精神疾病。拖延尽管并不是明确的病症，但确实会影响个人的学习、工作和生活质量。大学生群体的拖延行为可以分为很多种，如学习拖延、晚睡拖延、理发拖延、洗澡拖延等。通常情况下，一个大学生如果在某些方面存在拖延，那极有可能具有广泛的拖延倾向。这里主要探讨学习拖延，对学习拖延的分析和解释同样有助于应对其他拖延。

所谓学习拖延，是指学习者有意而无必要地推迟启动或者推迟完成学习任务的行为。国内外大量研究表明，大学生的学习拖延非常普遍，约有70%的大学生存在拖延问题，其中50%的学生报告“拖延已经成为习惯”。学习拖延对大学生的学习成绩、情绪状态和自尊水平都具有消极的影响。有人探讨了学习拖延与个性特征的关系，发现大学生的学习拖延与冲动、缺乏自律和尽责性低等个性特质密切相关。根据庞维国等人的调查①，大学男生的学习拖延比女生更明显，但女生因为学习拖延而产生的情绪困扰比男生更常见。此外，大学二年级是学习拖延的重要转折期。大学生学习拖延的主要原因是学习动机不足，缺乏时间管理技能，具有完美主义倾向和懒散个性。学习任务的重要性、吸引力和难易度等固然也对学习拖延有直接影响，但并不是大学生学习拖延的主要原因。

二、时间管理

有研究者在谈到拖延问题时，把症结归于拖延者不懂得时间管理。换言之，他们认为，学习拖延本质上是一个时间管理的问题。所谓时间管理，是指人们通过一定的技巧和方法，将自己的日常学习和工作任务按照优先次序进行排列，确定时间表并最终加以执行的过程。良好的时间管理能带来较高的工作绩效和个体的主观满意度，有助于维护个体的自尊，提高自我效能感。

有一种时间管理方法叫作帕累托原则。意大利经济学家帕累托(Pareto)提出，生活中80%的结果几乎源于20%的活动。这提醒我们，应该将80%的精力投放到产生80%的结果的那20%的关键任务上面。所以，时间管理的原则之一就是对任务进行分类，以决定每项任务的分配时间。目前流行的分类方法是，根据任务的轻重缓急程度将之分为“重要又紧急”“重要但不紧急”“不重要但紧急”“既不重要也不紧急”四类(见图2-1)。

一般来讲，相比较于“重要又紧急”和“既不重要也不紧急”这两类任务的处理和时间安排，常见的时间管理误区是将“紧急”等同于“优先”。也就是说，人们常犯的失误是把“不重要但紧急”的任务放在“重要但不紧急”的任务前面处理。其实，生活中很多看似很紧急的事情，稍后进行处理也无关大局；然而“重要但不紧急”的任务被一拖再拖的话，最终会变成“重要且紧急”的任务。换句话说，如果“重要但不紧急”的任务总是被忽略的话，那么结果是我们总是被“紧急”的任务推着走，很多任务都没有充分的时间去完成，只能仓促而为，且

---

① 庞维国、韩贵宁：《我国大学生学习拖延的现状与成因研究》，载《清华大学教育研究》，2009(6)。

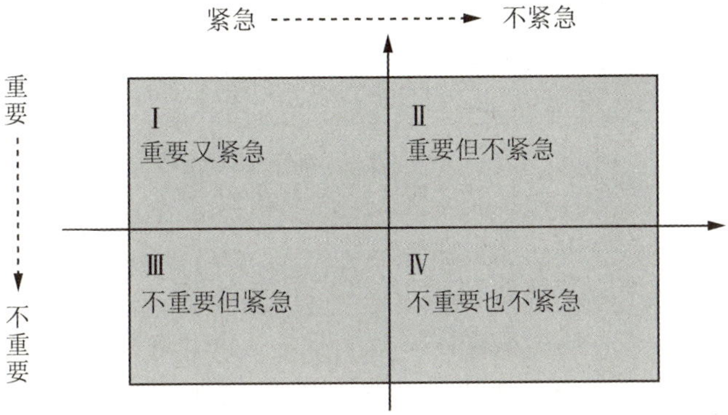

图 2-1 时间管理中的任务分类

不论学习和工作中的主观感受如何，其任务完成结果也可想而知。

有研究者对高效能人士和普通人的时间安排进行了调查，发现两者在“重要但不紧急”和“不重要但紧急”这两类任务的时间安排方面存在较大的分歧。例如，高效能人士将 65%～80%的时间分配在“重要但不紧急”的任务上面，在“不重要但紧急”的任务上只分配了 15%的时间；而普通人在这两类任务上面的时间安排恰恰相反。因此，要改变自己每天都像“救火队”一样的学习和工作状态，首先要调整好自己的时间安排，学会对自己所要完成的任务进行分类，在允许的情况下把尽量多的时间用在“重要但不紧急”的任务上。

另一种比较流行的时间管理方法叫作番茄工作法。它比较简单易行，具体操作方式为：选择一个待完成的任务，将番茄时间设为 25 分钟，专注工作，中途不允许做任何与该任务无关的事，直到番茄时钟响起，然后在纸上画一个 X，短暂休息一下(5 分钟就行)，每隔 4 个番茄时间段多休息一会儿。这种方法已经被制作成手机应用软件，方便用户下载使用。不过，使用番茄工作法时，需要注意以下几个问题：第一，每个番茄时间(25 分钟)都不可分割，不存在 0.5 个或者 1.5 个番茄时间；第二，在一个番茄时间内如果做了与任务无关的事情，则该番茄时间作废；第三，不要在非工作时间内使用番茄工作法；第四，不要拿自己的番茄数据与他人的进行比较；第五，番茄的数量不能决定任务的最终成败；第六，制作一份适合自己的作息表。据说，番茄工作法可以减轻时间压力，集中人的注意力，并且减少中断。

其他常见的时间管理方法还有任务排序法和截止时间法等，其思路要么是将手头的任务按照重要性进行优先级排序，然后依次执行；要么给自己强行安排一个独立的时间段来工作，期望能提高工作效率。类似的方法还有很多。

这些让人眼花缭乱的时间管理方法，果真能解决拖延吗？从实际结果来看，情况并不乐观。大部分时间管理方法看起来简单，但真的使用起来，却有一种一言难尽的感觉，基本上属于“明白了很多道理，但还是过不好这一生”。

以帕累托法则为例，把任务根据重要性和紧急程度进行划分其实并不难，拖延者也完全能够做到这一点。但是分完类别之后呢？还是老样子。拖延者心里知道应该重点处理“重要但不紧急”的事情，但是就是不想做。番茄工作法更加“天真烂漫”，试问，假如拖延者能够严格按照每25分钟为单位，老老实实地坐在书桌前学习，那他还是拖延者吗？还有任务排序法，谁还不会排序呢？关键是排完序之后就会马上动手去做吗？

其实，缺乏时间管理技能只是大学生出现拖延的一个次要原因。如果一个人表现出广泛的拖延，已经严重影响到他的学习和生活，那么他绝不是因为不懂得时间管理的方法，而是由于其他深层次的心理原因所致。对于拖延者而言，当他试图通过新的时间管理方法来改善拖延时，他会直接卡在了解时间管理方法这一步，即原本的拖延任务并未解决，反而在学习时间管理技能上再次出现拖延。

三、学习拖延的潜在原因

简·博克在《拖延心理学》一书中提到，拖延行为并不是源于时间管理的问题，涉及很多复杂的心理活动。一个完整的典型拖延行为大致包括这几个阶段：第一，打算做一件事，行动上却做另一些不在安排中、更有吸引力的事情；第二，有充足理由做某件事，完全不应该延误，也意识到延误的不利，但有意与自己作对，不开始行动，好像意志不受自己控制；第三，找一些借口推脱此事，或改变初衷、放弃，或束之高阁、一再延误下去；第四，在最后一刻勉强完成，草草敷衍，没达到预期的质量，甚至没按期完成；第五，在拖延过程中，心里充满矛盾和冲突，做与不做总是令人心烦，知道拖延的不良后果，并产生内疚和悔恨；第六，决定引以为戒，下次提高做事效率，可时隔不久，当遇到具有挑战性的、复杂的和难以应付的事情，尤其是短期内无法完成的事情，旧病复发，又陷入新一轮的痛苦情绪中。总体来看，典型的拖延通常带来两个结果：一是无法完成任务；二是内心充满了负面的情绪体验。

一个人之所以出现学习拖延，除了学习动机不足、缺乏时间管理技能和个性懒散之外，还有更复杂的心理原因。

第一，消极的完美主义在作怪。在人格心理学中，完美主义并不是一个褒义词，它是指一个人对自己的所作所为设立了过高的标准或期望。有研究者认为，存在两种完美主义者：消极的完美主义者和正常的完美主义者。前者总是担心自己的缺陷，一直尽力避免犯错；后者虽然做事努力，追求成功，但也能接受不完美，对自己的能力比较满意。弗罗斯特(Frost)曾经确定了完美主义的六个维度：第一，担心犯错，即把错误等同于失败，把微小的错误视为巨大的失败；第二，行动犹疑，即做事拖延、犹疑、重复思考和反复检查；第三，标准过高，即对自己要求非常高，不能接受较低的标准；第四，父母的期望，即个体感知到的来自父母的过高期望；第五，父母的批评，即个体感知到的来自父母的求全责备；第六，条理性，即对秩序、条理和整齐的过分强调。

消极的完美主义者很容易出现拖延，因为他们总是担心犯错，害怕失败，于是迟迟不敢动手去做，最终产生严重的拖延。一个人的完美主义倾向与父母早年的教育方式密切相关。父母的过高期待和求全责备，一方面使他对自己有严格要求，另一方面又很少给他肯定和鼓励，以致他非常害怕犯错和失败。这都会引发学习拖延。

第二，维护自己的自尊。拖延者通过一种巧妙的方式挽救了自己脆弱的自尊，使自尊水平暂时位于较高的水平。在刑事侦查中，有一个不成文的定律，谁获益最多，谁嫌疑最大。拖延者深知自己应该去做某事，但就是一直没法开始，冒着完不成任务或者面临重大损失的风险，也要继续蜷缩在拖延状态中，那么他必定也能从拖延行为中获得某些收益，否则在逻辑上就有点说不通了。这个隐含的收益就是拖延者的自尊。所谓自尊，是指一个人的自我价值感，即一个人对自己综合价值的肯定，受人际比较、他人评价、成败经历、自我肯定等因素的影响。自尊与心理健康之间存在显著的正相关，是评估一个人心理健康状态的线索之一。正是由于它如此重要，因此我们每个人都会想方设法地维护自己的自尊，使之处于较高的水平。在学习拖延中，很多大学生宁可把事情搞砸，或者把事情拖没了，都不愿意真正动手去做。在自责和懊恼之余，他们还是可以自我安慰：我只是没有做，如果我做了，肯定做得还不错。倘若他真的做了，却未能达到心里的期待值，那拖延者将如何自处？所以，拖延有时是一个避风港。

第三，拖延是应对外部世界的手段。拖延并不是到大学阶段才突然出现的，对很多学生而言，拖延在他们很小的时候就已经浮现。假如父母很少陪孩子，孩子特别希望父母在自己身边多坐一会儿，那他在写作业时可能会变得越来越慢。拖延并不是目的，而是孩子获得父母关注的一种不得已的方式，但这样的行为习惯会持续下去。此外，拖延也是一种拒绝方式。假如父母强行要求孩子学他不喜欢的乐器，孩子不能明着反抗，就会悄悄以拖延的方式来消极怠工。

第四，荷尔蒙成瘾。有些大学生出现学业拖延，并不是因为他能力不够，也不是因为他不想完成，而是他沉迷于截止时间之前的疯狂投入。只有在这个时候，他才会全身心投入，注意力高度集中，工作效率非常不错。这样的拖延者往往能力不错，尽管每次都要面临火烧眉毛的时刻，最终交出去的作业或作品还可以，总是能顺利过关。拖延者对紧张刺激的赶工状态抱有积极看法，这进一步促使他在平时提不起学习和工作热情。

第五，惧怕成功。有些拖延者并不是害怕失败，相反，他们对成功到来的时刻感到恐惧，即约拿情结。虽然看起来每个人都渴望成功，成为他人瞩目的焦点，但是并不是每个人都有这样的心理准备。万众瞩目是一个充满压力的场景，恐惧成功的人凭借拖延避开了自己既渴望又惧怕的场面。

四、如何缓解学习拖延

当大学生出现学习拖延时，他们可以从增强专业认同、提升学习动机、科学管理时间等方面来缓解自己的拖延。除了这些常规的方法之外，下面的建议也不妨一试。

第一，马上动手。不要用“我需要深思熟虑”“不能草率行事”等念头来迷惑自己，大部分的学习任务在结构上并不复杂，用不着“长年累月”地深思熟虑。不管做得好与坏，动手就是很好的开始。这一条建议对那些有畏难情绪的拖延者尤其管用，因为很多任务看上去很难，真的投入进去之后，往往比我们预想的简单得多。

第二，做完比完美好。这一条是针对消极完美主义的“解毒剂”。拖延者需要牢记，就算是顶级的画家也不是下笔如有神，顶级的设计师也不是一次就能将作品设计成型，顶级的科学家也不是随手一写就是一篇旷世奇文。实际情况是，这些顶尖人物也需要经历漫长的修改过程。对于有完美主义倾向的拖延者来说，顾虑越多，越难动手。要允许自己的初稿是粗糙的、不够完美的，但是做完比完美好。好作品通常也是经过千锤百炼才打磨出来的。

第三，结构性拖延法。这是斯坦福大学哲学系教授约翰·佩里(John Perry)在他自己的拖延实战中总结出来的，是一种以毒攻毒的方法。简单来说，它的思路并不是消除拖延，反而是利用拖延，通过将多个任务交叉并列，用任务 A 去拖任务 B，用任务 B 去拖任务 C……尽管不能将每个任务都快速完成，但在某种程度上，每个任务都有所推进。不过，这个方法需要一些自己哄骗自己的技巧。

第四，训练自己的时间感知能力。有些拖延者对时间的估计存在明显偏差，他们往往会低估完成一项任务实际所需的时间，于是大摇大摆地拖延起来。这需要更多的经验和记录来加以训练和调整。

上述方法是大学生可以自行尝试的缓解学习拖延的方法。除此之外，拖延者还可以寻求心理咨询师的帮助。例如，在涉及自我接纳、自我认识、亲子关系、原生家庭、教养方式等内容时，大学生通常无法独自面对。通过心理咨询，大学生的学习拖延可以得到一定的改善。

心理测试

心理测试：完美主义问卷

这是一份测量完美主义的问卷，请在问题后面填上最符合你观点的数字，回答没有对错之分，尽量不要填写 3。

注意：1=不符合，2=有点不符合，3=不能确定，4=有点符合，5=符合。

题目	得分
1. 我的父母曾给我定下很高的标准。	
2. 做事有条理、有系统对我是十分重要的。	
3. 我如果不给自己定下最高的标准，那么很可能沦落为次等的人。	
4. 我是个整洁的人。	
5. 我尽量做一个有条理的人。	
6. 如果我在工作或学习中失败，这说明我整体是个很失败的人。	
7. 我的父母曾希望我在各方面都是最出色的。	
8. 比起大多数人，我定下目标的更高。	
9. 若有人工作或学习比我强，我会觉得自己失败了。	
10. 做事或学习的时候若是有部分的失败，我会觉得自己完全失败了。	
11. 我虽然小心翼翼地做事情，但还是经常感到自己做得不太正确。	
12. 我厌恶做事不能做到最佳。	
13. 我有极高的目标。	
14. 我的父母曾经期望我做得特别出色。	
15. 假如我犯错误，人们很可能会轻看我。	
16. 如果我不能做跟别人一样好，说明我是个低人一等的人。	
17. 别人似乎比我更能接受低一些的标准。	
18. 我如果不能始终表现得出色，就会失去别人对我的尊敬。	
19. 比起我，父母对我的未来经常有很高的期望。	
20. 我尽力成为一个整洁的人。	
21. 我经常对一些日常小事犹豫不决。	
22. 整洁对我来说是十分重要的。	
23. 比起大多数人，我要求自己在每天的工作中有更好的成绩。	
24. 我是一个有条理的人。	
25. 我的工作进展缓慢，因为我常重复那些工作。	
26. 为了把一件事情做好，我需要花较长的时间。	
27. 我从不觉得自己能够达到父母为我定下的标准。	

这个问卷由訾非和周旭(2006)改编自弗罗斯特的英文原版，同时参考了中国香港学者郑健荣等人的版本。问卷总共包括“担心错误”“条理性”“父母期望”“个人标准”和“行动的疑虑”5 个维度，其中条理性属于积极维度，另外 4 个属于消极维度。在一份样本量为 1280 人的调查中，总分均值为 80.5，标准差为

13.3。5个维度具体如下。

担心错误：6、9、10、15、16、18。

条理性：2、4、5、20、22、24。

父母期望：1、7、14、19、27。

个人标准：3、8、12、13、17、23。

行动的疑虑：11、21、25、26。

4个消极维度的总分大于77分时，属于完美主义者；4个消极维度的总分介于69分～77分时，属于有完美主义倾向。

第四节　学习压力

案　例

上大学之前，小赵一直是班上的优等生，对自己的学业也比较满意。但是上大学之后，她突然发现身边优秀的人非常多，总是担心自己会掉队。再加上她很早就确定了考研的目标，所以在学习上非常用功，希望可以争取保研。最近期末考试快到了，小赵非常惶恐，怕自己考不好，丧失很多机会，也辜负父母的期待。她吃不下饭，整夜睡不着……

一、学习焦虑

既然学习倦怠是因为学习动机不足，那是不是说学习动机越强越好呢？实际情况并非如此。小赵同学就是因为学习动机太强，感受到明显的学习压力，出现了学习焦虑和考试焦虑的现象。这不仅干扰了她的学习活动，而且对她的基本生活状态产生了破坏性的影响。由此可见，适度的学习动机才是比较合理的，过于强烈或者过于缺失都不太好。尽管到目前为止，大学生学习倦怠(学习动机不足)的现象非常普遍，但不容忽视的是，一部分大学生的学习压力也是很明显的。在高校心理咨询的案例中，学习压力和考试焦虑占到了相当的比例。总体而言，学习成绩较好的学生的学习压力比学习成绩不好的学生更高。

根据耶克斯—多德森定律：在一定的范围内，学习效率随动机强度的增大而提高，直至达到学习动机最佳强度，之后随着学习动机强度的进一步增大而下降。此外，学习效率还受到学习任务难度的影响。在高难度的任务中，学习效率反而会由于学习动机的增强而下降，即随着学习任务难度的增加，动机最佳水平逐渐下降(见图 2-2)。

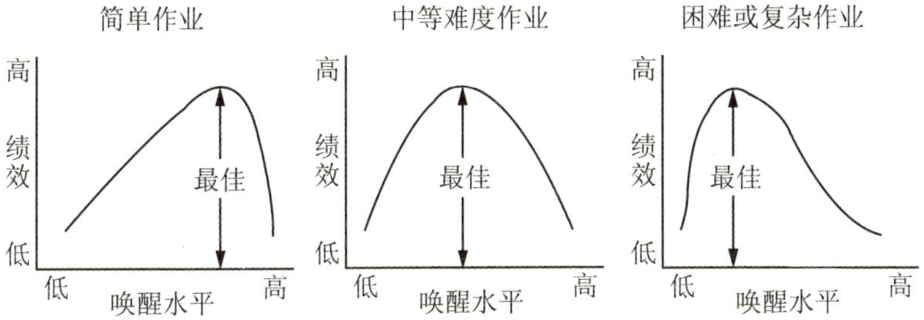

图 2-2　不同难度任务(作业)中的动机最佳水平

图 2-2 表明，学习动机并非越强越好。学习动机太强，比较容易引发学习焦虑。学习焦虑是指因为学习活动而产生的焦虑体验，常常表现为心神不宁、自责自卑、头疼头晕、惶恐急躁等。考试焦虑也属于学习焦虑的一种。过度焦虑会使人注意力难以集中，干扰和影响人的记忆和思维活动，对身心健康产生较大的伤害。所以，大学生感受到强烈的学习压力和学习焦虑时，应该主动调整自己的状态，必要时寻求心理咨询师或心理治疗师的帮助。

并非每个大学生都会产生学习焦虑。一个人会不会产生学习焦虑，其实是有线索可循的。这有助于我们反思自己的情况，提前进行干预和调整。通常来讲，大学生出现学习焦虑的原因有以下四种。

第一，生理原因。焦虑是人和其他动物的共同体验。在进化过程中，焦虑能够提供现实的收益。在远古时代，如果一个人看到猛兽和危险时，缺乏焦虑和恐慌，不感到害怕，那他恐怕很快会死掉，也无法留下任何后代。焦虑是我们的生存本能。随着人类社会的发展，现代人的焦虑增添了很多新的内容，学习焦虑即是其中的一种。出现学习焦虑的个体可能遗传了更加敏感的焦虑感知能力。

第二，人格因素。根据艾森克(Eysenk)的人格理论，一个人的人格可以分为内外向、神经质和精神质三个维度。一般来讲，神经质水平偏高(情绪稳定性偏低)的人更容易出现焦虑体验。假如他刚好又属于内倾型的人，那么出现焦虑症状的概率又会有所提高。此外，心理学家区分了状态焦虑和特质焦虑，每个人都有过状态焦虑，但只有特定的人群具有特质焦虑。特质焦虑是指个体体验到焦虑的倾向性，是对危险情境的预先反应倾向。状态焦虑是指焦虑的暂时波动状态，是个体面临威胁情境时体验到的短暂的情绪反应。典型的特质焦虑者的焦虑反应强度明显高于普通人，焦虑对他们的影响是弥散的、无处不在的。换句话说，在任何情境下，他们都是更容易焦虑的人。在学习焦虑者当中，有一部分大学生属于典型的特质焦虑者。

第三，成就动机太强，目标太高。有些大学生给自己设定了过高的目标，平添了很多无端的压力。目标过高，一方面可能源于对自己有过高的期待，对自己的能力认识不够清晰；另一方面也可能源于父母对自己的要求，这些大学生慢慢接受了这样的期待，并且内化为对自己的评判标准。例如，一定要考到前三名，一定要拿到奖学金等。有些大学生仍然沿用了中学时期的学习方式，如一定要赢过其他人，一定要让同学羡慕。其实，大学学习除了横向比较之外，更重要的是纵向比较：自己与自己的比较。不必总是把眼光盯着别人，不妨打开思路，探索自己的兴趣和潜能。

第四，对结果的灾难化想象。学习焦虑者可能倾向于把事情的结果朝最坏的方向想，并且把坏结果的影响进行毫无根据的夸大。例如，有学生认定自己的考分一定不能低于 85 分，在这个固执的念头之下，他开始担忧：完了，复习得不好，考不到 85 分以上了，绩点上不去了，奖学金没了，保研也没戏，爸妈会骂我，同学会看不起我，往后余生都不会好了……我们把这些极端念头呈现出来时，就会发现很多担忧其实并没有依据。但是，学习焦虑者在比较严重的时候，往往会陷入这些灾难化的想象中，不停地恶性循环，难以跳脱出来。

二、如何缓解学习焦虑

学习焦虑比较严重的学生应该尽快寻求心理咨询师或心理治疗师的帮助，以免造成更长久的损害。焦虑程度较轻的学生可以进行适当的自我调节。学习焦虑是一种情绪困扰，常见的调节情绪的方法同样适合调节学习焦虑。一般来讲，缓解学习焦虑可以从以下三个方面入手。

第一，通过调节生理状态来缓解焦虑。人在出现焦虑情绪时，身体也会产生相应的变化，以对抗眼前的焦虑，所以才会有人焦虑得吃不下饭、睡不着觉，坐立难安，还出现了头痛、胃痛或背痛等反应。调节生理状态是比较简单又行之有效的办法。常见的方法包括深呼吸、听舒缓的轻音乐，或者进行短短几分钟的冥想。喜欢运动的人可以通过慢跑、打球等方式来调整生理状态。当一个人的生理状态放松下来时，他的情绪状态也会随之发生改变。

第二，通过调节认知观念来缓解焦虑。严重的焦虑者往往具有一些不合理的顽固信念，这些信念可能涉及他对自己能力的看法、对世界的看法、对人生和生活的看法。学习焦虑者可以慢慢反观自己的内在信念，将它们一条一条写下来，然后罗列相关的证据，以此消解这些不合理信念的影响。

第三，通过改变行为来缓解焦虑。焦虑有时候是一种弥散的、朦朦胧胧的感受。与其一直左右为难，纠结着不知道该如何是好，弄得焦头烂额，不如老老实实承认现实情况已经如此，看看自己还能做什么补救。学习焦虑者应养成良好的学习习惯，合理分配自己的时间，提高自己的学习能力和思维能力，踏踏实实地做好学业中的每一个环节。当你对自己的学业情况心里有底时，你也就不会再体验到那么强烈的焦虑了。

关于情绪调节的更多方法，可以参见本书第六章的相关内容。

活动：放松训练(深呼吸、轻音乐、冥想)。

思考题

1. 为了更好地适应大学学习，你可以对学习方式做哪些调整？
2. 对你而言，缓解学习拖延的有效方法是什么？
3. 学习动机越高越好吗？如何调节自己的学习动机？
4. 当感觉到学习压力时，你会做哪些尝试让自己轻松一点？

影视赏析

死亡诗社

威尔顿贵族学校举行1959年度开学典礼与建校100周年华诞。校长诺伦(Norun)博士骄傲地回顾着学校的辉煌，为学校100年来始终坚持传统、荣誉、纪律和卓越四大信条并因此成为美国最好的大学预备学校而骄傲。也就在这一天，威尔顿的荣誉毕业生、从伦敦回来执教的新教师约翰·基廷(John Keating)回校出任英文教师。

新学期开始了。沉闷的氛围、陈腐的说教，让威尔顿的大男孩们备感压抑。学生们私下里咒骂威尔顿是地狱学校，篡改威尔顿四大信条以示嘲弄。此时，学生们怎么也不会想到，新来的基廷老师和他们心中原始的渴望一样，与众不同、离经叛道的上课方式立刻在学生们中掀起波澜。基廷哼着《扬基进行曲》，撕去教科书上矫作的诗歌分析，在威尔顿学生长期被窒息的心灵中引发了一场“地震”。不久，尼尔(Neil)在学校图书馆意外发现了一本刊登着基廷简历的威尔顿年鉴。原来基廷曾是橄榄球队的队长，参加过一个名叫“死亡诗社”的组织。

基廷给学生们讲述了诗社的秘密。在尼尔同学的倡导下，“死亡诗社”得以重建，查理(Charlie)、纳克斯(Nax)、米克(Mick)、卡麦隆(Cameron)等学生热烈响应，怯懦的托德(Todd)也加了进来。从此，

“死亡诗社”的成员们在当年基廷聚会的地方和着优美的诗句，扭动起节奏强烈的非洲原始舞蹈，释放着青春生命的激情。

威尔顿学校发生着悄然的变化，麻烦和不幸在这悄然的变化中也随之而来。尼尔参加《仲夏夜之梦》演出遭到父亲的极力阻拦，纳克斯暗恋上名花有主的克莉丝(Chris)姑娘，“死亡诗社”发表主张招收女生的文章。一切的一切引起了诺伦校长的注意。《仲夏夜之梦》演出结束的那天晚上，尼尔用父亲的手枪让自己的灵魂飘向了遥远的天国。

尼尔的死震惊了威尔顿。校方迫于舆论压力，开始调查尼尔自杀的原因。调查结果表明，基廷对于威尔顿开学所发生的事情负完全责任。又是一堂英语课。学生们在诺伦的引导下朗读着伊凡斯·普利查(Evans Pritcha)的“鬼话”文章时，基廷前来告别。学生们以站上课桌大声朗读诗歌的庄重形式，目送着脸上荡漾着微笑离开教室的基廷(来源：百度百科词条)。

推荐阅读

1. [美]沃尔特·艾萨克森. 史蒂夫·乔布斯传[M]. 管延圻，魏群，等，译. 北京：中信出版社，2014.
2. [美]简·博克，[美]莱诺拉·袁. 拖延心理学[M]. 蒋永强，陆正芳，译. 北京：中国人民大学出版社，2009.
3. [美]埃德蒙·伯恩，[美]洛娜·加拉诺. 应对焦虑：九种消除焦虑、恐惧和忧虑的简单方法[M]. 张轶蓓，译. 北京：机械工业出版社，2017.

第三章

完善自我　健全人格

知人者智，自知者明；胜人者力，自胜者强。

——《道德经》

学习目标

对自我有更多的认识，了解三种常见的认识自我的途径，并学会进行甄别；没有人是完美的，要学会接纳不完美的自己，进行自我沟通和自我整合；理解健全人格，了解自己的个性及个性中的优缺点，合理地进行自我塑造。

第一节　自知者明

案　例1

李某，女，18岁，某大学一年级学生。李某读中学时在班上成绩名列前茅，初中担任团支部书记，高中担任班长，深得老师的信任和同学的羡慕。进入大学后，她决心在大学学习中大显身手，保持在中学时的优越地位。但在近一个学期的学习中，学习成绩在班上属中等位置，寝室关系也不太融洽，在班上未担任主要干部，任宿舍长。期中成绩一般，情绪低落，决心在期末考试中与班上同学一决高下。但期末考试科目较多，自己在复习时情绪很不平静，学习效果不佳，看书时注意力难以集中，读过的内容记不住。为了争一口气，连连开夜车学习，造成心跳加快和失眠。在期末考试前一周，她来到心理咨询室。

案　例2

大学一年级小芳的自述：我是个普通得不能再普通的女孩，既没有出类拔萃的才华，也没有楚楚动人的相貌。看着同学们有的见多识广，有的举止高雅，有的学习轻松，有的多才多艺，不免生出羡慕之情。再看看自己，个子不高，穿着举止不高雅，成绩一般，知识面窄，更别说什么文艺才能了。为此我常常感到自卑和苦恼，我该怎么办?

以上案例中两名学生的问题都是由缺乏正确的自我认识造成的。大学生进入大学后，要面临的一个重要问题就是改变过去的参照系，重新认识自己，重新给自己定位。

问 题

1. 我们可以从哪些方面来认识自我呢?
2. 如何才能正确地认识自我呢?

一、全面认识自我

(一)自我概念的内涵

当衡量自己的尺度不再仅仅是学习时，当大学生第一次全方位思考自己时，一个萦绕在心头的问题是“我是个怎样的人”。当向别人描述自己时，我们首先想到的特征是什么?是性格特征，如外向、内向;是外表特征，如高、矮、胖、瘦;还是社会类别，如男、女?事实上，我们可能更倾向于用概括性的语言对自己做一个总体评价，如“我是一个追求优秀的大学生”“我是一个有理想、有抱负，但有些懒惰、自制力弱的人”等。这两种描述就是大学生自我概念的真实体现。

自我概念(Self-Concept)是个体对自己比较稳定的认知，在很大程度上决定自己的行为方式;是个人心目中的自己的印象，包括对自身存在的认识以及对个人身体、能力、性格、态度、思想等方面的认识;是由一系列态度、信念和价值标准构成的、有组织的认知结构。①

活动链接

“我是谁”20 问

可以直接写在书上，也可以写在另外准备的纸上。请自己问自己同一个问题“我是谁”20 遍，每次回答的内容都要不同。把想到的答案写在纸上，书面回答每个问题的时间只有 20 秒左右。如果当被问“我是谁”时，有时可能一下子想不出答案，这种情况下可以不写;当再问下一个“我是谁”时，再继续往下写。只写下自己想到的答案，不要参考周围其他人的答案。当问完 20 个问题 20 秒之后，请停笔不再作答。

1. 我是________________
2. 我是________________
3. 我是________________
4. 我是________________
5. 我是________________

① 林崇德:《发展心理学》，312～313 页，北京，人民教育出版社，1995。

6. 我是____________________
7. 我是____________________
8. 我是____________________
9. 我是____________________
10. 我是____________________
11. 我是____________________
12. 我是____________________
13. 我是____________________
14. 我是____________________
15. 我是____________________
16. 我是____________________
17. 我是____________________
18. 我是____________________
19. 我是____________________
20. 我是____________________

从刚才"我是谁"20问的回答内容来看，自我意识内容可以分为生理自我、社会自我与心理自我等。生理自我是个体对自己身躯的认识，主要涉及一个人的长相、外貌、衣着等。社会自我指个体对这个社会通常会怎么看待自己、评价自己的一种自我认知。心理自我是我们内心是如何看待自己的。我们可以从一个人的生理自我、社会自我和心理自我三个层面来全面认识自我。其实，每个人对自己的意识不是生来就有的，而是在发展过程中逐步形成和发展起来的。一个人首先认识外部世界、认识他人，然后才逐步认识自己。

美国心理学家詹姆斯(James)认为，自我有主观自我与客观自我之分。英语中的I与Me能很好地区分这一含义：前者是主观我，用来表示我是什么，我做什么；后者作宾语使用，表示怎样看待我，给我什么。主观我(I)是一个人对社会情境做出的反应，是自我中积极主动的一面，包括能力、社会性、人格特征及物质所有物等。詹姆斯指出客观我由三个要素构成，即物质的客我、社会的客我和精神的客我。这三个要素都包含了自我评价、自我体验等方面(见表3-1)。

表 3-1　自我意识三方面的关系①

	物质的客我	社会的客我	精神的客我
自我评价 自我认识	对自己的身体、外貌、衣着、风度、家庭、所有物等的认识和评价	对自己在群体中的地位和声望、拥有的财产等的认识与评价	对自己的智力、性格与人格特点及自己的道德、宗教信仰等的认识与评价
自我体验 自我追求	追求自己的身体外表和物质欲望的满足，维持家庭的利益，由此产生自豪感与自卑感	追求自己的名誉、地位，争取得到他人的好感等，由此产生自豪感与自卑感	追求自己能力及智慧的发展，要求自己的行为符合社会规范，追求宗教信仰等，由此产生自豪感与自卑感

个体的自我概念并不是对现实的简单反映。自我概念包括大量有关信息的整合和组织，如对他人和世界的印象。人们自我概念的来源是他人对自己的印象和评价及在与他人交往时他人对自己的反应。虽然在人的一生中自我概念是变化着的，但它的基础在人幼年时就形成了。个体从经验中形成自我概念，已经形成的自我概念反过来又影响其未来的经验。

其实刚刚这个“我是谁”20 问的小练习还可以反映很多跟自我认识有关的信息。

你的完成速度如何？完成速度与你对自己的了解程度可能有关，也与你愿意在多大程度上表露自己有关。有些人不介意表露自己；有的人不太希望表露自己，写的时候会斟酌句子的内容。

你写的内容深度如何呢？你可以看看在 20 句中表面性的句子多，如“我是在大学一年级读书的人”，还是反映对自己看法的句子多。表面性的句子反映了个体自我意识的深度不够，或者是不愿意让别人了解自己的内心世界(尤其当这 20 句是要求与别人交流时)。通常来说，大学生应该已经到了自我认识有一定深度的年龄，所以除了开头的几句外，应该能比较多地写出反映自己性格特点和内心活动的句子。如果 20 句当中大多为表层的信息，则要反思自己自我认识的深入程度为什么不够，是自我认识不够还是不愿袒露自己的内心世界。

20 句的内容如何，是否有集中的主题？如果 20 句中有许多句子涉及同一主题，那集中的主题反映的是你当下最关注的事物，甚至是你以前自己都没意识到的。

总之，这简单的 20 个句子能帮助你对自己有进一步的了解，也是心理学研究和探索自我意识简单实用的方法之一。

---

① 王祖莉、初铭铜：《大学生心理健康教育》，9 页，北京，科学出版社，2009。

知识链接

乔韩窗口理论①

“乔韩窗口理论”也叫“约哈里之窗”，是由美国心理学家约瑟夫(Joseph)和哈里(Hary)提出的关于人类自我认识和相互了解的心理模型。该理论的主要观点如下。第一，他们认为人对自己的认识是一个不断探索的过程。第二，每个人对自我的认识可以分为四个部分：公开的自我、盲目的自我、秘密的自我和未知的自我。公开的自我也就是透明真实的自我，即我们自己知道，也会让别人知道的领域，其中包括我们不能隐藏或者愿意公开、分享的信息。盲目的自我即别人看得很清楚自己却不了解的部分。所谓“当局者迷，旁观者清”，指的就是这部分信息。秘密的自我是自己了解但别人不了解的部分，属于被每个人细心呵护的个人隐私部分。未知的自我是别人和自己都不了解的潜在部分，通过一些契机可以激发出来。通过与他人分享秘密的自我，通过他人的反馈减少盲目的自我，人对自己的了解就会更多、更客观。

(二)认识自我的途径

人们可以通过社会比较、他人反馈、经验来逐步加深对自身的了解。

1. 在比较中认识自我——认识公开的自我

生活中，如果你想知道自己有多高，量一下就知道，如167厘米；你想知道自己有多重，过个秤就明了，如55千克。但这些物理测量得到的167厘米和55千克并不能帮助你明了自己是高还是矮，是胖还是瘦。你还需要知道别人的身高和体重，在比较之后才能确定你的体型如何。

怎么才能知道自己有多好，有多独立，有多自信呢？这些也是通过与他人比较来获得的。你可能会和同学比学习成绩，即使某次外语你考了97分，但还是比同学低了1分，你也会很难过；有时也会和同学比谁在老师面前表现得更好；有时也会和同学比学习用具的好坏，衣服是否是名牌，家庭条件的好坏，父母是做什么工作的……你会发现你所得出的结论很大程度上依赖于你所比较的对象。很多同学在认识自己的时候，都会从外表、社会地位和个性爱好等方面与人比较，都能涉及前面提到自我的三个层面。然而，比较使用不当，可能会像案例1中李某同学那样，在自我认识上出现一些迷惑；当然，也有可能导致高估自己。

① 梁嘉声：《乔韩窗口理论视角下的高一新生适应性教育》，载《教学与管理》，2018(19)。

如何在比较中认识自己？你所选择的比较对象是一个人、一类群体、你自己还是某个人？比较方式是以自己之长比他人之短，还是以自己之短比人之长，还是和自己的过去比？比较方式的差异会影响最后的比较结果。你如果是运动健将，即使你和多数诺贝尔获奖者相比运动能力，也可能得出“我是个出色的运动员”的结论；但你如果和他们比科研能力，就很可能会感到“我简直太糟糕了”。可见，选择不同的比较对象会产生不同的自我认识。我们只有选择适当的比较对象，才能得到合理的自我认识。

从小到大，隔壁总有个优秀的孩子出现在父母的唠叨里，这个无法超越的“隔壁家的孩子”给很多学生带来深深的挫败感。究其原因，不难发现“隔壁家的孩子”并不是某一个人，而是一类人，而且家长总是拿别人家的孩子的长处与自己家孩子的短处相比较，这是以己之短比他人之长。例如，案例 2 中的大学一年级女生小芳，当她与相貌出众、才华横溢、能干多才的同学比较时，其结果令她产生了较自卑、不自信的心理。

所以，大学生要学会从多方面来认识自我。正确的比较方式是与自己比较，与自己的过去做比较。只有这样，你才会对自己有更准确的认识，才会找到自己努力的方向和动力。

2. 从他人评价中认识自己——了解盲目的自我

他人评价可谓是认识自我最基本的方法。正如大文豪苏轼写道：“不识庐山真面目，只缘身在此山中。”认识自己有时候的确比较困难。一般来说，当局者迷，旁观者清，周围的人对我们的态度和评价能帮助我们认识自己、了解自己。可以说，认识自己的过程，也是根据来自他人的评价而发展起自我概念的过程。教师、同学、家长和朋友对自己的评价，会激起我们强烈的情感反应，也会巩固、增强或者动摇我们对自己的认识。有同学问：“是自我认识更重要还是他人看法更重要呢?”我们要尊重他人的态度与评价，冷静地分析；但对他人的态度与评价我们既不能盲从，也不能忽视。

小故事

画　家

意大利有位叫艾菲罗(Alfilo)的画家，他曾经极用功地画了一幅画。送到画廊展出时，他在画的一旁放了一支笔，并说明：观者如认为画中有不妥或败笔处，请做出记号。他的意思是想检测一下这幅画究竟如何，自己能不能成为一名画家。到时一看，整幅画全被涂满了记号。按他设定的标准，所得评论说明这幅画糟透了，他也不能成为画家了。他好好思索了一阵之后，又将这幅画重新临摹了一幅，再放到原处展出，这回他的要求为：请在您认定是妙笔之处的地方做出记号。结果全是赞美的标记。于是，他继续努力，锲而不舍地画下去，终成画家。

艾菲罗的聪明之处是他没有被第一次如潮的批评淹没；在做了第二次试验后，他也没因后来的完全肯定而飘飘然。这说明他人的评价有不确定性。他人的评价有可能是恰当的，也有可能是不准确的。因此，我们对他人的评价不可全信，也不可不信，关键是要识别出他人的评价是否恰当合理，否则就会产生自我认识的偏差。

大学生在与他人互动的过程中，一方面，应看到他人的某些特点，认识自己与他人的共同点与不同点；另一方面，应通过他人对自己的评价和态度来认识自己。他人的确是自己的一面镜子，既是评价者又是参照者，能帮助自己澄清观念、认识自己。需要说明的是，我们在接受他人的评价前，应先分析他人的身份、地位、态度等，以便有选择性地接受或参考他人的评价，以形成客观的自我概念。大学生在人际互动中，根据别人对自己的看法和反应来逐渐了解认识自己；通过与同伴相处，互相谈论对事物的看法、未来的计划与抱负，从而确立自己的观念；通过与父母、师长沟通，汲取宝贵经验，将此作为自己的参考。

3. 从实践中认识自己——探索秘密与未知的自我

在实践中认识自己，在活动中感受自己的能力，这是认识自己最直接的方法和途径。你在自己的生活中做了哪些事情？你擅长什么，不擅长什么？成功了多少，失败了多少？通过回顾自己走过的人生之路才能正确地认识自己。

你听过《小马过河》的故事吗？有一天小马要帮妈妈驮粮食过河，但因为是第一次过河，不知道河水的深浅，就请教了河边的伙伴。老牛告诉他“不深，才到我的小腿”；松鼠告诉他“小马别下去，你会淹死的”。小马听了没主意，妈妈建议他“你去试试就知道了”。小马通过实践明白了“原来河水既不像老牛说的那样浅，也不像松鼠说的那样深”。所以别人对你的评价，只能作为一个参考。你有没有完成一件事情的能力，还是需要在活动中去体验、通过实践来证实的。

对于某些比较脆弱的人来说，失败的经验更使其失败。他们往往不能从失败中学到教训，不能改变策略追求成功；而且挫败后形成怕败心理，不敢面对现实去应付困境或挑战，从而错失良机。对于某些自我狂大的人而言，成功有可能成为失败之源。他们可能幸得成功便骄傲自大，以后做事便自不量力，往往遭受失败。因此一个人对在成败经验中获得的自我意识也要细加分析和甄别。

所以，不妨试试看可不可以做到，是不是在实践中对自己有一些新的感知和认识。希望大家可以更勇敢一点，去更全面、准确地认识自己，并在这个基础上构建合理的自我认识。

答　案

1. 我们可以从哪些方面来认识自我呢？

我们可以从生理自我、社会自我和心理自我三个方面来认识自我。

2. 如何才能正确地认识自我呢？

认识自我的方法很多，最常用的方法是通过与他人比较来认识自我，最基本的方法是通过他人评价来认识自我，最直接的方法是在实践中认识自我。

心理测试

朋友，你具有和谐健康的自我状态吗？请仔细阅读每一条，根据你的实际情况，在右侧相应的字母上画√。A 表示一直这样，B 表示通常这样，C 表示很少这样。每题只有一个答案。

题目	选项		
1. 我对周围环境比较满意。	A	B	C
2. 我视困难为机会。	A	B	C
3. 我从失败中吸取教训，不让失败打击自己的勇气。	A	B	C
4. 我知道自己能力有限，但也有一技之长。	A	B	C
5. 我以自己的潜能来评估自己的表现，而不是以别人的成就来衡量自己。	A	B	C
6. 我避免因担心、小气和个人的怨恨而导致极端情绪。	A	B	C
7. 我努力使自己在某方面做出成绩。	A	B	C
8. 我知道成功离不开他人的帮助与合作。	A	B	C
9. 我以积极的态度感染他人，他人也在影响我。	A	B	C
10. 我主动积极地参加各种活动。	A	B	C
11. 我着眼于未来，有长期的奋斗目标和工作计划。	A	B	C
12. 我既能在人生旅途中拼搏、积极生活，也能在大自然中轻松地享受。	A	B	C
13. 我不受自己的消极情绪的支配，能忍受挫折、恐惧和不安等情绪的打击。	A	B	C
14. 对于不能改变的事物，我很少抱怨，可以接受所有好的和坏的结果。	A	B	C
15. 我有自己的人生信念或人生哲学。	A	B	C
16. 我也有负面情绪反应，如伤心、后悔、失望、愤怒等，但它们是适度的。	A	B	C
17. 对自己的本性和情感，我不感到厌烦与羞愧。	A	B	C
18. 我接受自己，也接受他人。	A	B	C

评分：选 A 得 3 分，选 B 得 2 分，选 C 得 1 分。将 18 个项目的得分相加，得到总分＿＿＿＿＿＿＿＿。

如果总分在24分以下，说明你的自我意识处于冲突状态；如果总分在36分以上，说明你有比较良好的心态；总分在24～36分，说明你一般能够保持平衡的心态，但仍需努力对自我进行整合。当自我意识出现冲突或不和谐的时候，我们应如何应对？让我们进入下一部分内容的学习。

二、自我冲突

（一）理想自我与现实自我

美国心理学家罗杰斯依据发展的观点，将自我分为理想自我与现实自我。理想自我(Ideal Self)指向于未来，希望自己成为怎样的人，具备何种人格。现实自我(Actual Self)指目前的状况，指现在已经具备的人格特征。一个人的理想自我与现实自我一致时，就会实现自我平衡。每个人都存在理想自我与现实自我之间的差距，当两者之间的差距过大并出现非调节性关系时，就会出现心理问题。

大家是否还记得本章开始提到的案例2中的大学一年级女生小芳呢？我们用今天学的知识来帮助这个女生梳理一下她的自我认识。

表3-2　案例中大学一年级女生的自我成分

	现实自我	理想自我
生理自我	没有楚楚动人的相貌 个子不高 穿着不高雅	有楚楚动人的相貌 个子高挑 穿着高雅
社会自我	普通 举止不高雅 成绩一般 知识面窄	出类拔萃 举止高雅 学习轻松 多才多艺
心理自我	很悲凉 从小就不如别人	一切都很美好 有自己的天地 自信、勇敢

前面说过自我认识的三个层面：生理自我、社会自我和心理自我。这里不再赘述。表3-2中左边一列就是她眼中的自己，是她现实的情况，也就是她的“现实自我”；右边一列体现了她对自己的期许，也就是她的“理想自我”。首先期待自己的外表可以楚楚动人，个子高挑，穿着高雅，这是生理自我；期待自己出类拔萃，举止高雅，学习轻松，多才多艺，这是社会自我；很希望一切都很美好，有自己的天地，自信、勇敢，这是心理自我。很明显，这个女生的现实自我和理想自我之间是有差距的，而且这个差距非常大。

大学生的主观我与客观我的矛盾相对突出。作为在同龄人中能够接受高等教育的人，大学生对自我有较高的积极评价。但他们由于长时间在校园浓郁的学术与文化氛围中成长，因此对社会缺乏了解。此外，社会对当今大学生提出"重理论轻实践、重专业轻基础，重科学轻人文"的评价以及"本科生不专、硕士不研、博士不博"的看法；特别是随着高等教育大众化进程的推进和适龄青年接受高等教育机会的增加，社会对大学生的评价越来越低。大学生身上光环的消失使他们产生失落感。

大学生心中承载着无数的梦想，每个人都渴望有一把登天的天梯。他们有抱负、有追求、有理想，成就动机强烈，特别是当市场经济凸显人们的成就意识时，很多大学生心中涌动着比尔·盖茨般成功的梦想。他们为自己设定了一个美丽的"理想我"，也对大学生活进行了理想化的设定。但当真正踏入大学时，现实与理想形成了巨大的反差，不少新生就出现了"理想真空带"与"动力缓冲带"，一时找不到自己生活的方位。对理想自我的渴望与对现实自我的不满构成了大学生自我意识发展的重要组成部分，使一些大学生存在自我冲突的现象。

大学生在自我冲突中需要注意两点：一是理想我与现实我有一定距离是正常的，可以激励大学生奋发图强，积极向上，向着梦中的方向飞奔；二是当现实我距离理想我太过遥远时，会产生各种各样的心理不适，甚至自暴自弃，变得平庸无为、无所事事、没有动力。因此，对自我冲突进行调节是培养正确的自我意识的必经之路。

（二）自我冲突的调节

在自我意识的矛盾冲突中，大学生的自我意识也在不断调整与发展。在这个过程中，大学生极易寻求新的支点，寻找自我意识的统一，整合自我意识。自我意识具有复杂性与多维性，大学生逐渐在多向度中审视自我、调整自我，向理想自我靠近。由于每个人的成长背景、家庭教养方式、社会经济地位、个人人生志向、职业目标不同，因此人们的自我意识整合的结果与类型也不同。

1. 常见的六种策略

积极型：不断完善自我，使之与符合社会发展要求的理想我达到统一。

现实型：一方面不断完善自我，另一方面又根据实际的情况来修正理想我，从而达到二者的统一。

庸碌型：由于总在积累失败与挫折的经历，因此对现实我的评价较低，并时常伴有没有价值感，自我排斥，自我否定。于是放弃理想我，以迁就于现实我，从而达到统一。

虚假型：他们对自我的评价非常高，往往脱离客观实际，常常以理想我代替现实我，盲目自尊，却不去为实现理解我做出努力。他们通过对现实我的过高评价或虚妄的判断来获得现实我与理想我的统一。

矛盾型：内心冲突激烈，矛盾持续时间长，自我认识、自我体验、自我控制不稳定，新的自我无法整合。

萎缩型：理想我极度缺乏或丧失，对现实我又深感不满，产生自我否定甚至自我拒绝心理，严重的还会导致精神分裂症或绝望轻生。

知识链接

北京大学保安高考第一人

张俊成曾是北京大学的一名保安，1995 年，他上演了“扫地僧”式的传奇，被媒体称为“北大保安高考第一人”。张俊成初中毕业后，没能继续读书，经历了在家劳动、在汽修厂打工等工作之后，于 1995 年 5 月 26 日来到北京大学西门，成为一名保安。保安岗上，一次意外遭遇使张俊成备受打击。当时，7 个外国学生要进北京大学，因为没有证件，张俊成按规定不允许他们进入。由于双方语言不通，离开前老外齐齐将大拇指朝下。张俊成很气恼，从此开始自学英语。1995 年秋天，张俊成参加了成人高考，考取 413 分，超过录取线两分，被北京大学法律系(专科)录取。张俊成用知识改变了命运。

大家觉张俊成符合前面说到的六种类型中的哪种类型呢?

2. 整合策略的应用

有学生问“应该如何整合内心的冲突和混乱呢?”首先，“积极型”和“现实型”模式都属于积极自我的建立。这种积极自我的特点是在经过痛苦的选择与调整之后，大学生逐渐成长，使自己的理想我与现实我趋于统一，主观我与客观我趋于一致，对自我的认识更加深刻、客观、理性。

案例：杨振宁刚去美国留学的时候，学的是实验物理，但他发现自己的实验动手能力远不如美国同行，而思维和判断能力明显优于别人。于是他果断放弃了自己已有相当基础的实验物理，改攻理论物理。数年后，他和李政道一起发现宇宙不守恒定律，获得 1975 年诺贝尔物理学奖。杨振宁教授当年所采取的就是“现实型”自我整合策略。

杨振宁不仅了解自己的长处与优势，也了解自己的不足与劣势；能够分析哪些是通过努力可以达到的，哪些是无法企及的，从而进行积极的自我肯定，向着理想我迈进。

其次，“庸碌型”和“虚假型”都属于消极自我。这种消极自我的共同特点是对自我评估不正确，理想我不健全，缺乏实现理想我的手段，形成后的自我虚弱而不完整，是一种不健康的自我整合。

小林，从幼儿园到中学一直是在一片赞扬声中长大的，多年连续获得“三好学生”和“优秀学生干部”等称号。进入大学后，他既没当上学生干部，也没被评上“三好学生”。他认为老师和同学对他不公平。为了使自己崭露头角，他想方设法不让其他同学超过自己，开始隐藏或破坏同学的贵重物品，使别人无法安心学习。

案例中小林同学遇到的问题显然是理想我和现实我之间不平衡。他非但没有去提高自己，而是通过破坏他人令自己“看起来可能更好”，这显然是虚假型的应对方式。虽然大学生中这种类型的人较少，但严重者可能用违反社会道德规范或违法犯罪的手段来谋求自我意识的整合。

最后，“矛盾型”和“萎缩型”都属于自我冲突。自我冲突是难以达到整合的自我意识，表现为自我评价始终在真实自我上徘徊，自我认知或高或低，自我体验或好或坏，自我控制时强时弱，心理发展极不平衡，有时显得自信而成熟，有时又表现出自卑而不成熟，让人无法评估。接下来看两个案例。

案例 1

小王，女，20 岁，大学一年级学生。家庭幸福，经济条件较好，父母关系和谐，对她疼爱有加，凡事都顺从她的意愿，从小就养成了强烈的依赖性。高中的时候，小王对朋友全心付出，同学和朋友对也是她关爱有加，所以小王也没刻意关注她自己的人际关系，一切都显得顺其自然。进入大学以后，小王希望与寝室同学和睦相处，对别人是有求必应，同时也渴望别人的关注和帮助。别人要求她做某件事情，如果她拒绝了，她就觉得别人会指责她，感到他人会在她背后说坏话。小王明知道这种担忧实在没有必要，却始终摆脱不了(特别是在早上起床的时候)，这让她难以忍受。这些想法使她承受了巨大的心理压力，试图逃避寝室“复杂”的人际关系。

案例 2

大学生小邓的作息时间为：13:00，起床，吃午饭；14:00，去网吧玩网络游戏；17:00，晚饭在网吧叫外卖；通宵练级，第二天早上9:00 回宿舍休息……小邓几乎把所有的空余时间都用来打游戏，并开始拒绝参加同学聚会和活动。大约两个月之后，他发现自己的思维跟不上同学的节奏，脑子里想的都是游戏里发生的事，遇到事情会首先用游戏中的规则来考虑。他开始感到不适应现实生活，陷入了深深的焦虑之中。

案例中的小王遇到的情况属于“矛盾型”，自我矛盾型的人内心冲突激烈，持续时间长，自我认识、自我体验、自我控制不稳定。小王既渴望和睦的人际关系，又在交往中猜忌和逃避。小邓的情况属于“萎缩型”，缺乏理想我，但又对现实我深感不满，消极放任，自怨自艾，以至于越来越消沉，对自己丧失信心。因此，自我冲突的大学生要逐渐调整自己的自我认知，客观认识自己与他人，客观看待成功与挫折，这样才能使自我意识在良性轨道上循环。

第二节　善待自己

问　题

以下有一个判断题，在开始学习本节内容之前请你根据自己的理解进行判断。

（　　）悦纳自己就是我什么都是好的，不准别人说我的缺点。

（　　）缺点就是缺点，永远不可能变成优点。

一、悦纳自己

（一）接受不能改变的

1. 身体满意度

身体满意度是指个体对自己身体各方面，如相貌、运动能力、身材等满意的程度。之所以从这个话题开始，是因为人们对自己的身体形象太关注了：成天把“减肥”挂在嘴边的女孩，渴望变得更高大帅气的男孩，甚至还有铺天盖地的整形广告……学术研究显示，过去50年中，关于身体形象、身体自我的研究在不断增加。从表3-3可知，人们对身体形象的不满意感随着时间的推移而不断增长，女性的不满意感增长得更快。

表3-3　美国三次身体意向调查结果：对特殊身体特征不满意的人数所占百分比①

不喜欢的身体特征	1972年的调查		1985年的调查		1996年的调查	
	男性	女性	男性	女性	男性	女性
腰部	36	50	50	57	63	71
臀部	12	49	21	50	28	61

① 张力为：《身体自我与主观幸福》，载《北京体育大学学报》，2007，30(8)。

续表

不喜欢的身体特征	1972 年的调查		1985 年的调查		1996 年的调查	
	男性	女性	男性	女性	男性	女性
胸部	18	27	28	32	38	34
体重	35	48	41	55	52	66
肌肉状况	25	30	32	45	45	57
身高	13	13	20	17	16	16
脸部	8	11	20	20	NA	NA
整体外貌	15	23	34	38	43	56

注：以 Berscheid，Walster，和 Bohmstedt(1973)[1]、Cash，Winstead，和 Janda(1986)[2]和 Gamer(1997)[3]的数据为基础. 引自 Cash，2002，p. 270[4].

进入青春期后，生理上的不完美时时困扰着成长中的青年。国内一项女大学生减肥行为和认知状况的调查显示：多达 47.3% 的调查对象曾经有减肥行动。减肥是由于自己对身材不满意的占 73.5%，为增强自信心的占 52.9%。虽然女大学生中减肥者众多，但超重者仅占 7.3%，而且在体重偏轻的“骨瘦如柴”型女生中也有超过 50%的人曾经减肥或正在减肥。① 媒体暴露直接导致女大学生身体不满程度的增加。如果说女性的理想体型是瘦的身材，那么男性的理想体型是肌肉发达的精瘦身材。

现代男性对自身体型的关注程度日益提高，理想体型也发生变化，从单一的肌肉发达体型发展为低体脂高肌肉的双维度体型。影响男性理想体型的因素主要分为两类：生物因素和社会文化因素。生物因素方面，不同性别、年龄和性取向的群体拥有不同的男性理想体型；社会文化方面，社会文化通过家庭、同伴和媒体三个渠道向理想体型施加影响。② 父母对子女体型的批评可能会在很长一段时间内造成子女对身体的不满意程度的增加。幸运的是，父母对孩子体型不是只有负面的评价。对青春期男性的研究发现，父母对体型的正面评价与身体满意度呈正相关。

以上研究结果表明，对自己的体型不满意的人较多，这些人觉得不足的地方真的需要被修正吗？对自己不满意通常与一个社会审美的价值导向有关。悦纳自己的第一步：接受不能改变的。当然，我们不能改变的不仅仅是一些声音、骨骼等一些体貌特征。

---

① 胡环环：《女大学生减肥群体自我概念研究》，载《潍坊工程职业学院学报》，2014，27(6)。

② 施启琰、寇慧、陈红：《男性理想体型变化及其影响因素》，载《心理科学进展》，2017，25(4)。

知识链接

进食障碍

有时候，人们对身体极度不接纳，从而走向极端和病态，如食厌食症就是一种对身体健康危害极大的饮食功能失调。

厌食症也叫神经性厌食(Anorexia Nervosa，AN)，指个体通过节食等手段，有意造成体重明显低于正常标准的一种进食障碍。它属于精神科领域中“与心理因素相关的生理障碍”一类。其主要特征是强烈害怕体重增加和发胖，对体重和体型极度关注，盲目追求苗条，体重显著减轻，常有营养不良、代谢和内分泌紊乱，如女性出现闭经。严重患者可因极度营养不良而出现恶病质状态、机体衰竭，从而危及生命。5%～15%的患者最后死于心脏并发症、多器官功能衰竭、继发感染、自杀等。厌食症主要见于13～20岁的年轻女性，发达国家高于发展中国家，城市高于农村。

吃的太少和吃的太多都可能是进食障碍。暴食症是一种饮食行为障碍的疾病。患者极度怕胖，对自我的评价常受身材及体重变化的影响，经常在深夜、独处、无聊、沮丧、愤怒的情境下顿时引发暴食行为，无法自制，直到腹胀难受才罢休。暴食后虽暂时得到满足，但随之而来的罪恶感、自责及失控的焦虑感又促使其利用不当方式(如催吐、滥用泻剂、利尿剂、节食或剧烈运动)来清除已吃进去的食物。

当然，为了从根本上预防进食障碍，最好的办法就是接纳自己、善待自己。

2. 学会接纳

生活中我们会有这样的体验，光是告诉你“你本来就很美”或是鼓励你“要对自己的身材更有自信”好像没什么用，或者作用不大。那我们应该怎么做呢？其实学术圈里关注这个主题的研究还挺多，毕竟心理学一直致力于为人类谋幸福的目标。据报道，美国西北大学的研究人员进行了一项特殊的研究——如果给自己的身体写封情书，将会产生怎样的好处？研究结果发表于美国杂志《女性心理学季刊》。① 结果显示，在花15分钟给身体写完一封情书后，女性对自己身体的满意度显著提高。

研究人员通过三种不同的写作练习来测试女性对自己身体的满意度是否受

① Natalie G. Stern，Renee Engeln，“Self-Compassionate Writing Exercises Increase College Women's Body Satisfaction，” *Psychology of Women Quarterly*， 2018， 42(3)，pp. 326-341.

写作练习的影响。这三种写作练习分别是写一封爱惜自己的信、写一封爱惜身体的信和写一封对身体满意的信。研究对照组写了一封中立的信。250 名学生在 4 种类型的信中挑选一种进行撰写。

第一种类型的信是为了唤起女性的怜惜情绪，她们得把自己当成一位非常熟悉自己的朋友。因为朋友总是能看出她们的不足，但是会选择委婉的方式道出这些不足。她们怀着这样的心情给自己写下一封信。第二种类型的信更多的是从健康的视角来关注身体的。第三种类型的信聚焦身体满意度。受调查女性直接给自己的身体写一封信，感谢身体各项机能运行正常，感谢身体对自己日复一日的"帮助"。当然，研究为了体现科学性，也设置了一个对照组。对照组写中立的信。比起中立的信，其他三种类型的信都能够显著提高女性对自己身体的满意度。这项研究表明，只要花上 15 分钟写一封信，并重新阅读一遍，女性对自己身体的满意度至少在短期内能够大幅提升。

当然，如果你本身热爱体育运动，那也很好。身体锻炼可以提高自我效能感，降低社会体格焦虑，缩小理想身体与现实身体之间的差异。① 或动或静，选择适合自己的方法即可。每个人都是不完美的，但这并不影响我们与家人、朋友、同事的沟通。你或许没有美丽的容貌和标准的身材，但它就是你的身体，不喜欢它就意味着你没有把自己作为一个人来接受。不要让他人决定你喜欢什么，你应该努力去喜欢自己的整个身体并使它既具有价值，又富有美感。有句话说的挺好："我们不要用审美来绑架别人，也要拒绝被审美绑架。"

除了身材样貌，我们还需要学会接纳自身的其他方面。一起来看这个案例：赵某来自农村，入大学之前勤奋刻苦，成绩优秀；但是考入大学后与周围同学相比，觉得自己无论是在服饰打扮、言谈举止、气质风度上还是在知识面上都差很多。他产生了"先天不如别人"的自卑感，但同时又不甘心、不服气，想以优异的成绩来显示自己的才能。但是在过分紧张的学习和沉重的心理压力之下，他不仅成绩没有多大提高，反而开始失眠了。

案例中的赵某就是因为不能接受自己的家庭背景、言谈举止等方面不如别人而产生了自卑感，从而想要通过"优异的成绩"来凸显才能，结果适得其反。在这个案例中，赵某如果能学会接纳自己，结果可能就不同了。他如果接纳自己的家庭背景，以及自己在"服饰打扮、言谈举止、气质风度和知识面上"与同学存在差距的事实，就能明白这些并非先天不如别人，只是缺乏足够的练习。在这个基础上去改变，赵某可能会发现自己无须自卑，也不必让优异的成绩成为束缚自己的枷锁。

---

① 张连成、窦皓然、高淑：《体育锻炼提高身体自我概念的心理机制》，载《天津体育学院学报》，2015，30(3)。

（二）改变可以改变的

“有志者事竟成”固然表达了意志、努力和决心能够带来变化和成就，但在那之前更应该弄清楚哪些是可以改变的，才不至于使蛮力。来看两个案例：

吴某，男，重点大学二年级学生。自从进入大学后，一直很自卑。父母都是农民，家境贫寒。以前因为在中学时成绩拔尖，深受老师的器重，自己也因此忽视了家庭的贫困。为了让他上大学，家里负债累累。进了大学后，自己又借了不少钱以掩饰自己的贫困和普通。他原以为到了上海会有很多机会，可以通过打工来补贴自己，但实际上很难。他曾想了许多办法来提升自己的素质，如参加社团、看书、看展览会、考证书等，但这些方法实施之后，结果往往都是半途而废，从而令他感到自己不会有好的前途，不可能光宗耀祖，甚至找女朋友、在上海成家都很困难。

谢某，女，20 岁，大学二年级学生，1.65 米，学校舞蹈队队员，认为自己长得非常漂亮，才能超群。参加活动积极，喜欢在同学面前卖弄自己，认为自己什么都行。穿着鲜艳、时尚，常常对同学不屑一顾，看不起周围同学，觉得他们穿着土气，喜欢指使、支配别人做事。对别人提的意见总不能接受，认为自己做的都是对的、好的，别人没有资格评论。

案例中的两名学生虽然表现全然不同，但共有一类问题——自我认同残缺。从高中到大学，随着环境的变迁、衡量标准的多元化、比较对象的多样化，很多人会逐渐发现自己身上的种种不足，加上对自己从优秀到平凡的巨大落差没有心理准备，就会产生心理压力。具体表现为：自我否定，不敢表达自己的思想和见解，自卑，苛求自己，不能欣赏自己，用自己的短处与别人的长处相比，害怕失败而不敢尝试，对他人的评价非常敏感……一个人应该接纳自己并肯定自己的价值，不自以为是，也不妄自菲薄。

其实吴某和谢某都有改变的可能，只是没找准方向。吴某因家境贫寒而自卑。他应该明白家庭环境是无法选择的，但是可以改变对自己的态度，不再自卑，那么就不用刻意掩饰家庭贫困的事实，也不会因攀比消费令自己陷入困境。

谢某应该改变什么呢？或许她从小获得的资源比其他人多，所以暂时表现得更为出色。但是一味地指责别人，并不能促使自己进步。她应该改变的是自负，要知道别人有很多不足都只是暂时的，只要得到足够多的练习，就会做得更好。真正自信的人并不害怕被打败，悦纳自我并非是一味地夸耀自己，而是能够看见自己的不足。

答　案

1.（　　）悦纳自己就是我什么都是好的，不准别人说我的缺点。

答：错误。悦纳自己不仅包括接纳自己人格中的优点、长处，而且包括接受自己的缺点与不足。在接受不足的基础上，努力改进自己、完善自己，而不是妄自菲薄、失去信心。

知识链接

找回我的自信

有同学问应该如何克服影响生活的自卑心理。先来认识一个概念：自尊(Self-esteem)的核心是自我价值判断与体验，即自己对自己是接纳的，感到“我是有价值的，我值得被好好对待”。在正向情感上，自尊和自信是相同的。很多人以为不自卑就自信了，以为自卑是自信的对立。事实上是这样的吗？我们身边应该也不乏一些人，他们身上自卑和自信同时并存。其实自卑感(Sense of Inferiority)是一种轻视自己、不相信自己、对自己持否定态度的自我体验，是个体对生理、社会、自我期望认定的落差转变为挫折卑下、发展受限制、无能缺乏自信、无助不能掌控等心理感受。自卑是对自己存在价值的否定，有更多情感成分，是自己贬低自己。由此可见，自卑与自尊对立的成分居多。① 以后再有人问你该怎么克服自卑的时候，就应该想办法增强他的自尊，帮助他看到自己、接纳自己、肯定自己。具体来说，找回自信心有三个关键点。

第一，自尊是自信的基础，我们如果对自己一直持有负面评价，就很难真正建立自信。为了建立自信，我们要学会了解真实的自己。在对自己做出评断之前，要更仔细地观察自己，列举支持这些评价的事实与否定这些评价的事实，进行对比和评估。或许，我们就能发现自己未曾了解的一面以及自身的复杂性。这会减少和避免过度自责或许多不必要的罪疚感。

第二，敢于行动。光有朋友的夸赞和自己的心理建设，没有成功的体验，是很难建立真正的自信的。在更清楚地了解自己之后，我们要根据自身的优点和缺点来思考哪些事更适合去努力。为了更好地提高行动力，我们需要将自己带入良性循环中，如选择一件自己更擅长的事，在思想上弱化失败的可能性与严重性，这样才可能更好地发挥自己的潜力，更容易获得成功。

---

① 毕重增、黄希庭：《中国文化中自信人格的内涵和功能》，载《心理科学进展》，2007，15(2)。

第三，在人际关系中表达自己。在人际关系中表达自己的真实需求之所以困难，往往是因为我们在表达之前就被消极想法笼罩了。例如，脑子里想“我会打扰别人的”，这就会阻碍自己表达。建设性的想法是“我会先问是否会打扰他”。有些同学课堂上不愿意发言，可能心里想的就是“这是哗众取宠”，却忽略了“表达自己的想法是很正常的事情”。除了思维训练，社交技能上更要训练，如拒绝别人、在遇到困难时求助等，要对这些行为的困难程度进行评定，随后从实现难度最小的事情开始行动。

二、欣赏自己

那些你曾羡慕的人啊!①

你是否知道自己是独一无二的？遗传学家菲尔德士(Filders)说：“停下来考虑你自己的事吧。在整个世界史中，没有任何别的人会跟你一模一样。在将要到来的全部无限的时间中，也绝不会有像你一样的另一个人。”其实在成长过程中，我们每个人都会经历大大小小的挫折，会对自己产生不满，也会羡慕别人。可是，我们所羡慕的真的是他人生活的全貌吗？你又何尝不是他人羡慕的对象呢？

《人民日报》在 2019 年 5 月 22 日推荐阅读一则漫画。《经济日报》于 2019 年 6 月 7 日刊出“那些你曾羡慕的人啊!”篇末，作者的自我分享既真实又让人有共鸣：“我嫉妒那些家境比我好的，挣得比我多的，比我年轻还有才华的，比我长得好看又有趣的。我甚至每天都在想：我要是他们就好了……很长一段时间，我想成为任何人，除了我自己。成长就是一个逐渐认识自己的过程。我渐渐接受了自己只是个普通人的事实，渐渐学会了面对现实与理想的落差。我不甘心却也无可奈何，只好把重点放在别人身上。我观察他们，观察他们的工作与生活。我发现别人似乎也有自己的烦恼，也有想要成为的人。他们光鲜亮丽的外表下也有自己的痛楚。原来我羡慕的人也在羡慕别人，我所厌弃的自己也在被别人羡慕。我终于敢直面自己的不完美。”

追求完美是人类健康向上的本能，但过分追求完美容易引发自我的适应障

① 经济日报 https://baijiahao.baidu.com/s?id=1635693547440318778&wfr=spider&for=pc,2020-03-03。

碍，表现为：对自己持有过高的要求，期望自己完美无缺却不顾自己的实际状况，不能容忍自己不完美的表现，对自己不完美的地方过分看重，甚至把人人都会出现的、人人都会遇到的问题都看成是自己不完美的表现。

然而，每个人都是独特的、与众不同的。我们应该欣赏自己的独特性，不断激励自我。当你用欣赏的眼光来看待自己的时候，你会发现不管天气如何，每天都能有好心情，你也会变得更加自信、和善。

总之，认识自我、悦纳自我是一个不断改进、调整与成长的过程，需要大学生冷静思考、分析判断、尝试错误、克服困难、不断发展。

活动链接

思维训练

接下来我们进行一个小小的思维训练，这个训练叫作“缺点背后隐藏的优点”。下表中左边一栏是我们通常会觉得是缺点的部分，请在右边写出你觉得它背后隐藏的优点。例如，好出风头是很多同学不喜欢的行为特点，但是它背后的优点可能是“自信的表现”。你觉得还有什么别的优点？可以试着写在表格中。

缺点	背后隐藏的优点
好出风头	只是自信过度的表现
邋遢	说明你内心自由
胆小	
泼妇	

以上四个“缺点”背后的优点，你都找到了吗？还可以用类似的方法把你自己最不喜欢的“缺点”列出来，找找看它背后隐藏的优点。试试看吧！

当你更愿意而且更能够看到缺点背后的优点时，你对自己、对他人都将有更多的理解和接纳，为人也会更加包容。

答　案

2.（　　）缺点就是缺点，永远不可能变成优点。

答：错误。在一定环境下缺点也会变成优点。

知识链接

关于性别与性别认同

根据美国心理学协会的研究结果，一个人的生理性别(Sex)是根据染色体和性器官确定的，社会性别是根据对性别相关的期望行为、角色和活动的社会建构来决定的(如男性化、女性化、双性化)。心理性别与性别认同密切相关，是指人们对自己的认识，是作为男性、女性或是其他的感觉。性别发展(Gender Development)是一个人按照社会赋予的性别规范社会化的过程。绝大多数人这三种性别是统一的，符合我们今天所说的性别认同。但还有些人的社会性别、生理性别、自我性别不是这样，我们称之为跨性别(Transgender)。他们中有些人通过穿衣和化妆，按照自己认同的性别来打扮自己；还有些人通过激素和外科手术改变外形。其实与跨性别相对的群体也有一个词汇，那就是顺性别(Cisgender)。顺性别是一种性别认同，社会认为它与出生时的性别相匹配。性取向(Sexual Orientation)指的是“对他人持久的情感、浪漫、性或深情的吸引或不吸引”。性取向是多变的，人们用各种各样的标签来描述他们的性取向。①

以前人们会用“性别焦虑”来表示有些人因觉得他们的生理性别与他们的心理认同不一致而产生焦虑或苦恼。儿童、青少年或成人都可能表现出性别焦虑。在2013年美国精神医学学会(American Psychiatric Association)出版的《精神疾病诊断与统计手册》(第五版)(DSM-5)中，性别焦虑症作为一个新的定义被用于替代性别认同障碍，标志着跨性别的去病化。作者强调，对生理性别产生不适感这件事情本身并不是一种疾病，所以临床上用性别焦虑来指代与此相关的或是由此引发的焦虑和抑郁症状。

2018年6月，世卫组织国际疾病分类(ICD-11)修订中将性别焦虑正式更名为性别不符，并且将其从精神疾病名目中删除，改为列在“性健康”的章节，意味着跨性别人士将不再被视为精神病患者。世界卫生组织认为有关改动能够减少对跨性别人士的污名化，同时确保他们能继续获得医疗照顾。污名化的减少有可能令跨性别人士更愿意主动寻求医疗照顾。

---

① Changming Duan, Chris Brown: "*Becoming a Multiculturally Competent Counselor (Counseling and Professional Identity)*," SAGE Publications, Inc, 2015, p. 144.

跨性别者都是普通人。很多国家都已经明确表明跨性别不是一种疾病，所以不存在能否治愈、是先天产生还是后天导致的问题。很多跨性别者患有的精神疾病(抑郁、躁狂等)与他们是跨性别者无关，只与他们在生活中每天都要遭受到的歧视、暴力、骚扰等有关。其实，国际上也认为心理咨询师在培训中需要有意识地增强健康的性、性别和性取向认同，使之朝着多元化的方向发展，从而认识并消除性别歧视、顺性别歧视和异性恋歧视的负面影响。

你如果敢于超越偏见，那么会发现他们没你想象的那么怪异。世界上除了男性和女性，还有想做男人的女人和想做女人的男人，仅此而已。所以如果在生活中遇到了一位跨性别人士，请尊重和平等对待他。你如果想了解更多，可以看看科普漫画《跨性别那些事》。

第三节　完善人格

一、　心理学眼里的人格

(一)人格的前世今生

“人格”一词是舶来品，是从英文“personality”翻译过来的。该词源于拉丁文“persona”，意指古代戏剧演员在舞台上扮演角色时所戴的面具，就如中国京剧中的脸谱一样，演员用它帮助自己表现剧中人物的身份和性格。例如，在京剧脸谱中，红脸代表忠义，白脸代表奸佞，黑脸代表刚强……心理学沿用其含义，把“面具”指义为人格，将一个个具体的人看作在人生舞台上扮演角色的个体。由于“面具”与演员、戏曲和角色有着密切的关系，因此人格的含义也很快得到了扩展。例如，“personality”是一系列的特征集合，可能将激情昂扬、野心勃勃、孤芳自赏与桀骜不驯等特征融于一身，也可能将举止优雅、乐观进取、自私自利和冷漠无情等特征汇于一体。它也暗示了人的心理和行为特点具有两面，即公开的“我”与隐藏的“我”，别人眼中的“我”与自己眼中的“我”。此外，它也表明个体具备与自己身份或工作相适应的品质、价值、声誉和尊严。

一般认为，人格是一个人才智、情感、愿望、价值观和习惯性行为方式的有机整合，赋予了个体适应环境的独特模式。这种知、情、意的复杂组织是遗传与环境交互作用的结果，包含过去对个体的影响及个体对现在和未来的构建。

(二)人格的特点

概括来看，人格具有整体性、稳定性、独特性和社会性四个基本特征。

1. 整体性

人格的整体性是指人格虽然有多种成分和特质，如能力、气质、性格、需要、动机、态度、价值观等，但在一个现实的个人身上，并不是孤立存在的，而是错综复杂的。它们相互联系，交互作用，组成一个有机的整体。正常人的行动并不是某一特定成分(如性格或能力)运作的结果，而是各个成分密切联系、协调一致进行的活动。人格的整体性表现在人格的内在统一性上。人格的内在统一性是人格健康的标志。一个失去人格内在统一性的人，他的行为就会经常由几种相互抵触的动机支配，呈现为人格分裂的状态，出现“双重人格”或“多重人格”。

2. 稳定性

人格的稳定性是指个体的人格特征具有跨时间的持续性和跨情境的一致性。个人的行为中偶然表现出来的心理特征和心理倾向不能表征一个人的人格。例如，一个内向寡言的大学生，平时严肃认真，不苟言笑，但经过精心准备和多次练习，也可以在某次晚会的节目中表现得活泼开朗。在这里，他的人格特征是内向严肃，活泼开朗不是他的人格特征。人格的稳定性源于孕育期。经历出生、婴儿期、童年期、青少年期、成年期以至老年期，儿童时代的人格特征日益得到巩固。由于人格具有稳定性，因此我们可以通过对人格特征的描述来推论一个人一生的人格状况。

人格具有稳定性并不意味着人格是一成不变的。人格也具有可塑性，随着现实环境的变化也会发生某些变化。儿童的人格还不稳定，容易受到环境影响而发生变化。成年人的人格比较稳定，但环境因素和机体因素也有可能改变个人的人格。例如，移民异地、严重疾病、严重挫折等有可能影响某些人人格特征的变化，如自我观念、价值观、信仰等的改变。这在现实生活中是常常可以见到的。

3. 独特性

人格的独特性是指人与人之间的心理和行为是各不相同的。也就是说，人的人格是由某些与别人共同的或相似的特征以及完全不同的特征错综复杂地交织在一起构成的。奥尔波特(Allport)指出：人的鲜明的特征是他个人的东西。从来不曾有一个人和他一样，也永远不会再有这样一个人。人格结构组成的多样性使每个人的人格都有自己的特点。正所谓“人上一百，形形色色”。在日常生活中，我们随时随地可以观察到各种个性的大学生，他们各自的能力、气质、性格、动机和价值观等都不尽相同。当然人与人之间在人格上也有共同性，人格是共同性和差异性的统一。

人格的独特性并不排除人们之间在心理和行为上的共同性。同一民族、同一阶级、同一群体的人具有相似的人格特征。人格心理学家虽然也研究人的共同性，但更重视的是人的独特性。

4. 社会性

人格的社会性是指社会化把人这样的动物变成社会的成员，人格是社会的人所特有的。社会化是个人在与他人交往的过程中掌握社会经验和行为规范，获得自我的过程。通过社会化，个人获得了价值观和自我观念等人格特征。人格既是社会化的对象，也是社会化的结果。如果婴儿接触社会的权利被剥夺，那么他就不可能成为真正的人。例如，1920 年印度一位牧师辛格(Singh)在狼窝里发现了两个小女孩，她们从小被狼叼走，在狼群中长大，像狼一样生活。她们被救出来以后，年龄小的约 2 岁，很快死去了；年龄大的约 8 岁，经过辛格的悉心照料和教育，2 年学会了站立，4 年学会了 6 个单词，6 年学会了直立行走并能讲出 40 个单词，17 岁临死时仅仅具有相当于正常儿童 4 岁时的心理发展水平。

人格的社会性并不排除人格的生物性，人格也受个体的生物性的制约。人格是在个体的遗传和生物性的基础上形成的。人的自然的生物性不能预定人格的发展方向，却构成了人格形成的基础，影响着人格发展的方向和方式，影响着某些人格特征形成的难易。

二、何谓健全人格

(一)健全人格的内涵

怎样的人格才算是健全的？“什么样的人格最适合个体与群体的发展”是人类十分关注的问题，也是长期以来人类一直在广泛探讨的问题。心理学家们普遍赞同的是具有健全人格的人是心理健康者。他们能有意识地控制自己的生活，掌握自己的命运；他们能意识到自己的优点与缺点、善与恶；他们不是生活在往事之中，而是坚定地立足于现在，并注意到未来的目标和任务。健全人格和正常人格是不同的。仅仅摆脱心理疾病的正常人格是迈向健全人格的第一步，远非全部。健全人格显然优于正常人格。健全人格是一种在结构上和动力上向崇高人性发展的特征，表现出人格的完整性、统一性、稳定性等特点，是人格特征的完备结合。

结合国内外的实证研究和传统文化的精髓，黄希庭教授提出健全人格包括以下特征：

对世界抱开放态度，乐于学习和工作，不断吸取新经验；

以正面的眼光看待他人，有良好的人际关系和团队精神；

以正面的态度看待自己，能自知、自尊、自我悦纳；

以正面的态度看待过去、现在和未来，追求现实而高尚的生活目标；

以正面的态度对待困难和挫折，能调控情绪，心境良好。①

总之，以辩证的态度对待世界、他人、自己、过去、现在和未来、顺境与逆境的人，是一个自立、自信、自尊、自强、幸福的进取者。

知识链接

健全人格等于完美主义吗②

应该怎样更好地理解健全人格呢？可能有同学说："前面说了那么多，健全人格的人就是很完美啊，就是完美主义者！"真的是这样吗？先来看看什么是完美主义？完美主义被定义为"设定过高的自我表现标准，并伴随过度批评的自我评价"(Frost，Marten，1990)，是一种建立在处处不满意、不完美之上的极度追求完美、毫无瑕疵的想法。心理学家们按照完美标准的来源和实施对象将完美主义者划分为三种类型：社会指定型完美主义者、他人指向型完美主义者和自我指向型完美主义者(Hewitt，Flett，1991)。

社会指定型完美主义者的完美标准来自外界。他们认为，自己之所以追求完美，是因为社会上的其他人，尤其是重要他人(如父母、伴侣等)，都对自己有很高的期待，并且他们会以一种极高的标准对自己做出评判。他们认为只有自己在他人眼中是足够完美的，自己符合他人的期待，他人才会觉得自己是有价值的——"只有我做得足够好，他们才会喜欢我"(Benson，2003)。所以，他们也会为了获得别人的认可、赞赏而努力表现完美以讨好和取悦别人。

他人指向型完美主义者是要求别人完美，对别人很苛刻。在他们看来，身边的人是否完美，对于自己的"完美"也很重要，因此他们会毫不客气地对他人的行为与表现评头论足。在周围人眼中，这一类完美主义者往往是刻薄的、充满敌意的、愤世嫉俗的。这类完美主义者自身又会觉得其他人都是不可靠的、不值得信任的，会时常抱怨别人不靠谱。当然，他们也不可避免地会感到孤独。

自我指向型完美主义者对自身有着苛刻的要求，并且当觉得自己不够完美时，他们便会极为严苛地批评、责难自己。不同于前两种类型，这类完美主义者通常有更强烈的成就动机，他们希望通过自己的

① 黄希庭、郑涌、李宏翰：《学生健全人格养成教育的心理学观点》，载《广西师范大学学报(哲学社会科学版)》，2006，42(3)。

② 费定舟、马言民：《完美主义真的"完美"吗？——完美主义综述》，载《中国临床心理学杂志》，2017，25(3)。

努力实现成功、避免失败。要提醒大家，这类人也并不像人们所想象的是“完美中的完美”(比其他完美主义者更健康)。相反，他们会表现出更多的自我怀疑与自责，也更容易感到抑郁和焦虑。

心理学家也发现，完美主义者由于对犯错与失败感到焦虑，因此经常无法开始着手一件事情，更遑论成功。他们形象地比喻，“我躺在手术台上，等待一个完美主义的医生做出一个他认为绝对正确的方案，那么毫无疑问，我会最终因失血过多而死”。

大学生中的完美主义者很可能就是最拖延的那一群。关于拖延的内容在学习那一章还会讲到。不管怎么样，你如果是一个完美主义者，那么要与内心的完美主义对抗一下：第一，意识到真正的“完美”是不存在的；第二，要为成功而努力，也要学会为“足够好”而感到满足。

(二)健全人格与心理健康

健全人格是心理健康的基础。人格是遗传与环境交互作用的结果。一个人的人格不仅会影响其对待事情、对待他人的观念和态度，而且会反过来影响个体的能力发挥、与人的关系，甚至是自身的心理健康。人格健全者能正确地待人处世，不仅使自己身心愉悦，很好地完成各项事务，而且能让别人生活得更愉快。但是一些人格不健全者就很容易导致心理健康方面的问题。

首先，我们要学会用开放的态度来对待环境，不断吸取经验。上大学后，生活环境有了很大的变化。没有了父母、长辈每日的悉心照料，一切日常事务都需要独自处理和承担。许多新生一时间感到手足无措、无所适从，并由此产生焦虑、恐惧、自卑等不良心理。① 在这种情况下，如果能够正确看待环境，学会自力更生，一切从头学起，就是做到了以开放的态度对待新的环境，有利于个体的心理健康和健全人格的养成。

其次，我们要学会用正面的态度来看待自己与他人。自我评价偏差不仅会引起情绪低落及人际交往困难等不良后果，而且可能引起神经症反应。所以，我们要学会用正面的态度来看待自己与他人，以更加开放的态度积极为自己创造机会与人交往，在人际交往中掌握交际和沟通技巧，提高人际交往的能力；同时，在正确评价自我的基础上培养宽容、信任、友爱、诚恳、谦虚、尊敬、忍让等良好性格特征，不断改善与他人的人际关系。

最后，我们应学会用积极的态度看待过去、现在与未来，时常思考过去的

---

① 黄沁茗：《大学生人格发展阶段特征及心理问题》，载《当代青年研究》，2006(10)。

成功或失败对现在有怎样的作用，与未来又有怎样的关系。过去辉煌不等于现在也一样辉煌，过去失败也不等于现在依旧无法取得成功。每个人的发展都要经历一个过程，过去的付出和努力为现在奠定了基础，现在的所有努力为未来埋下了伏笔。

（三）人格障碍

一个人如果人格不健全，那么发展到极端，可能出现人格障碍。人格障碍(Personality disorders)是指人格特征显著偏离正常，使患者形成了一贯的反映个人生活风格和人际关系的异常行为模式。这种模式显著偏离特定的文化背景和一般认知方式(尤其在待人接物方面)，明显影响其社会功能与职业功能，造成对社会环境的适应不良，患者为此感到痛苦。这种障碍通常开始于童年期或青少年期，并长期持续发展至成年期或终生。①

人格障碍与其他精神疾病、行为问题及违法犯罪行为的发生关系密切。一方面，人格障碍可能作为一种病前人格素质助长某些精神疾病的产生，临床可见人格障碍与抑郁症、强迫症、惊恐障碍、进食障碍及癔症的共病率较高；另一方面，人格障碍将影响对其他精神疾病的治疗(包括药物治疗和心理治疗)。有研究发现，仅7%的伴分裂型人格障碍的强迫症患者对药物治疗有效，90%的不伴分裂型人格障碍的强迫症患者对药物治疗有效。2008年，有学者对全国西北、东北、华北、华东、华南、华中、西南七个地区21个城市26所高校的4811名学生进行测查，结果表明这些人中存在较严重的人格异常和人格障碍问题：大学生样本12种人格障碍亚型的阳性检出率在1.2%～27.6%，最高为表演型(27.6%)，最低为分裂样型(1.2%)，男生较女生更严重。家庭经济贫困、低社会阶层、父母离异、不适当的养育方式等可能与子女的不健全人格和人格障碍的形成有关。②

人格障碍与造成人格障碍的原因目前还不完全清楚。然而要提高大学生的社会适应能力和心理健康水平，健全人格的培养和人格障碍的矫治是关键。

三、认识自己的人格

同学们，如果将你与《西游记》里师徒四人做比较的话，你觉得自己的个性会更像谁呢？有人说唐僧是个追求完美的人，善良，不过有点婆婆妈妈，属于粘液质；孙悟空法力无边，疾恶如仇，具有不怕困难、英勇的气质，但同时任性冲动，属于典型的胆汁质；猪八戒性情温和、憨厚，但好吃懒做，爱占便

---

① 中华医学会精神科学会：《中国精神疾病分类方案与诊断标准》第三版(CCMD-3)，69页，济南，山东科学技术出版社，2001。

② 凌辉、黄希庭、窦刚等：《中国大学生人格障碍的现状调查》，载《心理科学》，2008，31(2)。

宜，还具有浪漫多情的性格，难过美人关，属于多血质；沙和尚属于哪种类型尚有争议，不便归类。

为了更好地开始大学生活，更好地适应社会发展，健康幸福地生活下去，了解世界上最奇妙的东西——自己，我们必须去全面地认识自我，将完完整整的自己展示在自己面前。那么如何才能科学、准确地认识自己独特的人格特点呢？你对自己的独特性满意吗？如果有不满意，哪些方面还需要改进，怎么改进？带着这些问题，我们进入下面的学习。

当一个人期望自己的个性特征与健全人格更接近时，他必须弄清楚自己的个性特征是怎样的，然后再思考如何改进。人格是一个含义非常丰富的概念，包括气质、性格等稳定的心理特征。

（一）气质你我他

人们在生活中经常用“气质美女”来评价某些女性，难道真的是美女、才子才有气质吗？普通的大学生有没有气质呢？心理学上的气质与日常生活中的气质不同，与秉性、脾气比较接近，是一种稳定的行事方式。气质是比较稳定的，受先天影响较大，通常难以改变，只能去影响和适应。

2000 多年前，古希腊哲学家希波克拉底（Hippocrates）将人分成四种类型：多血质、胆汁质、抑郁质和粘液质。希波克拉底指出，人体里有四种液体：出自心脏的血液，出自肝脏的黄胆汁，出自胃部的黑胆汁，出自脑部的粘液。这几种液体在不同人的身体中占有的比例不同，造成了不同人有不同的思维模式和行为方式。这就是古代医学上的体液学说。现代医学和心理学家在此基础上形成了现代气质学说。

气质是一个人表现在心理活动和动作方面的动力特征，即心理过程与动作发生的强度、速度、灵活性、持久性和心理指向性等方面特点的总和。在人的各项活动中可以看出，有的人活泼好动，反应灵活；有的人安静稳重，反应迟缓；有的人十分急躁，情绪明显外露；有的人不动声色，情绪体验细腻、深刻。人与人之间在这些心理特征方面的差异和相似，就表现为气质的异同。气质本身并无优劣、好坏之分，与一个人活动的社会价值和成就高低也无直接关系。气质与一个人处理问题的方式及反应是有关联的，对工作效率有一定的影响。

1. 胆汁质

具有胆汁质特征的人，精力充沛，表里如一，刚强，易感情用事，整个心理活动具有迅速、突发的色彩。其优点是反应迅速，体验强烈，坚韧不拔，深刻而稳定，态度积极，待人直率诚恳，智力活动敏捷；缺点是脾气暴躁，易冲动发泄，缺乏耐心。这种气质类型的典型代表如李逵、张飞等。

2. 多血质

具有多血质特征的人，反应迅速，有朝气，活泼好动，情绪不稳，粗心大意。其优点是感情外露，遇事敏感，思想活跃，可塑性大，对环境适应性强，善于并易于结交朋友，有很强的活动能力和语言表达能力；缺点是注意点变换快，做事轻举妄动，虑事不周，缺乏毅力。这种气质类型的典型代表有王熙凤等。

3. 粘液质

具有粘液质特征的人，反应性低，情绪不易变化，也不易外露。心情一般比较平稳，变化较慢，通常不为外物所动；然而一旦引起某种情绪，则形成强烈、稳固而深刻的体验。其优点是处变不惊，考虑周到，总能三思而后行，能坚定地执行已做出的决定，不紧不慢地去完成工作；缺点是在运动和行为上都很迟缓，适应新环境较慢。这种气质类型的典型代表有林冲、薛宝钗等。

4. 抑郁质

具有抑郁质特征的人，观察敏锐，多愁善感，心理反应速度慢，遇事犹豫不决，缺乏果断，动作迟缓。其优点是富有想象力，办事谨慎，对力所能及的工作坚韧不拔；缺点是面临危险和紧张情况时，常表现出恐惧和畏缩，不善与人交往，常有孤独感。这种气质类型的典型代表有林黛玉等。

或许你已经发现了，上面提到的某种气质类型的典型代表以书中的人物为主，因为在现实生活中，具有单一气质类型的人比较少，大多数人都是两种甚至两种以上气质类型的混合。如果你想更详细的了解自己的气质类型，不妨做做本章结尾的“练习与实践”。

知识链接

气质的自我修炼

同学们，根据你的自我观察或问卷测试完成情况，你已经大致了解了自己的气质类型。前面已讲到，每种气质类型都有其优点，也有其不足。气质虽然受先天影响较大，但在长期的学习生活和将来的职业生涯中也可以加以改造。大学生由于接受了长期的教育，较其他人有更高的修养和自觉性，能够清醒地看到自身气质类型的优缺点，因此，应充分重视气质对自己的学习、生活和行为的影响，扬长避短，发挥自己气质的优点，根据专业和兴趣培养优秀个性以掩盖气质中的不足。

表 3-4　气质特点与性格修炼指导

	胆汁质	多血质	粘液质	抑郁质
性格修炼的重点	增强自制力，克服暴躁脾气	培养持久性和专注精神，克服见异思迁	培养灵活性、应变力，克服拘谨刻板	增强自信，学会开朗乐观，从多愁善感中走出来
克服不良性格的方法	1. 延迟发火法：想发火时，先在心中默数 1 到 10，或将舌头在嘴里转 10 圈，或做几次深呼吸后再开口说话 2. 转移法：想发火时，先慢步走到窗前，打开窗户或门，慢步走回后再开口讲话	1. 目标管理法：定出每一个时期的行为目标，定期检查、督促，坚持到底 2. 奖惩法：行为与目标坚持得好，可自我奖励；坚持得不好，要自我惩罚	1. 及时反应法：规定对外界信息必须在多少时间内做出反应，逐渐缩短反应时间间隔 2. 改变思考角度：对一个问题寻求多种解决方法	1. 活动法：积极参加各种活动，多与人交往，减少独处的时间 2. 自我暗示法：经常提醒自己克服气质弱点，不为小事而多疑、烦恼
教育策略	以柔克刚	刚柔并济	动之以情	耐心细致

胆汁质的人思维敏捷，爽直果断，有进取心，不畏困难；但常易急躁，缺乏耐心。在社交场合中，一旦兴奋起来，眉飞色舞，滔滔不绝；遇到不高兴的事或挫折时，变得粗暴。这种大起大落的情感特点会使交往对象无所适从，从而“退避三舍”。

多血质的人灵活，反应迅速，学习兴趣广泛，但注意力容易分散，在求学时要防止自由散漫、用心不专，多培养集中注意力的能力和核心兴趣，养成扎实专一的品质。

粘液质的人沉着冷静，脚踏实地；但反应较慢，且较固执。应拓展思路，克服墨守成规的呆板的学习方式，注意培养果断性。

抑郁质的人情感的兴奋性和抑制性都较弱，谨慎，孤僻，常给人难以捉摸、不可接近的感觉。但是，抑郁质的人一旦交往成功，对朋友的友谊将是非常专注忠诚的。对抑郁质的人来说，增强自信心和主动性是非常重要的，要锻炼自己敢于在众人面前开口讲话，行事要适当高调一点，不要因为一点小事就情绪波动、患得患失。

（二）性格面面观

1. 性格及分类

性格(Character)是指表现在人对现实的态度和相应的行为方式中的比较稳定的、具有核心意义的个性心理特征，是一种与社会密切相关的人格特征。性格中包含许多社会道德的含义。性格表现了人们对现实和周围世界的态度，表现在人们的行为举止中。性格主要体现在对自己、对别人、对事物的态度和所采取的言行上。

根据不同的划分标准，性格的类型也很多样。下面从人们最熟悉的“内向”“外向”性格说起。“内—外向”的概念首先是荣格(Jung)于1913年在他的《心理类型学》一书中提出的。他认为在与周围世界发生联系时，人的心理一般有两种指向：一是朝向个人主观世界的内部倾向，二是朝向外部环境的外部倾向。荣格把这两种倾向称为态度，前者称为内向，后者称为外向。内向性格是安静的、富于想象的、爱思考的、退缩的、害羞的和防御性的，对人的兴趣漠然；外向性格是爱交际的、好外出的、坦率的、随和的、乐于助人的，易于适应环境。内倾型的人是个性沉静、不善于社会交往的人，外倾型的人是指个性好动、善于社会交往的人。

荣格将人的心理活动分为感觉、思维、情感和直觉四种基本机能。感觉告诉你存在着某种东西；思维告诉你它是什么；情感告诉你它是否令人满意；直觉在你不能获得有关现实的信息时，就会产生对将来事件的预感。①

按照两种态度类型与四种机能的组合，荣格描述了八种性格类型。

第一，外倾感觉型。该类型的人既外倾，又偏向于感觉功能。他们头脑清醒，积极积累外部世界的经验，对事物并不过分地追根究底。寻求享乐，追求刺激，情感浅薄，直觉压抑。

第二，内倾感觉型。该类型的人既内倾，又偏向于感觉功能。他们远离外界，常沉浸在自己的主观世界中。知觉深受心理状态的影响，艺术性强。

第三，外倾思维型。该类型的人既外倾，又偏向于思维功能。其思想特点是一定要以客观资料为依据，以外界信息激发自己的思想过程。情感压抑，缺乏鲜明的个性，甚至表现为冷淡和傲慢等人格特点。

第四，内倾思维型。该类型的人既内倾，又偏向于思维功能。他们除了思考外界信息外，还思考自身的精神世界。具有情感压抑、冷漠、沉溺于幻想、固执、刚愎和骄傲等人格特点。

第五，外倾情感型。该类型的人既外倾，又偏向于情感功能。他们的情感符合客观情境和一般价值。思维压抑，情感外露，好交际，寻求与外界和谐。

第六，内倾情感型。该类型的人既内倾，又偏向于情感功能。他们的感情

---

① 安步赢、范红霞：《荣格心理类型学与心理健康》，载《吕梁教育学院学报》，2010(3)。

由内在的主观因素激发。思维压抑，情感深藏，沉默，力图保持隐蔽状态，易忧郁。

第七，外倾直觉型。该类型的人既外倾，又偏向于直觉功能。他们力图从外界中发现各种可能性，并不断寻求新的可能性。这种人可以成为新事业的发起人，但不能坚持到底。

第八，内倾直觉型。该类型的人既内倾，又偏向于直觉功能。他们力图从精神现象中发现各种可能性，不关心外界事物，脱离实际，善幻想，观点新颖，但有点稀奇古怪。

其实纯粹内向或外向性格的人是很少的，只是在特定场合下，由于某种情境的影响而倾向于一种占优势的性格。大多数人属于介于内向和外向之间的中间型人格。每个人也能同时运用四种心理机能，只不过各人的侧重点不同。

2. 我内向该怎么办

首先，你真的确定自己内向吗？接下来参照表 3-5 所列出的内容做一个简单的自我评估吧。

表 3-5　艾森克提出的内、外向行为特点①

内向者行为特点	外向者行为特点
1. 倾向于事先计划，三思而后行，严格控制自己的感情，很少有攻击行为 2. 性情孤独，内省，生活有规律 3. 对书的爱好甚于对人的交往，除亲密朋友外，对人总是很冷淡，保持一定的距离 4. 很重视道德标准，但有些悲观 5. 安静，不善交际	1. 老是注意外界所发生的事情，追求刺激，敢于冒险 2. 无忧无虑，随和，乐观，爱开玩笑，易怒也易平息，不加思考地行动 3. 有与别人谈话的需要，好为人师，容易冲动 4. 喜欢变化，有许多朋友 5. 善于交际，不喜欢独自学习

逐条比较下来，自我评估一下，自己更符合哪一类呢？是不是感觉自己好像一边占了几条？就像前面说的那样，纯粹外向或者纯粹内向的人是比较少的，大多数人其实处于中间区域，有的偏外向，有的偏内向。当然，如果你评估自己真的非常内向，也没有关系，那就是你啊！

有同学问："外向的人一定是自信乐观的，内向的人一定是自卑消极的吗？"当然不是！

接下来，要澄清一些对内向者的误解。前面已经提到内外向的分类很多时候是从人际适应的角度出发的。可是，在现代社会，大家好像对社交能力的看法有时候会有些以偏概全，从而对内向者有所误解。下面整理出几条常见的

---

① ［美］伯格：《人格心理学》第八版，陈会昌译，226 页，北京，中国轻工业出版社，2014。

误解。

误解一，内向等于社交焦虑或害羞。有些被视为“内向者问题”的现象，可能实际指向的是“社交焦虑”或“缺乏社交技巧”。但内向与社交焦虑并不是一回事。内向的人并不害怕社交活动，不参与活动其实是他们的自主选择。多数情况下，他们并不渴求与人接触，他们更喜欢独处。因为对内向的人来说，社交活动是一件非常耗费精气神的事情。那些社交场合的视觉和声音刺激，对内向者而言是过量的。因此，内向者追求的社交活动量会比外向者少。心理研究表明：这是因为内向性格的人的大脑对多巴胺(Dopamine)这种神经递质更为敏感。① 在进行社交的时候，社交需求被满足，社交行为对我们来说也就成了一种“奖励信号”，这会刺激我们的大脑分泌多巴胺。内向者对多巴胺比较敏感，少量的多巴胺已经足够刺激大脑：“够了，我感受到快乐了，可以见好就收了。”

误解二，内向者不善言辞。比起一大群人出去玩，内向者更适合并擅长于一对一谈话或和少数几个人交流，并偏爱有内容、有深度的谈话。以口才谋生的人(如主持人、相声演员、演说家)中，内向者的比例反而很高。他们可以自如地在众人面前发表演说，在舞台上表演，但可能在私下里不喜欢在一大群人中进行社交性质的聊天。简单说来，内向者的寡言、独处等行为，并不是因为他们“不能”，而是“不想”。

误解三，内向者不如外向者那么快乐。真正的快乐，不是嘴里的笑声，也不是脸上的笑容，更不是手舞足蹈，而是内心的平和。虽然内向者的表情、言谈、举止不是那么夸张，但这并不代表他们的内心没有丰富的感情。内向者往往善于控制、内化自己的感情。内向者可能会因为沉默而被贴上“不合群”“高冷”的标签；需要在家里独处休息的内向者总是被朋友劝出门“放松一下”；内向的孩子虽然自己并没有什么不适，但可能会被忧心忡忡的父母强行要求“变得活泼些”；等等。这些经历可能更容易给内向者带来困惑。

事实上，近年来有越来越多的教育者呼吁大家看到内向背后的优点和竞争力。作为一名内向者，更应该看到自身独特的优势和魅力。

优势一，内向的人更理智和自律。内向的人喜欢思考，考虑问题比较周到，遇到事情的时候会更冷静，不容易冲动。所以，内向的人话不多，在多数情况下会显得心态平和一些。并且内向者喜欢独处，通常他们会选择看书、画画、写作等活动充实自己，提升自己的技能。

优势二，内向的人更喜欢深入思考，善于冷静地观察。总的来说，性格外向的人喜欢尝试不同的事情，总是显得兴趣广泛。他们随时准备下一件事情，

① Wacker, J., Smillie, L. D., "Trait extraversion and dopamine function," *Social and Personality Psychology Compass*, 2015, 9(6), pp. 225-238.

想抓住生活中每一点能抓住的刺激。性格内向的人喜欢深入地钻研问题，不喜欢点到为止，更喜欢把一件事了解透彻。有一类内向型人偏向于思考，专注于自己的世界，专注于发掘现象背后的本质；还有一类内向型人偏向于观察，专注于自己的感受，专注于那些被人们忽视的细节。这或许就是内向性格的人可以更专注那些深奥理论或细微感受的原因。

优势三，追求高质量的、稳定的社交关系。内向型的人遇到"不会说话"的苦恼，并非是因为表达能力差。内向型的人心理感受过于丰富，或者逻辑过于复杂，如果没有掌握一定的表达技巧，那么会变得结结巴巴，词不达意。他们喜欢与人建立深度的关系，而不是泛泛地认识很多人。内向型的人终其一生都在寻找稳定的亲密关系，他们的朋友虽然不多，但贴心的朋友一点也不比别人少。

有同学问："应该根据环境改变既定的性格吗?"也有同学问："在特殊情况下，有时会刻意伪装自己融入集体，感觉很累，如何解决?"首先，这是一种主动适应的表现，对于已经做出的尝试还是应该给予肯定和鼓励的；其次，这种尝试的经历对于将来的社会适应可能会有一定的参考；最后，实在无法融入的时候也不必太勉强自己。有一种被社会改造过的内向型人：不了解他的人，以为他外向；了解他的人，才知道他内向。他们谈笑风生的外表下藏着一颗疏离人群的心。苏珊·凯恩(Susan Cain)在 TED 演讲①中，给了内向型人三点建议：如果你无法像外向型人一样融入团队，与其焦虑，不如顺其自然；常常独自到野外去，寻找内心的启示；对于最爱的书、电影，自己写的文章，你可以推荐给别人看一看，通过这种方式让他们理解你的世界。

(三)优化人格的原则

有同学问："同样一种性格，先天形成的和后天习得的有无差异?"会有一定的差异。例如，前面讲到的，气质类型为多血质或胆汁质的人，会表现出外向型的性格特征。对他们而言，表达自己、与人社交都是很自在、享受的事情。气质类型为粘液质或抑郁质的人，可能会偏内向型一点，经过后天的练习可以在很多场合表现出外向型的行为特征，如出色地演讲、恰当地社交。这些活动结束后，他们会为自己能够完成扮演社会角色而感到满意，但是独处可能仍然是他们感到更自在的状态。

人格本身就是一个具有内在逻辑联系的系统，其形成也有着自身的发展规律和发展过程。健全人格的养成必须循序、系统、连贯地进行。这是被教育实践反复证明的一个原则。《学记》指出"杂施而不孙，则坏乱而不修"。教育如果杂乱无章，就会陷入混乱，得不到成效。完全违背人格养成的系统性、连贯

---

① TED 演讲苏珊·凯恩：内向者的力量 https://v.qq.com/x/page/d01706h04ji.html,2020-03-03。

性，个人只能获得一些零碎片段的知识，这既无助于人格的正常形成，也谈不上健全人格的塑造。在进行人格的自我塑造时应遵循以下原则，并要注意选择正确的方法。

1. 循序渐进

人格是相当稳定的，它的形成和转化只能是一个缓慢的渐进过程。不良性格的克服需要长期不懈的努力。无论是克服不良性格还是塑造优良性格，必须坚持循序渐进的原则，从大处着眼，从小处做起。

2. 渐变转化

人的情绪是性格特征的指标之一，对性格的形成与转化具有诱导、感染作用。正面的情绪鼓励越经常、持久，对良好人格的形成和培养也就越有利。例如，性格暴躁、个性很强的人，可以通过努力培养安定、平静、从容不迫的情绪，使自己经常保持心平气和的心境，以促进暴躁性格的渐变转化。一个人如果能经常消除烦恼、愤怒、急躁等不良情绪，那么对克服急躁、易怒的性格肯定有好处。

3. 以新代旧

从改变习惯入手，用新习惯克服和改变原有的性格弱点。你如果向来争强好胜、逞强，办任何事情都不甘示弱，因而使自己惴惴不安、精神紧张，那么要放弃做一个“强人超人”的愿望，终止以眼前胜败来衡量成绩的习惯，培养从大处着想、以长远的眼光看问题的习惯，才能纠正你的好胜逞强的性格。

4. 自我修养

性格优化的过程从根本上讲，就是一个人自我修养水平不断提高和强化的过程。两者相辅相成，密切相关。因此想要提高自己的修养水平，要有坚强的意志，进行持久不懈的努力。

案例：小伊，20岁，某大学二年级学生，一个帅气的男孩。

自述：说实话，我挺想了解自己的，但是不知道该怎么办。朋友们会用“你很善良啊”“你人很好”那种很大众、很普通的话来评价我。可能我认知中的自己跟别人眼中的我会有一些出入。我眼中的自己是很善变的人，而且我对自己也有很多的不满意。例如，我觉得作为一个大学生，我对知识的渴望还不太浓烈，学习上不够勤奋，生活上也挺懒的，还有就是不会管理时间……对此我做过很多努力，但是每一次好像坚持不了几天就又打回原形了。我也希望朋友们能告诉我哪些是我没有的(品质)，我会加以改正。总之，我渴望能拥有更多被赞赏的品行，将自己塑造得更好。

以小伊为例，他的主要问题表现在行为习惯和自我塑造上。他渴望变得更好，而又不得法。在结合以上原则在帮助小伊时，根据他“善变”“坚持不了几天”的特点，大家可能会联想到前面说到的多血质气质类型，那么可以跟他核实一下气质类型，确定了合理的自我塑造目标后，根据他的人格特点来开展行为训练。一定要注意循序渐进，可以拟订一些小阶段目标，让他一点一点地塑造自己，同时又要及时给予奖励。可能小伊努力了一周、甚至一个月，但是一个意外的场景又把他“打回原形”了。这时不要气馁，要知道个体的行为习惯是需要逐渐养成的。小伊一个月的习惯与过去二十年的习惯相比，积累得本来就不够。所以在自我塑造的过程中，遭遇了挫折后不必太苛责自己；相反，对每一个正确的行为都要予以肯定并时常鼓励自己。相信不懈的坚持终会给小伊带来理想的改变。

人有一个自我调节的系统，一切客观的环境因素都要通过主观的自我调节起作用。每个人都在不同程度上以不同速度和方式塑造着自己的性格，其性格的发展也从被动的外部控制逐渐向自我控制转化。我们如果有意识地利用这一转化，自觉地确立性格优化目标，进行自我训练，就能使我们对现实的态度、意志、情绪、理智等性格特征得到不断完善。每个人的性格特征中都有好的因素，也有不良的特征。要善于正确地自我评估，辩证地对待自己的优点与缺点。取人之长，补己之短；有则改之，无则加勉。久而久之不良性格会得到克服与消除，优良性格会得到培养与发展。

个体的生命是独特的，是一种个性化的存在。每个人的人格也是独一无二的。人格包含着众多的因素，如需要、动机、智力、气质、情绪、意志、能力、人生观、价值观、道德、品质等。每个人在这些因素上的表现是不尽相同的，这些因素有机结合而成的个体人格特征又是千姿百态的。健全人格的养成必须以承认个体之间的差异为前提。如果无视一个人的个性，片面追求共性，那就和流水线生产一般，每个人都将成为失去自己色彩的产品，变得“与众相同”，社会也会变得平淡无味。

每个人都是具有主观能动性的个体，人格的形成并非完全被动地受客观外部因素的影响，而是个体与他人、与环境相互作用的结果。健全人格的养成还应从个体自身的发展起点和方向出发，激发和培养自身的主体作用。再有，每个人所处的环境也是有差异的，所以健全人格的养成也必须遵循个性化原则。

【我的练习】

练习一

学会自我沟通：“我只有在与自己内心沟通的时候，才能与他人沟通。对我来说，我的内心就像幽静的湖水，只有在独处时才能发现其美。”独处是学习喜欢自己的好方法。

每天抽出时间独处：

——你可以在人群拥挤的街道上一边散步，一边冥想。

——你可以到大自然中感受季节变迁，把自己融入其中。

——你可以选择静室独处，好好阅读自己。

…………

练习二

1. 写下10条你喜欢自己的原因(不一定是大事)。

____

____

____

2. 自我解嘲：写出自己所经历的出糗的事情。

____

____

____

3. 写出自己的不足之处。

____

____

____

4. 正确对待自己的短处。同学们分组讨论：你打算如何改正那些能改正的不足，如不良习惯、坏脾气等。

心理测试

气质测评①

下面有60道题，它们可以帮助你大致确定自己的气质类型。在回答这些问题时，你认为很符合你的情况的，记2分；比较符合的，记1分；介于符合与不符合之间的，记0分；比较不符合的，记－1分；完全不符合的，记－2分。

1. 做事力求稳妥，不做无把握的事。
2. 遇到生气的事就怒不可遏，把心里话说出来才痛快。
3. 宁可一个人干事，不愿意很多人在一起。
4. 到一个新环境很快就能适应。
5. 厌恶那些强烈的刺激，如尖叫、噪声、危险镜头等。
6. 和人争吵时，总是先发制人，喜欢挑衅。
7. 喜欢安静的环境。
8. 喜欢和人交往。

① 百度百科[EB/OL] http://baike.baidu.com/link? url＝qGX7cZi4SrMdkMwImMrOZPiO O4GxYkitU8n8e7umYRPJwITX3dmrahGSVHoNSpMkntfNY4Hmnq86GTeYE0RYAq，2020-03-03。

9. 羡慕那些善于克制自己感情的人。

10. 生活有规律，很少违反作息制度。

11. 在多数情况下情绪是很乐观的。

12. 遇到陌生人很拘束。

13. 遇到令人气愤的事，能很好地自我克制。

14. 做事总是有旺盛的精力。

15. 遇到问题常常举棋不定，优柔寡断。

16. 在人群中从不觉得过分拘束。

17. 情绪高昂时，觉得干什么都有趣；情绪低落时，觉得干什么都没意思。

18. 当注意力集中于某一事物时，别的事很难使自己分心。

19. 理解问题总比别人快。

20. 碰到危险情境，常常有一种极度恐惧感。

21. 对学习怀有很高的热情。

22. 能长时间做枯燥、单调的作业。

23. 符合兴趣的事情做起来就劲头十足，否则就不想做。

24. 一点小事就能引起情绪波动。

25. 讨厌做那种需要耐心、细心的作业。

26. 与人交往不卑不亢。

27. 喜欢参加热烈的活动。

28. 爱看感情细腻、描写人物内心活动的文学作品。

29. 学习时间长了，常常感到厌倦。

30. 不喜欢长时间谈论一个问题，愿意实际动手做。

31. 宁愿侃侃而谈，不愿窃窃私语。

32. 别人说我总是闷闷不乐。

33. 理解问题常常比别人慢些。

34. 厌倦时只要短暂休息就能精神抖擞，重新投入学习。

35. 心里话宁愿自己想，不愿说出来。

36. 认准一个目标就希望尽快实现，不达目的誓不罢休。

37. 学习同样一段时间后，常比别人更疲倦。

38. 做事有些莽撞，常常不考虑后果。

39. 老师教授新知识时，总希望他讲授慢些，多重复几遍。

40. 能很快忘记那些不愉快的事。

41. 做作业总比别人花的时间多。

42. 喜欢运动量大的剧烈体育运动，或参加各种文艺活动。

43. 不能很快地把注意力从一件事转移到另一件事上。

44. 接受一个任务后，就希望把它迅速完成。
45. 认为墨守成规比冒风险好一些。
46. 能同时注意几件事情。
47. 烦闷的时候，别人很难使自己高兴起来。
48. 爱看情节起伏跌宕、激动人心的小说。
49. 对学习抱认真严谨、始终一贯的态度。
50. 和周围同学总是相处不好。
51. 喜欢复习学过的知识。
52. 喜欢做变化大、花样多的事情。
53. 对于小时候会背的诗歌，似乎比别人记得清楚。
54. 别人说我“出语伤人”，可我并不觉得这样。
55. 在体育活动中，常因反应慢而落后。
56. 反应敏捷，头脑机智。
57. 喜欢有条理而不甚麻烦的事情。
58. 兴奋的事常使我失眠。
59. 老师讲的新概念常常听不懂，但是弄懂以后就很难忘记。
60. 假如学习枯燥无味，马上就会情绪低落。

确定气质类型的方法如下。

把每题得分按下表题号相加，算出各栏的总分。

胆汁质	2	6	9	14	17	21	27	31	36	38	42	48	50	54	58
多血质	4	8	11	16	19	23	25	29	34	40	44	46	52	56	60
粘液质	1	7	10	13	18	22	26	30	33	39	43	45	49	55	57
抑郁质	3	5	12	15	20	24	28	32	35	37	41	47	51	53	59

如果其中一项分数明显高于其他三项，且超过 4 分，那么你属于典型的该种气质类型的人。如果其中两项比较接近，且两项分数相差不超过 3 分，而这两项又比其他两项高 4 分及以上，那么你属于两种气质的混合型。如果你有三项比较接近，且这三者间相差不超过 3 分，而这三项又比第四项高 4 分及以上，那么你属于这三项的混合型。如果你四项都比较接近，那么你属于四种气质的混合型，且兼有这四种气质类型的特征。

如果多血质一栏得分超过 20 分，其他三栏得分较低，那么你属于典型多血质。如果这一栏在20分以下，10分以上，其他三项较低，为典型一般多血质。如果有两栏的得分显著超过另两栏的，而分数比较接近，为混合形气质，如胆汁—多血质混合型，多血—粘液质混合型，等等。如果一栏得分很低，其他三栏都不高，但很接近，那么你属于三种气质的混合型，如多血—胆汁—粘液质混合型。

思考题

1. 案例分析：小强，大学一年级学生。他认为大学生活是新的开始，希望自己从言谈举止到生活的方方面面都尽善尽美。他有次回答问题坐下后，几个女生在偷偷注意他，似乎还议论着什么……他以后上课不敢发言了。期末考试英语没有及格，接到补考通知后，他一连几个晚上失眠，并有忧虑、焦虑的情绪……小强倾诉自己充满自卑与自责，抱怨自己平时不重视学习，贪玩好耍……

思考：这名同学的问题来源是什么？他为自己的困惑做了哪些努力？你如果遇到类似的问题，会怎么做呢？

2. 思考题：测试结果表明张三同学是胆汁质气质类型，他很不喜欢自己的气质类型，怎么办？

3. 回顾本章第二节中出现过的案例"吴某"，他很积极地进行了自我塑造，但效果不佳。请用第三节的相关内容来帮助他更好地塑造健全人格。

影视赏析

叫我第一名

电影改编自詹姆斯·约瑟夫·沃尔克(James Joseph Walker)的真实故事。詹姆斯·约瑟夫·沃尔克是一位有妥瑞氏症的年轻人。他凭借着对人生的乐观心态与追求梦想的执着，如愿成为人们眼里妥瑞氏症不可能从事的职业——教师。故事强有力地证明了只要你努力，社会接受你的可能性是百分之百。

推荐阅读

1.[美]马丁·塞利格曼. 认识自己，接纳自己[M]. 任俊，译. 杭州：浙江人民出版社，2010.

2. 李开复. 做最好的自己[M]. 北京：人民出版社，2005.

3. 杨中芳. 如何理解中国人：文化与个人论文集[M]. 重庆：重庆大学出版社，2009.

4. [韩]金兰都. 因为痛，所以叫青春[M]. 金勇，译. 南宁：广西科学技术出版社，2012.

5. [美]苏珊·凯恩. 安静：内向性格的竞争力[M]. 高洁，译. 北京：中信出版社，2012.

6. 蒋勋：孤独六讲[M]. 桂林：广西师范大学出版社，2009.

第四章

人际交往　伴我左右

交往是人类的必然伴侣。

——马克思

学习目标

了解人际交往的基本理论及人际交往与心理健康的关系，掌握人际交往的基本原则；了解人际关系的发生与发展过程，能以此分析自身的人际关系状态；掌握人际沟通的技巧与人际冲突的解决方法，对自己和他人的人际交往特点进行分析，提高人际交往技能，促进自身的心理健康与个性发展。

可以说，从出生到死亡，关系一直是我们人生经验的核心部分。近年来，有关“关系”的理论与书籍不胜枚举；但当我们去科学地思考“关系”问题时，我们却茫然了。

例如，虽然我们经历了幼儿园、小学、中学的学习，体验了亲子、朋辈、师生、同窗亲友和邻里等关系，可是在面对“相似的两个人还是互补的两个人更容易相互吸引”等问题时，我们是否真的能够回答出来呢？我们跨入大学后，仍然在人际关系问题上存在诸多疑问。

问　题

为什么有很多朋友了，可我还是时常觉得自己是孤单的？
为什么我喜欢的人不喜欢我，而我不喜欢的人偏偏喜欢我？
为什么我做了所有的努力，别人还是不理解我、不接受我？
为什么我会如此在意别人如何看我？
为什么每次道歉的都是我？
为什么别人总能影响我，我却没影响过别人？
…………

你如果有诸如此类的疑问，那么就需要好好了解什么是人际关系，学习大学里要如何进行人际交往。

第一节　人际交往

一、人际交往概述

人际交往(Interpersonal Communication)指的是人与人之间通过一定的方式进行接触，从而在心理和行为上发生相互影响的过程。从动态意义上来讲，它是人与人之间物质和非物质的相互作用过程，也就是狭义上的人际交往。从静态意义上来讲，它是人与人之间通过动态相互作用建立的情感联系，也就是我们日常所说的人际关系（Interpersonal Relationship）。可见，人际交往既是人与人相互影响的过程，又是人与人之间情感联结的关系。

人际关系是在人际交往中形成的，人际交往的本质就是情感的社会交换。一个人和另一个人发生任何形式的社会接触，并在对方的行为与心理上造成了影响，这就是交往。如果你跟另一个人只是在路上擦肩而过，或是偶然同乘一辆公交车后各自下车，这都不能被称为交往，因为你们无论是在行为上还是在心理上都没有发生相互影响。

短期的人际关系往往只会影响人们具体、表面的行为，难以影响人们深层次的价值观和态度；长期交往的双方在社会角色和情感上相互依赖，使得双方的相互影响更为持久、深远，就会出现与朋友争吵带给我们的影响远远大于跟陌生人争吵、与好友的情感比一般人要深刻得多的情况。所以，人们是在交往过程中加深关系、相互影响的。

知识链接

人与人的影响力来源

1. 最小兴趣法则：在任何关系中，对维持目前关系兴趣较小的人拥有更大的权利。例如，在买卖关系中，卖方不是很急迫地要卖掉商品，而买方却很想买到该商品，那么在议价的时候卖方就更有决定权。再如，在恋爱关系中，感情投入较少的一方对关系拥有更大的权利，这是人际影响中的“跷跷板”现象。

2. 人际剥削法则：在任何关系中，操心较少的人对操心较多的人拥有剥削的权利。例如，多数中国家庭中，父母常常是操心较多的一方，子女是操心较少的一方，子女也就具有了让父母无私付出的权利。而这一点，恰恰是违背经济规则的。这说明了人与人之间的相互影响存在不对等的现象。

荀子说：“人之生，不能无群。”①人人都需要与别人有一定的联结，那么人际交往的目的是什么？事实上，任何一种形式的人际交往，无论是与父母、老师、同学、好友，还是与恋人等的交往，都是为了达到建立关系、培养感情、化解矛盾、获得理解与支持以及促进沟通与合作的目的。因此，人际交往有多重目的。

---

① 北京大学《荀子》注释组：《荀子新注》，143页，北京，中华书局，1979。

二、人际交往的必要性

我们为什么需要人际交往？可以从四个方面来回答这个问题。

(一)交往是人类的基本需要之一

在人本主义心理学家马斯洛的需要层次理论中，爱与归属的需要是人类基本需要的第三层次。也就是说，在马斯洛看来，当人们不再有温饱、安全之忧后，就会努力去寻求社会交往需要的满足。此时，人会需要亲情、友情和爱情，需要得到他人的爱与关心，也需要有能力去爱护他人；渴望与他人交流，期望能够被他人接受。可见，交往是人永恒的基本需求。若是不被满足，个体会感到孤独、寂寞、痛苦，轻则会影响情绪，重则会失去生活的勇气。

同时，在马斯洛的第四层基本需要——尊重需要中，有一部分需要来自他人。尊重包括自尊和他尊两部分。自尊是对自身力量、成就、胜任力、支配力等方面的信心；他尊来自他人，如名誉地位，他人对你的认可、注意和欣赏等。尊重需要被满足可以增强人对自身力量、能力的信心，否则会让人变得自卑、脆弱，产生无力感。交往可以提高我们的自尊水平，还能让我们获得他人的欣赏和肯定。人际交往一方面可以满足我们的爱与归属的需要，另一方面也可以满足我们一部分的尊重的需要。所以，大学生在良好的人际交往中既可以得到多种情感的满足，又可以提高自信心和自尊感。

(二)人际交往有助于提高社会化程度

社会化指的是个体从自然人到社会人，从一无所知到能思考、具有一定行为能力并掌握一定社会生活准则的人的过程。简言之，社会化就是把人从纯粹的动物变成社会成员的过程。这是每个人都必须经历的过程，并且贯穿人生始终。我们每个人的听、说、读、写都是在人际交往中学会的，行为和思想的形成发展、社会信息的获得都不可能离开人际交往。

判断一个人成熟的标志有三：一是生理成熟；二是心理成熟，尤其是自我意识的完善；三是社会化程度的提高。对社会化程度的衡量通常是看一个人能否认清自己在社会中所扮演的角色及所担负的社会责任。社会化程度高的人往往清楚自己所担任的多重角色，并且知道在不同的社会情境下什么行为是恰当的、什么行为是不恰当。与之相反，社会化程度低的人会在任何情境下都会采取相同的行为。例如，你在家的时候是全家的中心，而当你离开家庭到大学后还以为其他人都应该以你为中心，处处要让着你，这就是社会化程度不高的一种表现。你没有认识到自己在寝室里的角色是不同于在家里的角色，也没有认识到自己与寝室中的其他人是平等的个体。如果你认识不到这些，不对自己的行为加以调整，那么寝室关系就很容易会出现问题。

大学是我们逐渐走向成熟、独立、社会化的重要阶段。大学期间的社会化内容包括掌握作为一个社会成员应该具备的基本生活知识与技能，掌握与社会交往有关的行为规范和准则，确定自己的生活目标，明白自己的社会角色和责任等。社会化程度的提高往往取决于个体与社会交往，与人接触，在交往中学习、发展与完善自我，让自己成为符合社会规范和需要的人。因此，在大学期间建立良好的人际关系可以提高个人的社会化程度，促进个人的心智成熟。

（三）人际交往可以帮助完善自我认识

歌德（Goethe）曾说："人只有在人们之中才能认识自己。"① 自我认识是个体在社交活动中通过对自己行为特征的观察和判断来了解自己、评价自己。一般情况下，自我认识有三种方式：第一种方式是社会比较，也就是以人为镜，跟同学、朋友等做比较来认识自我；第二种方式是通过他人对自己的评价来认识自我；第三种方式是自我比较，也就是通过比较分析现实自我与理想自我，找到二者的差距，对现实自我提出要求，逐步实现理想自我。不难看到，这三种认识自我的方式有两种需要在人际交往中实现。可以说，大学生与他人交往是认识自我的一种常见途径。人际交往质量越高，我们对自我的认识也就越合理全面，越能够避免"夜郎自大"和"自我贬低"的现象。

（四）人际交往有助于建立社会支持系统

大学期间是心理需要最多、心理矛盾冲突最剧烈的时期之一。人际交往可以为我们提供心理和情感上的支持。良好的人际关系，如他人的尊重、信任、关心与认可，真诚的友谊和爱情，都可以减少或消除我们的孤独感。在需要的时候有人陪伴、倾听、帮助和安慰可以给我们精神支持；尤其是在我们遇到挫折时，优质的人际关系是我们克服困难的滋养剂。同时，大学期间的人际交往还可以提供大量有关成长、考研、兼职与就业等信息，为我们的学习和发展提供方便。可见，大学生在良好的人际交往中可以获得多种益处。

三、大学生人际交往的主要对象

十七八岁至二十多岁的年龄正是强烈需要交往、渴望与他人建立友好亲密关系的时期。在这一时期，大多数人都处于求学阶段。大学生活不同于中学的校园生活。大家在大学阶段逐步接触社会，人际交往发生了很多变化，反映在交往对象上就是多种关系并存。

（一）同辈交往

同龄人包括恋人、室友、同学、同乡等，他们是大学校园里主要的人际交往对象。

---

①　[德] 艾克曼：《歌德谈话录（1823—1832）》，朱光潜译，249 页，北京，人民文学出版社，1982。

恋人关系在大学一年级和大学四年级时是高峰期。究其原因，大学一年级学生大多是因为独在异乡，加上没有中学时的约束，可能容易发展恋爱关系；大学四年级时不少学生想在大学最后的时光里不为大学留下遗憾而谈恋爱。大学二年级和大学三年级的时候相对是个低谷，可能是这个时期学习与个人发展任务加重，往往无暇顾及爱情。

室友是大学生活中交往最频繁的人。一般情况下，室友大都是随机安排的，你可能会被分到一个其他人都与你合得来的寝室，也有可能被分到一个有很多差异且矛盾重重的寝室，但这并不意味着你只能听天由命，或者简单地通过换寝室来避开让自己不舒服的室友。确实，寝室的人际关系很容易影响到居住在其中的大学生。但即使是在大多数情况下都融洽的寝室，也难免会闹不愉快，尤其是一些生活琐事，如值日、做卫生、要分摊的电费和网费等都有可能引起冲突。对于这样的情况，寝室最好一开始就约法三章，如公共区域要如何分配使用，如何分摊共同居住产生的费用，如何在寝室里创造良好的学习环境等。除此之外，带来寝室矛盾的原因主要来自生活习惯的差异及对室友的个人空间的侵占。有人喜欢早睡早起；有人喜欢晚睡晚起；有人睡眠轻，对声音和灯光都很敏感。这些差异导致的矛盾是可以通过一些措施解决的，如寝室成员共同讨论一个至少包括几点熄灯睡觉的作息规则。规则一旦制定后，特殊情况或有特殊需求的寝室成员可以采取一些减少不必要的声音和灯光的措施。对于尊重室友个人空间这一点，事实上，任何人际关系中都需要有边界意识，每个人都有个人空间的需要，包括生理和心理上的空间。生理上，在狭小的寝室空间中我们很难像过去那样，家里有一个关上门就可以自己待着的小房间，所以许多女生会通过给自己的床设置布帘来满足对个人空间的需要。心理上，要清楚我们与他人是各自独立的个体，过分的热情反而可能给他人带来心理空间被压缩的感受。当我们要使用他人的物品时，最好征询一下他人的意见，而不能理所当然地认为“我们关系好得很，他的就是我的，直接拿用也没关系”。当室友与自己兴趣不同、三观不同时，要认识到每个人的观念都有其产生的理由，要抱着开放的态度去了解对方，以坦诚的态度沟通，而不必强求他人认同自己的观念。求同存异这一外交策略同样适用于人际关系。

同学关系具体包括三种：与同性同学间的关系、与异性同学间的关系及学生干部与普通同学间的关系。比较而言，与同性同学是比较好交往的。与异性同学间如何得体交往是困扰许多大学生的问题，如异性之间是否存在纯粹的友谊，友情与爱情之间微妙的差异等问题可能让一些大学生在与异性交往中患得患失或不知所措。学生干部与普通同学间在交往中容易出现矛盾，如因为干部具有一定的管理职责，也与老师接触较多，可能被同学误会，导致关系紧张或生疏。

同乡关系一般在新生阶段比较常见。刚入学时大家迫切地希望能在陌生环境中找到熟悉感和安全感，因此时与室友和同班同学都不是很熟，同乡也就成了让新生们在第一时间觉得亲近的人群。但随着时间的推移，当其他关系逐渐发展起来后，同乡关系就逐渐淡化了。

（二）代际交往

大学生的代际交往主要包括与父母及与老师的交往。很多学生都是远离家乡上学的，住校后与父母因为空间距离较远，交往相对疏远了，更多的是以电话或网络的形式进行联系的。这一方面可以提升人的独立能力，另一方面也缓和了青春期逆反阶段与家人的矛盾。

在我国的大学里，师生关系可分为学生与任课教师的关系以及与辅导员的关系。其中，任课教师能够在学业上给予学生更多的指导，辅导员工作主要涉及大学生的学习和生活管理。学生与辅导员的交往面更宽，关系也更长久复杂。在此需要指出的是，大学生主动与教师沟通以建立良好的师生关系，不仅能够得到教师多方面的帮助，而且能为以后工作积累如何与上级交往的经验。

（三）校外交往

校外交往对象包括外出兼职认识的朋友以及在网络游戏、论坛、QQ群、微信群等平台认识的朋友。这是当代大学生人际圈中的一个主要部分，延伸了大学生的人际交往领域。但因校外交往人员具有复杂性，甚至是良莠不齐，而大学生的世界观、人生观和价值观尚未巩固，生活经验又不太丰富，大学生在这种校外交往中受到的影响可能是极好的，也有可能是极坏的。因此校外交往需要大学生有所甄别，必要时听听老师、同学和父母的意见。

（四）自我交往

与自己交往其实就是独处，独自感受自己当下的心情、想法与状态。安东尼·斯托尔(Anthony Storr)在其著作《孤独·回归自我》中提出，每个人的内心都有两种力量：一种力量使我们向友谊、爱情等亲密关系靠近；另一种力量使我们独立自主，远离人群。这两种力量呈现出两种生活方式：交往和独处，或是在人际关系中寻找人生的意义，或是偏好某种兴趣、信仰或思考。①

安东尼认为，独立自主、远离人群也是我们内心的驱动力之一，可是为什么我们很多人常常害怕独处呢？有句话说“孤独的人是可耻的”。校园里也有人会将“一定要多认识人”“人就是资源，关系网就是资源”等经验介绍给大学新生，这就误解了独处的意义。此外，从应试教育中解放出来的许多大学生出现了“社交过劳症”现象：手机、电脑、网络、微信、微博……片刻不离手，就像安徒生童话中穿上红舞鞋的女孩停不下舞步一样地离不了社交网络。

为什么我们会害怕孤独？一方面，正如心理学家埃里克森(Eriksson)指

---

① 安东尼·斯托尔：《孤独·回归自我》，张嘤嘤译，13页，呼和浩特，内蒙古人民出版社，1997。

出，人在20～25岁时的中心任务就是经历并度过"亲密对孤独感"这一发展阶段。① 从这一角度看，亲密关系涉及对同伴的渴望与需要。因此，害怕孤独是正常的心理现象，它是我们建立亲密关系的驱动力。另一方面，这种害怕可能来自童年期的分离焦虑的记忆，如父母不在家带来的恐惧感。曾经有一个男性个案，凡是热闹的地方总是有他；凡是在聚会上，他总会想出一个又一个的点子让大家可以接着玩下去，当聚会结束后他就会感到很空虚。究其深层次原因才知道，在他幼年的时候父母工作很忙，某个冬夜里他一个人醒来，找遍满屋子发现父母不在，家里空荡荡的只有他一个人，在恐惧、害怕和担忧中他光着脚丫站在地板上抽泣到天亮。待他长大后，这个经历如噩梦般如影随形。他找到的办法就是用聚会上的热闹驱走自己内心对孤独的害怕。

与此同时，我们也要看到热闹背后的事实是什么，狂欢的余热能够维持多久。在学习如何与人交往时，我们也要学习如何与自己交往，与自己对话。独处不是与人隔离，而是在与自己交往中反思与整理自我，以此来更好地帮助我们认识自我。适当的独处还可以增进友谊和爱情。如果我们总是希望与他人之间有互动，那么这有可能给他人造成困扰与负担，反而对友谊、爱情无益。可以说，善于独处的人是真正从容的人，与人交往和与己交往才是交往的全部内容。所以，我们要在与别人交往的同时，一定要分一些时间给内心深处的自己。

综上所述，首先，大学阶段人际交往的对象范围普遍比中学大，从简单的家庭、班级和校园人际交往逐步向社会和网络扩展；其次，人际交往对象的重心也有所转移，过去亲密的父母因为地理距离的延伸而不再成为第一位交往对象，学分制下寝室同学的重要性也超过了其他类型的同学关系；最后，与各类交往对象的交往内容也发生了变化，以单一的家庭生活和学习主题变为以学习主题为主，工作、恋爱、生活等多种主题并存。

四、大学生人际交往的特点

人际交往是一个人与人相互影响的过程。大学校园的人际交往除了具备人际交往的共同特点之外，还具有自身独有的特点。

（一）交往需求迫切

对于第一次远离父母的大学新生而言，面对完全陌生的环境、同学和老师，会有"我的好朋友都在高中同学里""大学里的同学关系好复杂，我跟大学同学没法成为朋友"这样的想法。但是，大学生本身思维活跃、精力充沛、兴

① ［美］埃里克森：《童年与社会》，罗静、徐炜铭、钱积权译，239页，上海，学林出版社，1992。

趣广泛、活泼好动的特点又让他们需要社会交往。所以，大学生，尤其是新生在全新的大学生活中，往往更乐意参加各种社团活动，对新同学、新老师、新环境和新学习方式有更大的好奇心与热情。

（二）交往对象以同龄人为主

来自不同的地区、有不同的家庭背景和成长经历的大学生，都有相同的目标——学习新知识，提高自身能力，获得个人成长等。所以，在校园环境中，寝室集体生活、形形色色的学生活动会让大学生的人际交往对象具有鲜明的特色，即主要是以同寝室、同班级、同社团的同学为交往对象。

（三）交往动机复杂化

大学生人际交往中的功利性明显少于其他社会群体，更多的是以情感性动机为主。尤其是中低年级的大学生，在择友时更看重兴趣和情感的契合度，以满足双方的情感性精神需要为主。随着高校与社会的不断接轨，越来越多的学生更早地开始与社会的交往，兼职、实习等机会增多，这必然会对交往动机产生影响：从单一的情感需要扩展到生活、发展、就业等多重需要并重，且趋向于复杂化。这一现象在大学高年级较为明显。

（四）交往的自主性增强

进入大学后，因为远离父母，大学生的自主交往愿望具备了实现的可能性。独立自主的学习与生活方式让大学生可以按照自己的兴趣爱好来处理人际关系，同时也让大学阶段的交往范围相比高中阶段更大，与人交往从寝室、班级、院系、学校扩展到社会，交往对象从校内的同学、老师、同乡扩展到社会多个阶层，形成了一个较为丰富的社交网络。

（五）寻求爱情的愿望强烈

大学生相对中学生而言生理更为成熟，心理上对异性交往的兴趣更为强烈。埃里克森在心理发展八个阶段理论中明确指出，20～25 岁时主要发展任务就是发展出亲密感，避免孤独感，体验爱情。这种亲密感既来自友谊关系，也来自恋爱关系。在多数情况下，恋爱关系中两个人的亲密程度是高于友谊关系中的亲密程度的。大学期间，无论是家长还是学校，对于恋爱行为的态度相对高中阶段而言更为宽松；此外，大学多样化的生活与活动也给大学生创造了更多与异性接触与认识的机会。这些因素都导致了大学生恋爱行为的比例越来越高。但是，大学生由于于异性交往的经验不足，对爱情的认识不够深刻，因此有可能在恋爱过程中难以控制情感，会产生各种情绪影响，甚至还会因恋爱问题影响个人学业。

第二节 关系发展

案 例

小琛是一个外向开朗的大学二年级男生，从入学以来就积极参加学校的各类活动，认识的同学遍及学校各个学院各个专业，吃喝玩乐好不热闹。可是在这种热闹愉快中，小琛却感到了一点点缺憾，那就是当他不愉快的时候，手机里长长的通信录却不知打给谁诉说才好。

小琛的情况就是典型的人际关系质量问题，能一起玩乐的伙伴未必是能一起谈心的朋友。小琛误以为圈子够大就等于拥有了成功的人际关系，把大量的时间精力花在经营表面的人际关系上。人际圈子虽大，认识的人看起来很多，但大多都是表面接触或轻度卷入状态，缺少中度、高度卷入状态的朋友。

人际交往是一个由浅入深、由表及里的渐进发展过程。从第一印象开始建立到双方感情深入发展，建立良好的人际关系一般要经历一系列的变化过程。

一、人际关系的状态

莱文格（Levinger）和斯诺克（Snoek）提出了相互依赖模型（Model of Interdependence）。该模型表明了随着相互依赖程度的提高，关系状态随之变化的特点。[①] 他们还把共同心理领域和情感融合范围作为描述人际关系的指标，图 4-1 对人际关系的各种状态及其相互作用水平做了直观描述。图中圆圈表示人际关系涉及的双方，我们可以很直观地看到人际关系状态是一个由浅入深、由表及里的发展过程，而且随着关系状态的改变，人与人之间的相互作用程度也在不断提高。

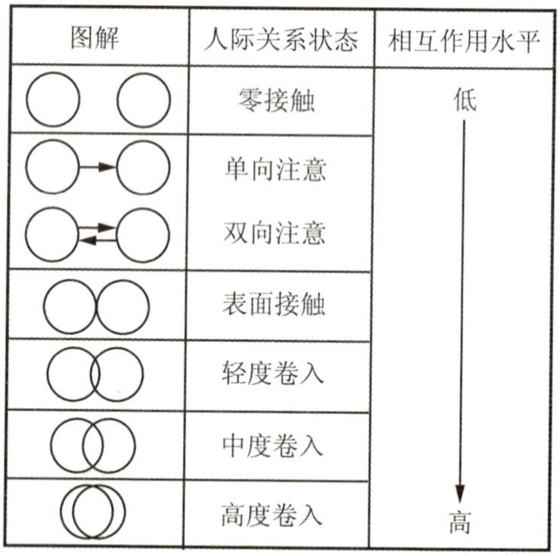

图 4-1 人际关系的各种状态及其相互作用水平

① Levinger, G., Snoek, J. D., *Attraction in relationships: A newlook at interpersonal attraction*, New York: General Learning Press, 1972.

（一）零接触

当两人彼此没有意识到对方存在的时候，双方关系处于零接触状态。此时双方是完全无关的，谈不上任何个人意义的情感联系。例如，虽然有些学生在同一间教室上自习，但彼此互不来往，没有发生任何关系，这就是零接触状态。零接触状态中的双方是陌生人的关系。

（二）单向注意或双向注意

当交往一方开始注意到对方，或者双方彼此注意时，人与人之间的相互作用就开始了。一方开始形成对另一方的初步印象，或者彼此都获得了有关对方的初步印象。但在双方直接的、更充分的语言沟通开始之前，对方对于彼此而言还处于旁观者的立场，没有相互的情感卷入，可能是眼熟的陌生人。

（三）表面接触

表面接触从双方开始直接谈话的那一刻开始。但通常情况下，最初的直接接触是表面的，彼此之间几乎没有情感卷入，这就是“点头之交”。表面接触是双方情感关系发展的起始点。如果有更多的沟通和接触机会，双方有可能进入更好的关系状态中。

随着双方沟通的深入，双方共同的心理领域也逐渐被发现。发现的共同领域的多少，与情感融合的程度是相关的。情感融合的相对程度可以分为轻度卷入、中度卷入和高度卷入三种，这也是人际关系状态中的第四个至第六个状态。

（四）轻度卷入

双方发现的共同心理领域较小。也只是在这一范围内，双方的情感是融合的。这就是普通朋友的人际关系。我们生活圈中总会有这样一部分人，我们与他们的话题往往局限在很小的一个领域，我们可能会跟他们谈论美食、游戏或者其他。离开这个领域后，我们与对方的交集几乎为零。

（五）中度卷入

双方已经发现较大的共同心理领域，情感融合的范围相对较大。这时我们与对方发展到了好朋友的人际关系，与这样的好朋友在生活、学习、情感和思想上的交集较上一阶段有了很大的扩展，开始希望有更多的时间能跟好朋友在一起，在一起的时候也不用担心因为找不到大家都感兴趣的话题而尴尬。在好朋友面前，我们相对是放松的、自在的、无话不谈的。

（六）高度卷入

双方的共同心理领域大于相异的心理领域，心理世界高度重合，情感融合范围覆盖了大多数生活内容，达到亲密朋友关系的程度。我们甚至不需要通过交谈就能知道对方的心声。一般而言，随着人际交往水平的逐步递进，人际关系会越来越紧密。但我们常常只会与极少数人能建立本阶段的关系，有些人则从未与任何人建立这种关系。

在现实生活中，人际交往水平最多的情况是零接触。大学生在校园里不认识的人是绝大多数，能够认识的人是少数。只有当双方开始第一次交谈时，交往水平才从表面接触到轻度卷入、中度卷入，直到高度卷入。有些学生与人交往水平只是轻度卷入而难以进一步卷入时，他们会因只有一些泛泛而交的朋友但缺乏好朋友而感到孤独。那些善于交往的学生的交往水平可以从表到里直到高度卷入，发展出优质的人际关系。

二、人际关系的发展过程

人与人的关系是怎样开始的，是什么推动了人际关系的发展？显然，具体情况需要具体分析。人际关系会在各种情况下发生——教室里、社团活动中、店铺里、网络上……从心理学的角度来看，关系开始的第一大步总是交往双方被彼此吸引。吸引的感觉与友情、爱情是不一样的，也不一定能发展为友情或爱情，但却使这种发展有了可能性。综观大多数人际关系的建立与发展历程，大致会经历四个阶段：定向吸引阶段、情感探索阶段、感情交流阶段和稳定交往阶段。

(一)定向吸引阶段

在本阶段，人们会自觉或不自觉地从各个方面观察对方，根据这些观察决定是否与之继续发展，即交往双方会注意到对方，做出是否交往的抉择，进行初步的沟通。例如，大学一年级时大多数学生以室友为伍，同进同出；随着与同学们越来越熟悉，人际关系就进入了下一个阶段。

(二)情感探索阶段

这一阶段的交往双方会有意识地努力寻找共同的兴趣或经历，通过表达自己的观点、态度和价值观，观察对方的反应来进行试验。在情感探索阶段，每一件事似乎都是愉快的、轻松的、非批评性的。这一阶段被称为大学生人际关系的“蜜月期”。如果双方出现冲突或矛盾而又不能解决时，人际关系可能都停留在本阶段了。大多数学生是在相互熟悉、彼此了解的过程中选择朋友的，人际关系日益亲密。

(三)感情交流阶段

在感情交流阶段，交往双方花更多时间在一起，喜欢相互陪伴，也开始相互信任、坦白。谈话中出现共同的期望和假设。这一阶段可以被形容为大学生人际关系的“成长期”，双方彼此坦诚与分享才能增进情感，加深相互关系。同时，自我暴露也是一种风险，很有可能让双方情感(自身)受到伤害，人际关系遭到破坏。当人们真诚相待，能够接纳、宽容和体谅他人时，双方关系才能在各种考验中得以升华。

(四)稳定交往阶段

进入本阶段，交往双方不仅能相互理解、包容，而且能更好地相互预测和解释对方行为，可以达到知根知底、情投意合的程度，这可谓是人际关系的“成熟期”。最好的朋友、恋人等通常处于这一阶段。

三、人际交往的吸引力

在定向吸引阶段，我们主要的问题为：是什么让我们被某人吸引。下面，我们来详细了解一下人际吸引的六个途径。

（一）接近——喜欢我们周围的人

人们更有可能结识或喜欢住得离自己距离更近的同学。空间距离在人际交往与关系中有重要作用。空间距离上的接近是促进人际吸引的重要因素，原因有二。

1. 方便——接近是有回报的，距离是有成本的

当别人在我们周围时，我们更易于享受他们提供的各种回报。其他条件相同时，近在身边的同伴比较远的会更有优势，与距离较远的伙伴交往比与距离近的伙伴交往的成本更高。

2. 熟识——重复接触

接近能让两个人更加熟悉。有人可能会说“距离产生美”，但研究结果并非如此。与某人的重复接触不仅不会令人不快，反而会增加双方对彼此的喜欢程度，这就是“屡见效应”。①

拉近地理位置上的距离可以增进感情。我们对他人有好感时，可以用近距离来增强彼此的吸引力。但我们还要看到接近所增加的吸引力也是有限的。②与难以相处或根本不喜欢的人接近，也不一定能让我们更喜欢他们。所以，接近的力量在于增强我们对别人的情感，可能它是正向的情感，也可能它是负向的情感。

（二）外表吸引力——看你是喜欢你

虽然我们都知道看人绝不仅仅只限于外表，但是爱美之心，人皆有之。美丽的外貌，哪怕只是看到，也能让我们感到愉悦。它在人际交往中确实起着作用，尤其是对第一印象的形成有相当大的影响。这源于以下两点。

1. 对美丽的偏见——美的即是好的

设想给你一张陌生人脸的照片，只靠这个唯一的信息，要求你猜测此人的性格和发展前景，你会做何猜测？

人们有一种简单的定势思维：美的就是好的。美貌能产生光环效应，让我

---

① Zajonc, R. B., “Attitudinal Effects of Mere Exposure,” *Journal of Personality and Social Psychology*, 1968, 9(2), pp. 1-27.

② Bornstein, R. F, “Exposure and affect: overview and meta—analysis of research,” *Psychological Bulletin*, 1989, 106(2), p. 265.

们倾向于认为长得好看的人也拥有其他优秀的品质，如开朗、自信、坚强等。人们往往会以貌取人，刚接触时，容貌、举止、体态、风度和服饰等外表吸引力比兴趣、性格等更能决定异性间相互喜欢的程度。

2. 交往的代价——美貌的益处

美貌会令人感觉愉悦，让人有好心情。无论男女，漂亮的人往往更受欢迎。着装整洁、举止得体、自然大方的仪态能增加大学生的“颜值”，提升与人交往的能力。

但是，美貌在带来这些益处的同时，也有不利之处。例如，人们在貌美的人面前说的谎言更多；与相貌平凡的人交往时，人们则很少编造某种形象。

值得注意的是，美貌带来的吸引力往往只在交往初期显得很强烈。随着交往的深入，其吸引力会越来越小。

（三）相互性——喜欢那些喜欢我们的人

一个外表有吸引力的人是否值得我们喜欢，还要看他有多大的可能喜欢我们。我们大都不愿冒被拒绝的风险，去喜欢一个不可能喜欢我们的人。我们更喜欢那些同样喜欢我们的人。东西方文化中的般配现象也表明，为了在关系中获得最大的成功，人们会追求对自己可能有所回报的人，所以，就得到了一个人际吸引公式：

值得拥有的程度＝外表吸引力×被接受的可能性①

对我们而言，确定一个人的魅力大小，需要通过将对此人是否会同样喜欢我们的判断乘他的外表吸引力得出。也就是说，即使一个人很好看，但他不是同样喜欢我，我被他接受的可能性很小，那么我就会做出此人不值得拥有的判断，由此，此人在我们心目中的吸引力也就降低了。

多数人都会用这种方式来评价我们对别人的实际兴趣以及接近他们并试着展开关系的可能性，因为人们通常不愿意冒被拒绝的危险。对我们而言，最有可能与我们建立长期关系的是那些外表看上去很舒服，同时很愿意接受我们的人。同样，当我们越接纳别人，别人越能感受到我们的友善之情时，我们在人际交往中的吸引力就会越大。

这一现象也可以用平衡理论来解释。一般情况下，人们会渴望相互间的思想、感情和社会关系能达成一致。② 人们更可能与接纳他们而非拒绝他们的人接近。当两个人相互喜欢或相互厌恶时，他们之间的感情是平衡的。但当一个人喜欢另一个人却不被这个人喜欢时，双方的感情就处于失衡状态，双方的关系往往不能持久。这种理论在三个人中会有什么样的表现呢？

---

① Shanteau, J., Nagy, G. F., “Probability of acceptance in dating choice,” *Journal of Personality and Social Psychology*, 1979, 37(4), pp. 522-533.

② Heider, F., *The psychology of interpersonal relations*, New York: Wiley, 1958, p. 86.

知识链接

研究者安排两位不同的实验者进入教室。面对同一批大学生，一位实验者表现得非常友好，而另一位实验者表现得非常粗鲁。然后安排实验者的导师进入教室，对该实验者或好或坏。试想下，大学生会对这名导师有何反应？①

实验的结果是我们经常说的，仇人的仇人会是我们的朋友，即使我们从未见过他们。这就是相互性导致的人际吸引结果。

（四）相似性与互补性

伴随交往的深入，我们越来越了解我们周围的人。寝室中的人从入学时的共同行动慢慢变为三人行、二人行。是什么让我们与某些人走得越来越近，而与某些人渐行渐远？还记得你高中时最要好的朋友吗，是什么地方吸引了我们，是什么让我们视对方为最好的朋友？

人际吸引的一个非常重要来源就是相似性。相似性会让我们喜欢与我们相像的人。相似性包括多个方面：年龄、性别、民族、受教育程度、社会阶层、态度、价值观、性格等。相似性会减少摩擦和冲突。在评估我们与他人的相似性时，实际的相似性当然很重要，如同龄人更容易成为朋友，但更重要的是双方感知到的相似性。

相似性会让我们喜欢与自己相像的人，这是否意味着我们完全不会喜欢与我们不同的人呢？回顾你的朋友圈子，是否所有的朋友都是与你相像的人？你一定会发现有那么一些人是与自己不同，甚至差别很大的。这又该如何解释呢？

互补的吸引力是由相互需要带来的。交往双方在互补时会产生强烈的人际吸引，尤其是在支配型人格与顺从型人格之间。支配型的人喜欢指挥他人，顺从型的人愿意依赖与服从他人。另外，像社会上普遍存在的观点——郎才女貌——也可以被看作互补的作用。

互补与相似，哪个影响更大呢？

一般而言，相似要大过互补的影响。即使是颐指气使的人也会更喜欢有主见而非盲目顺从的人。② 与相似的人交往通常会更顺利。双方的冲突和分歧会

① Aronson, E., Cope, V.,"My enemy's enemy is my friend," *Journal of Personality and Social Psychology*, 1968 8(1), pp. 8-12.

② Dryer, D. C., Horowitz, L. M.,"When do opposites attract? Interpersonal complementarity versus similarity," *Journal of Personality and Social Psychology*, 1997, 72(3), pp. 592-603.

更少，更容易愉悦地共事。相似与互补更像是硬币的正反两面，在人际吸引中的作用看似矛盾，实则一致。人们在彼此相似的基础上建立联结，在各具差异的基础上得以发展和成长。

（五）障碍——喜欢我们不能得到的人

人具有努力克服障碍以实现愿望的倾向。心理逆反论认为，当人们失去行动或选择的自由时，他们会争取重新获得自由。① 也就是说，在面临失去的威胁时，我们可能会更想得到即将失去的事物。

障碍在人际吸引中的作用，最典型的例子就是罗密欧与朱丽叶：父母越是干涉，双方越是相爱。② 有些同学有过父母或他人干涉自己跟某个人交往的经历。本来那个人可能并没有那么吸引你，可是一旦有了来自他人的介入和反对后，你就越是要跟这个人做朋友，这其实就是障碍增加了那个人在我们心中的吸引力。

（六）人格吸引力

人格吸引力是人际吸引中最持久的来源。人格指的是人的气质、性格和能力等相对稳定的心理特征。美国心理学家安德森（Anderson）曾将555个描述个性品质的形容词列成表格，让大学生按照喜欢程度排序，结果分出了受欢迎、不受欢迎和中性的三类形容词。最受欢迎的个性主要有：真诚、诚实、忠诚、真实、可信、聪慧、可信赖、有头脑和体贴等。中性的个性主要有：固执、刻板、谨慎、追求完美、易激动、文静、好斗和腼腆等。不受欢迎的个性主要有：古怪、不友好、不可信、饶舌、自私、狭隘、粗鲁、自负、贪婪和不真诚等。③ 从这些形容词中，我们不难发现，受欢迎的品质大多与真诚有关，不受欢迎的品质中大多与虚伪有关。

以上六个人际吸引力因素在不同人际交往过程中的影响是不同的，接近、外貌和障碍因素在交往初期的吸引力会更大一些。随着交往水平越来越深入，相互性、相似性与互补性、人格的吸引力越来越强。可以说，人际吸引力是从外到内、从表到里不断增强的，最为持久和最强的吸引力还是我们的优秀品格。因此，大学生在人际交往中要内外兼修，成为一个受人欢迎且在交往中享受友谊的人。

---

① Brehm, S. S., Brehm, J. W., *Psychological reactance: A theory of freedom and control*, New York: Academic Press. 1981, p. 67.

② Driscoll, R., Davis, K. W., Lipetz, M. E., "Parental interference and romantic love: The Romeo and Juliet effect," *Journal of Personality and Social Psychology*, 1972, 24(1), pp. 1-10.

③ ［美］泰勒、［美］佩普劳、［美］希尔斯：《社会心理学》第十版，谢晓非、谢冬梅、张怡玲等译，262页，北京，北京大学出版社，2004。

四、人际关系的深度

良好的人际关系是在人的自我暴露逐渐增加的过程中发展起来的。对一个人的接纳程度和信任程度越高，我们就会越多地暴露自己，同时也要求别人对自己更多的暴露。随着自我暴露程度的增加，人际交往的水平也就越来越深入。

图 4-2 是心理学中对自我的分层，其中情感、兴趣、爱好是最表层的部分；其次是态度；第三层是自我的人际关系与自我概念；隐私是自我中最深层的部分，它包括了自己轻易不会道出的内容，如与父母、亲人的关系以及其他。[①] 人际关系越深入，自我暴露的程度也会从自我分层的表层部分逐渐向深层部分发展。当然，自我暴露的深度和广度存在着个体差异，不可一概而论。

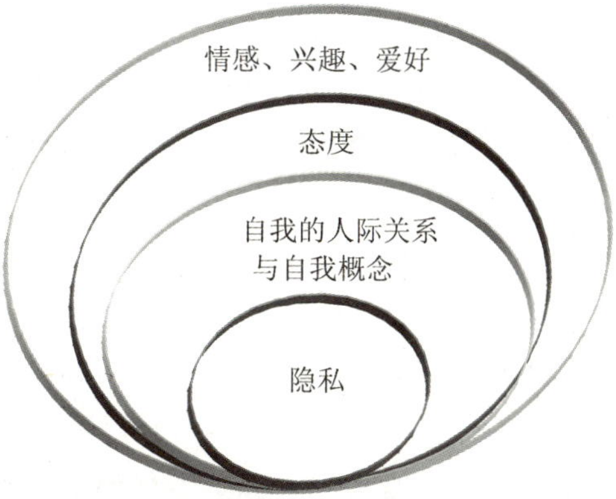

图 4-2　自我的分层

合理使用自我暴露可以帮助我们建立良好的人际关系。在这个方面，有两点需要注意。

第一，根据关系的亲密程度增加自我暴露的程度。很多人际关系，尤其是女性之间的人际关系是在交换秘密的过程中深入起来的。交往的对方告诉你一些涉及个人隐私的事情，往往意味着在对方心目中，你是令他安全的，是值得他信任的。在这种情况下，你若从不主动跟对方讨论自我深层的信息，对方很有可能觉得自己在你的心里是不值得信赖的，那么双方的关系也就会停留在比较表层的状态。

第二，避免交浅言深的情况。随着自我暴露的层次向内发展，它一方面会推动我们的人际关系深入发展，另一方面也意味着给了别人一把可以伤害我们的利刃。所以，如果对方的品格有问题，或者我们跟对方还没建立起足够的信任，交往尚处于初期阶段的话，请避免过早出现深度的交心行为。而且，我们把自己的隐私告诉一个跟我们关系还不够深的人，也是会给对方带来困扰和压力的。

---

① 邱蕾：《人际关系中的自我暴露》，载《社会心理科学》，2009(3)。

第三节 人际冲突

情景1：某天，你无意中听到好朋友在对别的同学说你的坏话。

情景2：你跟家人外出旅游回来，给同学们带了当地特产，却发现大家都不接受你的礼物，甚至还有人说你是在显摆……

假设你是情景中的主人公，你的感受是什么？你的心情如何？你会对他们的言行做出怎样的回应？如果在上述情景中，你可能会感到紧张、愤怒、难过、不理解、不舒服，甚至你会采取对抗的行为，那么这就意味着你与朋友、同学有了冲突。

一、人际冲突

人际冲突即人与人之间的不相容性。[①] 这种不相容是由多种因素引起的。性格、经历、背景、观念及不佳的沟通等都有可能带来人际冲突。

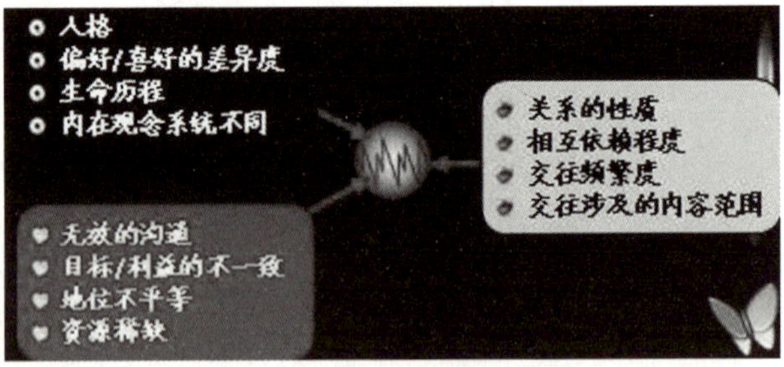

图4-3 人际冲突的相关因素

人际冲突是动态的、不断改变的。当交往双方的矛盾公开化时，不同的反应会让冲突要么被协商解决，要么走向恶化，最终导致冲突双方关系破裂。我们如果将问题泛化，一味责备对方，强制要求对方，甚至实施人身攻击或者威胁，那么可能让冲突升级、恶化。反之，冲突双方如果能够客观、公开地讨论引起冲突的行为，就事论事，那么是有希望在协商中解决冲突的。因此，人际冲突既可能促进双方的关系，也有可能终止我们的友谊。我们如果能在了解冲突原因的基础上采用适当的解决策略来化解冲突，就可以化干戈为玉帛。

---

① Canary, D. J., Cupach, W. R., Messman, S. J., "Relationship conflict: Conflict in parent-child, friendship, and romantic relationships," *PsycCRITIQUES*, 1996, 41(7), pp. 143-165.

二、人际冲突的起因

人际冲突是人际交往中不可避免的现象。一个关键原因在于引起冲突的原因很多，性格不合、价值观差异、生活习惯不同、沟通不畅通等都可能带来冲突。国内研究发现，大学校园发生的人际冲突事件中自尊心受损比例最高，评奖评优等利益事件比例最低，价值观差异、性格不合、意见不一、生活习惯差异、心情不好和沟通不畅等原因的比重大体相当。这一结果反映了大学生人际交往中重情感、轻功利的特点。① 总结起来，校园里发生的人际冲突主要有七个方面。

（一）沟通障碍

沟通障碍是最常见的冲突原因。不会说话、词不达意、言者无心听者有意以及一些容易引起歧义的非言语信息等都很有可能造成不必要的冲突。

案例：小张是大学新生，从未住过校。进大学后与3名同学同住，发现自己看不惯同寝室同学的“不良”卫生习惯，更不喜欢他们不规律的作息制度，尤其不欢他们高谈阔论，看谁都不顺眼。内向的他由于本来就不擅长与人沟通，再加上看不起那些同学，因此就以独来独往来减少与室友们的交往。时间一长，他发现寝室同学说说笑笑，进进出出都结伴而行，视他不存在，他开始感到失落了，多次萌发过主动与他们交往的念头，可都没有付诸实践。他回寝空时总觉得室友们都在议论他，对他评头品足，还窃窃私语，一副嘲笑、鄙视的模样。他觉得受不了了，想过换寝室，但没有得到批准。于是他很少回寝室，只有睡觉时才回去。

（二）习惯差异

如作息安排生活习惯，有些学生习惯早睡早起，有些学生却是夜猫子；有些学生爱干净，有些学生却不拘小节。当他们长期住到一起时，人际矛盾就被激化了。

案例：王同学，大学一年级女生，来自一生活条件优越的家庭，从小得到父母的宠爱。过去因为家庭条件较好，她有自己的独立卧室，喜欢把房间布置得整洁又有条理。现在集体住宿，室友们有的不讲卫生；有的很晚不睡，打电话影响他人；有的翻来覆去睡不着，影响了她的睡眠。开始她还容忍这些情况，但久而久之，她实在感到难以忍受，主动表达自己的不满，却也得不到回应，还被认为是娇小姐，所以她很不喜欢这样的寝室生活。可也没有办法，其他人并不受她影响，依然我行我素。她与寝室同学关系紧张，甚至都严重影响到睡眠了。

（三）被侵犯

如果我们觉得被他人侵犯了，如对方当着众人的面叫我羞辱性的外号，或

① 姜美霞：《大学生同学间人际冲突及应对》，硕士学位论文，湖南师范大学，2007。

者对方擅自进入自己的私人空间，或者偷看日记本，或者偷听我们打电话等，这种情况下双方容易产生人际冲突。

（四）意见或观念不一致

对持有两种不同文化或者观念的人来讲，他们肯定会有冲突。这个冲突并不是源于他们的对错，而是源于他们的价值观念。这种情况下，冲突的原因并不是你错了或他错了，而是你们内在的价值观念不一样。

（五）自己或对方情绪不好

每个人生活中都会有一些不如意的事情，这些不如意的事情可能让我们产生生气、愤怒、难过、悲痛等负面情绪。面对这些负面情绪，每个人采用的应对方式不尽相同。如果负面情绪没有渠道表达出去，而自控能力又不强的话，我们就有可能找个“替罪羊”来发泄自己的负面情绪，出现看谁都不顺眼、不愉快的情况，由此引发人际冲突。

案例：21岁的男生小李，家庭经济情况比较困难。他经常无法很好地控制自己的情绪。原来情绪不好的时候，一两天就过去了；可这次已持续两周多了，特别难受，也很郁闷，做什么事都提不起劲，情绪很低落，不想见任何人。寝室里同学的说笑声音也令他烦躁不已。他想每天快乐地生活，高效率地投入学习，可是他做不到，很焦虑。

（六）性格因素

性格是指表现在人对现实的态度和相应的行为方式中比较稳定的、具有核心意义的个性心理特征，是一种与社会联系最密切的人格特征。它体现了人们对现实和周围世界的态度，并表现在人们的行为举止中。如同在这个世界上没有完全相同的两片树叶一样，这个世界上也没有性格完全相同的两个人。性格差异容易带来交往中的误解、矛盾与冲突，人格不健全甚至可能直接造成人际冲突。例如，外向性格的人活泼热情，内向性格的人安静含蓄。外向性格的人往往大大咧咧，言谈举止不太讲究方式，容易让内向的人感到委屈和不安，造成双方互相抱怨和不满。

案例：小文，大三女生，父亲受伤不能工作，靠母亲供养自己读书。脾气从小就不好，心眼很小，容易生气，孤僻，不爱理人，与寝室同学关系不好，特别爱生气，因为一点小事就不高兴了，别人就觉得她怪异。有时还动不动发脾气，想控制也控制不住。现在人际关系一点也不好，感到特别孤单、不快乐。

（七）利益争夺

按照一般的冲突理论，利益是产生冲突的基本原因。出乎我们意料的是，在校园里，由于评奖评优等利益争夺引起的冲突最少，只占国内某项调查数据的2%。[①] 校园人际冲突表现出不同的特点，非利益冲突成为校园里主要的冲

---

① 姜美霞：《大学生同学间人际冲突及应对》，硕士学位论文，湖南师范大学，2007。

突来源。

案例：小美与小莉是某艺术院校大三的学生，同在一个宿舍生活。入学不久，两个人成了形影不离的好朋友。小美活泼开朗；小莉性格内向，沉默寡言。小莉逐渐觉得自己像一只丑小鸭，而小美却像一位美丽的公主，心里很不是滋味。她认为小美处处都比自己强，把风头占尽，时常以冷眼对小美。大学三年级，二人都参加了学院组织的服装设计大赛，只有小美得了一等奖。小莉得知这一消息先是痛不欲生，而后妒火中烧，趁小美不在宿舍之机将小美的参赛作品撕成碎片，扔在小美的床上。小美发现后，不知道怎样对待小莉，更想不通为什么她要遭受如此对待。

三、人际冲突：关系破坏者还是推动者

在了解了人际冲突的原因后，让我们来分析一下人际冲突会对我们的人际交往有何影响。

（一）破坏者

人际冲突会唤起我们强烈的消极情绪，这种情况一般不利于为建设性地解决问题提供好的环境。冲突的升级对人际关系一般没有好处，尤其是在升级后的冲突导致了交往中的防御、固执和退缩时。最坏的情况是，冲突会导致实际的暴力行为。

（二）推动者

人际冲突可以为双方提供一个澄清差异、化解积怨的机会，并改变双方对关系的期望。争吵这种极端的沟通方式可以让双方有机会检验自己和对方对关系的依赖程度，发现彼此感情的深厚程度，并努力创造一种双方都满意的关系。冲突可以改变双方对关系的期望，从而避免在人际关系中向对方提出过分或过多的要求。

（三）破坏还是推动

所有人际问题都是反观自己的镜子。人际关系越紧密，冲突越激烈，越能令我们更深更全面地认识自己，看清自己的很多盲区。人际冲突具有双重性，对人际关系可能起到推动作用，也可能起到破坏作用。如何把冲突转化为提升人际关系的契机取决于解决冲突的方式，而非冲突是否存在。

四、人际冲突的解决策略

针对人际冲突的应对方式，美国行为学家托马斯（Thomas）等提出了一

个处理人际冲突的两维模式。[1]他们认为冲突发生后，冲突双方有两种可能的策略可以选择：关心自己的利益和关心他人的利益。关心自己利益是以在追求个人利益过程中的武断程度为指标来评估的，关心他人利益是以在追求个人利益过程中与他人合作的程度为指标的。于是出现了五种不同的冲突处理策略：强制、合作、迁就、折中（妥协）和回避。

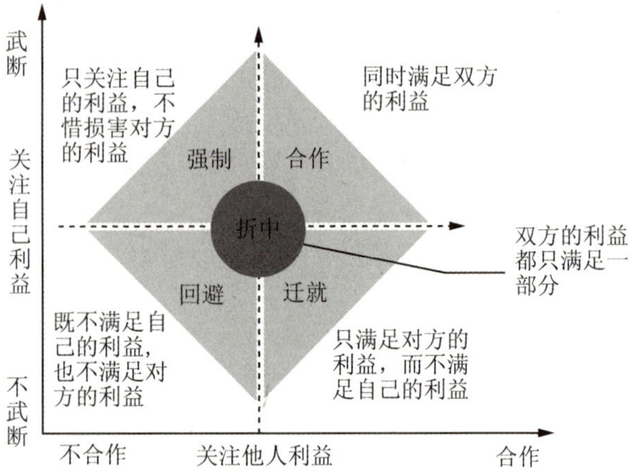

图 4-4 托马斯-科尔曼人际冲突两维模式

（一）强制

冲突解决者只关注自己的利益，不惜损坏对方的利益。具体做法包括竞争、暴力和攻击。使用强制策略来处理冲突时，当事人往往无法就事论事，为什么会有冲突的原因都被模糊掉了，变成“我就是要赢”的输赢之争。这种做法常导致关系破裂，敌意升高。

（二）合作

冲突解决者力求找到一个可以同时满足双方的利益的解决方案。双方用开放、平等、客观的态度来沟通，澄清彼此差异，共同思考如何来解决问题。这样往往不仅能找到彼此都满意的问题解决的方法，还能使双方关系更进一步发展，是一种双赢的模式。

（三）迁就

迁就指的是只满足对方的利益，而不满足自己的利益。迁就策略的使用者倾向于顺从，遵从他人的要求，一味屈从于对方，完全听任对方，满足对方需求，将对方需求看得比自己还重要，以免招致他人的责备或反对。我们在生活中会碰到一部分人被称作“好好先生”，他们对他人的需求似乎总是有求必应，自身却似乎从未麻烦过别人。久而久之大家有事就习惯找他们，但却很少考虑到是否会给他们添麻烦，更少想到他们是否也需要大家的关心和帮助。这样的“好好先生”可能具有讨好型人格，凡事都迁就他人，将他人的需要置于自己之上，而事后他们往往也会为自己不拒绝他人而感到后悔。这种讨好型人格往往

---

① Thomas, K. W., Pondy, L. R., “Toward an ‘intent’ model of conflict management among principal parties,” *Human Relations*, Vol. 30, pp. 1089-1102.

是个体自身价值常年不被肯定的结果，个体也就形成了“只有我讨好他人才会受人欢迎”的认知。

那么，在人际交往中应该注重自己还是别人呢？事实上，我们也知道这个问题的答案不是非此即彼。健康的人际关系是建立在价值平等的基础上的，轻视他人重视自己，或轻视自己重视他人，如此建立起来的关系都不是健康的关系。在不伤害他人与社会利益的前提下个体有权遵从自己内心的想法，做出自己的选择。例如，在不会影响他人休息、学习和情绪的前提下，你当然可以取下耳机，将音乐公放出来。与此同时，也要认识到，一旦选择是你自己做出的，你就要对选择所带来的结果负责。

（四）折中（妥协）

折中（妥协）是一种都只满足一部分双方的利益的冲突解决策略。选择这一策略的个体，达成自己目标的企图并不像强制型那样强烈，同时也不会像迁就型一样完全放弃自己的目标以满足他人的要求。他们希望双方都牺牲某些权益而换来双方都不是最满意但能达成共识的结果，这是一种“小输小赢”的策略。

（五）回避

回避是一种既不满足自己的利益也不满足对方的利益的冲突解决策略。回避策略的使用者倾向于被动、不果决，也不会主动与他人合作，发生冲突时最常见的反应方式是冷淡、保持缄默、不发表任何意见。因此，他们不但不能达成自己的目标，也无法与他人维持和谐的人际关系。逃避有时还是有用的，尤其当双方情绪冲动时，这么做有“降温”的效果，可以让双方冷静下来，恢复理性思考；或者是当冲突者觉得双方的关系不重要，冲突解决与否不重要时，就可采用此法。

在解决人际冲突的过程中，个人以不同的策略处理人际冲突，可能会对其中一两种策略有着自然的倾向。在心理学家看来，对人际冲突的应对实质是我们自我价值的展示。我们的自我价值越高，我们的应对方式也就越健康。换言之，要想改善我们的应对方式，除了了解和学习一些应对策略外，还需要我们充分欣赏和接纳自己，实现表里一致和高自尊。

根据国内学者唐素萍(2005)的研究，国内学生人际冲突处理策略的使用和偏好从高到低依次为妥协—合作—强制—迁就—回避。[①] 姜美霞(2007)的研究也发现，冲突发生时，国内大学生主要采取以理抗争或容忍退让的方式应对；在冲突发生后，主要采取沟通或反思的方式应对，很少主动寻求他人的帮助。[②] 经素(2006)对大学生宿舍中人际冲突的研究发现，大学生使用最多的处

① 唐素萍、王晶：《大学生人际冲突处理策略研究》，第十届全国心理学学术大会论文摘要集，上海，2008。

② 姜美霞：《大学生同学间人际冲突及应对》，硕士学位论文，湖南师范大学，2007。

理方式是合作处理，其次是迁就处理和回避忍耐处理，使用最少的方式为竞争攻击处理。处理方式的使用频率在大学生对冲突处理方式效果的评价上也得到了验证，即大学生普遍认为合作处理效果最好，其次是迁就处理和回避忍耐处理，竞争攻击处理效果最差。① 可见，我国大多数大学生是能够采取较为合理的方式来解决人际冲突的。

第四节　交往技巧

案　例

小龙自从进入大学以来一直觉得周围的人都不喜欢他，对他不满。三年来几乎没有朋友，与同学也鲜有来往。他感到很孤独，很想交朋友。当他来到心理咨询室时，小龙抱怨说现在的大学生思想特别不成熟，行为举止幼稚，特别是自己身边的同学，完全就是中学生的生活状态，这让他非常看不惯。有一次上完某老师的课，室友回来纷纷抱怨该老师照本宣科，课堂枯燥无味，表示以后有机会就旷课。小龙打断大家说："学习靠自己，你们这样是给自己的懒惰找借口。"寝室里的空气当时都凝固了。去食堂打饭时，小龙看到炒的蔬菜色泽不好，大声抱怨"这菜给牲口吃还差不多"。刚巧同班两位女同学正在打这道菜，她俩回头狠狠瞪了小龙一眼。全班去郊游，班委提前商量方案，大家想去风景区，可小龙认为那个季节风景区确实没有风景，据理力争要把活动安排在附近的儿童福利院，结果讨论会不欢而散。郊游最后还是去了风景区，大家没有通知小龙。小龙在心理咨询时一再表明，他说的都是实话，为什么大家不能理解呢？他还说，如果坚持真理就注定孤独的话，他还是要坚持下去，走自己的路，让别人说去吧。

问　题

1. 你如何看待小龙的行为和他所受到的待遇？
2. 你是否赞同小龙的"走自己的路，让别人说去吧"的想法？
3. 如果你是小龙， 你会怎么处理自己在人际交往中遇到的问题？

① 经素：《大学生宿舍中的人际冲突现状研究》，硕士学位论文，南京师范大学，2006。

一、大学生人际交往的心理偏差

不少大学生一方面渴望交往，渴望建立良好的人际关系；另一方面在交往中因为经验和能力不足又显得力不从心。于是，他们出现了一些交往中的心理偏差。大学校园人际交往中有以下六类常见的心理偏差。

(一)恐惧心理

恐惧心理表现为与人交往时，会不由自主地感到紧张、害怕，以致手足无措、语无伦次，严重的甚至害怕见人。

(二)孤僻心理

这一心理偏差又可分为两种情况：一种是孤芳自赏，自命清高，不愿与人为伍；另一种是有某种怪癖，使别人无法接纳，从而影响了人际交往。

(三)自傲心理

自傲心理表现为不切实际地高估自己，在他人面前盛气凌人，自以为是，常使交往对方感到难堪、紧张、窘迫，影响彼此交往。

(四)嫉妒心理

嫉妒心理通常表现为对他人的长处、成绩心怀不满，报以嫉恨，乃至在行为上冷嘲热讽，甚至采取不道德的行为。嫉妒多是由局限带来的，围困在狭促的时间空间里，看不到外面的人和物，执着于眼前的东西。嫉妒带有攻击性，但这种攻击性源于自卫。拥有的东西受到威胁，嫉妒就会像一种反射而生的分泌物。它也许可以帮助你御敌，从中得到些许安全感。但是我们要警惕嫉妒的心理，一旦这种感情被关在密封的“小火炉”中，就会越烧越旺，我们的视野里就会只剩下这件事，重要到让我们忘记其他的人和其他的事，最后难免酿出后悔的苦酒。要想避免嫉妒造成不可挽救的后果，我们需要在体验到自己的嫉妒时，试着承认它并放宽眼界，看到更广阔的世界。

(五)猜疑心理

猜疑心理表现为对他人的言行敏感、多疑、不信任，容易引起心理隔阂。

(六)敌意心理

这是一种比较严重的人际交往偏差，表现为讨厌他人，乃至仇视他人；把人与人之间的关系视为尔虞我诈，从而逃避与人交往，甚至表现为攻击行为。

二、大学生的相处之道

如何做可以帮助我们打开人际交往的困局，如何经营好我们的人际关系？在此总结了一个交往的三部曲。

（一）把握成功的交往原则

1. 真诚

精诚所至，金石为开，真诚是重要的受欢迎品质。从社会交换观来看，你只有待人真诚，才能得到他人的真诚相待。但要真正做到却不容易。一来各种利益关系和感情会左右我们的行为；二来我们往往希望别人真诚可信，却忽视了自己有没有付出真诚。要真正做到真诚，一方面需要内心足够强大，足够自信；另一方面要提醒自己，若想获得他人的真诚，自己要先诚心诚意。

2. 尊重

尊重的含义一方面是尊重他人的尊严、习惯，尊重他人的劳动，肯定他人的价值。人虽然在知识、能力、性格等方面有差异，身份也有所不同，但是从本质上来说是平等的。交往中所说的尊重主要指交往双方态度上的平等。“上交不谄，下交不渎”，意思就是对位尊者不谄媚讨好，对位卑者不轻慢高傲。

另一方面，尊重指的是自尊自爱，也就是要正确评估自己的价值，不要只看自己的优点而盛气凌人，也不要只见自身弱点而盲目自卑。

3. 宽容

宽容指的是宽以待人，这句话说起来容易做起来难。当别人侵犯到自己时，我们的第一反应往往都是反击回去，心理才平衡、才解气，但是事后回想起来大多数人都会为自己的行为后悔。换个位置来想想，如果是你伤害了别人，对方得理不饶人，你会怎么想？如果对方原谅了你，你又会是怎样的心情？所以交往中不要斤斤计较，用“宰相肚里能撑船”的方式对待他人才可以得到珍贵的友谊。

但是，宽容不等于软弱，不等于无原则地逆来顺受、一味委曲求全。宽容是建立在一定底线基础上的，否则，无原则的宽容就是纵容。

4. 互惠

心理学家霍曼斯(Hohmans)曾经提过：人与人的交往，本质上是一种社会交换。这如同任何一种商品交换遵循的原则一样，所得如果少于所付出的，或者大于所付出的，那么都会导致人的心理失衡。① 这就是人际交往中互惠原则的由来。互惠原则指的是交往双方能够相互满足对方的需要。互惠性越高，双方关系越稳定，越密切；反之越不稳定，越容易疏远。互惠包括物质上的(物品、信息的提供等)和精神上的(思想交流、感情沟通等)。

《红楼梦》里的薛宝钗在大观园中是“及时雨”，哪里有困难，哪里就有她的身影，园中不少人都受过她的恩惠，大观园的姑娘们也常常念叨宝钗的好。可

---

① 宋林飞：《西方社会学理论》，167 页，南京，南京大学出版社，1997。

奇怪的是，“宝姐姐”在贾府却没有挚友，大家反倒是更愿去黛玉处玩耍。这就像我们在生活中的某些人，乐善好施，无处不见他热情助人的身影，却反而让大家敬而远之，这是为什么呢？这有可能就是他违背了互惠原则。当我们接受了太多恩惠却无从回报时，内心惶恐不安，不知未来该如何“涌泉相报”，久而久之演变为对友情的压力，进而选择疏远这位施恩太多的朋友，这就是人际关系中“过度投资”产生的负效应。要想解决这个负效应，帮助他人的人，不要一味地觉得自己应该“不求回报”。真正想交朋友的话，在帮助朋友后，可以适时适度地找朋友点“麻烦”，求他帮个忙，给对方一个能够帮你的机会。此时对方心里会松一口气，往后才能没有负担地与你交友。宝钗宽厚，却不是做好朋友的人选；黛玉多愁善感，朋友们却愿意时时围在她身边。友情、爱情皆是如此，对对方不够好或者太好，都是要出问题的。

互惠是交往的原则，能否真正做到互惠取决于个人的素养的高低。真正的助人行为不是以获得回报为目的的，但是助人行为会像一种储蓄，或许你没有从你的直接受助人那里得到回报，然而这种回报会在其他方面实现。如果你是受助方，应该有“投之以桃，报之以李”的觉悟。

（二）掌握人际交往的艺术

1. 语言艺术

“良言一句三冬暖，恶语伤人六月寒。”我们评价一个人善于交往时，经常会说“这个人真会说话”。到底什么是会说话，有没有一个标准呢？一般意义上的会说话我们可以理解为说话好听，让人听着舒服，只要学会赞美和关心的技巧即可。但常常这样说话的人也容易被认为油滑、不够真诚，相处时间长了好像戴着面具，不能交心。语言用得好，可以优化人际关系；相反，如果不注意语言艺术，往往在无意间就出口伤人，产生矛盾。那么真正好的说话方式是什么呢？

首先，语言艺术要称呼得体。在交往过程中，要根据对方的年龄、身份、职业等具体情况及交往的场合、双方关系的亲疏远近来决定对对方的称呼。其次，说话注意礼貌。正确运用语言，表达清楚、准确、有感染力、逻辑性强，少用土语和方言，语音、语调、语速要恰当，讲笑话要注意对象、场合、分寸，以免伤害他人的自尊心。在本节的案例中，小龙就出现了两次说话不顾他人感受、不礼貌、伤害他人自尊心的情况，闹得大家很不愉快。

2. 一致的沟通

家庭治疗师萨提亚(Satya)提出的“一致的沟通”这个概念在人际沟通中非常有效。一致的沟通是非常真诚的，哪怕谈的是矛盾焦点，也不会引起愤怒情绪。因为面对一颗真诚的心，我们也会拿出真诚的态度来解决问题，而不是陷入无休止的情绪发泄中不能自拔。

不一致的沟通有指责、讨好、打岔、超理智等方式。指责的常见方式有：都是你的错，你怎么可以这样，你就是……讨好者常说：你怎么样都好，你告诉我该怎么样。打岔的人善于逃避问题。超理智的人总是讲道理给对方听。

怎样才能做到一致的沟通呢？

第一，一致的沟通要碰触到自己的心，了解自己真正的感受和渴望是什么。例如，你得知朋友去做了一件很危险的事情，等他回来后你劈头盖脸地就是一句“你干吗去了？你就是个自大自私的人，一点都听不进别人的劝告”。想象一下朋友对这样的话会做何反应，你们很可能因此闹得很不愉快。但是，作为关心他的好友，你真正的感受是什么呢？是担心、焦虑、伤心。那么，你的说话方式可以换成“你去做那件事，我很担心你，觉得难过”。不做评论、批评，就是单纯直接地表达切身感受。

第二，在表达了感受后，你可以直接表达你的期望，期望朋友能够安全，期望他能够多考虑你的建议。我们经常理所当然地认为，认识这么久了，你该知道我怎么想。但是我们其实都活在别人应该怎么样的幻觉里，打破幻觉的办法就是从表达自己开始，说出自己的感受和内心深处的期望，不批评，不贴标签，不指责别人，不逃避问题，不说道理。真诚的表达与沟通是打破幻觉、解决矛盾最好的方法。

第三，使用“你”字技术来表达关注对方。《道德经》有云：“天地所以能长且久者，以其不自生，故能长生。是以圣人后其身而身先，外其生而生存。非以其无私邪？故能成其私。”意即天地是长久存在的。天地之所以能够长久存在，是因为它们的运行、存在不是为了自己。因此圣人把自己摆在后面，结果自己反而会占先；(危险时)把自己置之度外，结果反而能保全自己。正因为他不自私，反倒成就了自己的目的。老子认为天地长存的原因在于天地无私，只求万物的利益，最后反而自己得到了长存的好处。老子以天地长存为例子，喻示人应该具有的处世观念。作为与天地同出一源的人，如能够抛弃私心，处后居下，先人后己，那么不仅不会有害自己，反而还会长久生存。使用“你”字技术，实际上是在表达对他人事务和感受的关心，将他人放在中心位置，为他人着想，如此可以迅速拉近双方关系。

知识链接

Tips：“你”字技术——Focus on You

我，我，我……

从“我”到“你”

在那些善于沟通的人身上，我们可以看到他们受人欢迎和尊重的原因——他们不会固着于“我”，而会对他人的事务和感受存有一分关心。如果你想要有好的人际关系，可以尝试把对方放在中心位置。关心他的处境，体验他的感受，以他为中心设身处地地想他所想，往往能迅速地拉近距离，赢得理解与支持，甚至化干戈为玉帛。

[如何做]“你”字句型——以“你”为主语造句

这个小技巧就是要我们在和别人交流的时候用“你”开始，把“你”作为主语说话。例如，用以下方式去回应对方：

“你让我认识到……”

“你让我感觉……”

“你说……”

“你这么问我，让我想到……”

“你这么说，让我想到一个问题……你觉得呢?”

…………

3. 非语言艺术

非语言信息一般包括眼神、手势、面部表情、姿态、位置、距离等。善用非语言艺术可以帮助我们推动人际关系的发展。例如，人际关系有一个特点，关系越亲密，人际距离就近。通常而言，陌生人之间的身体距离大于一臂半，与一般的熟人或朋友的身体距离大概在一臂之间，这也是个人之间交谈时最经常保持的距离。也就是说，与人谈话时，不可站得太近，一般保持在 50 厘米以外为宜。如果一个跟我们只是泛泛之交的交往对象在交谈中离我们的距离小于这个距离，我们通常的反应是不由自主地后退，想要增大与对方之间的距离。亲密的朋友或者家人与我们的身体距离可以近到一拳间。无权进入亲密距离的人闯入这个范围时，会令人不安。在拥挤的公共汽车、地铁和电梯上，每个人都会感受到自己的亲密距离遭到侵犯，大家会尽可能地在心理保护自己的空间距离。于是拥挤的电梯或者公共交通工具上有一些不成文的规矩：你不能同任何人说话，即使是你认识的人；你的眼神必须始终避免同他人眼神接触；面部不能有任何表情；人越拥挤，你的身体越不能随意动弹；在电梯里，你必须看着头上的楼层号码等。

人际距离随人际关系而变的特点一方面提醒我们不要随意侵犯他人的亲密距离，另一方面也可以帮助我们觉察交往对象的交往兴趣。你可以在面对面的交谈过程中试着向交谈对象靠近一小步，看看对方的身体反应。如果对方的反应是还能够很自然地与你谈话，就意味着他对于与你的关系界定要比当下你认为的更亲密一些；如果对方的反应是表情有些不自然、尴尬，甚至是向远离你的方向退了一步，就意味着对方还没有把你视作更亲密的朋友。这一方法尤其适用于在人际交往中主动性不高、容易害羞、害怕被拒绝的人。交往被动的人因为害怕被他人拒绝，所以通常不会采用口头的方式向交往对象明确表达自己的交往意愿。这些人就可以利用人际距离来做测试，在明确对方对双方关系的界定的同时避免了被拒绝带来的尴尬和不安。

非语言信息对人际关系的影响还有许多地方需要我们留意，以避免无意中发出的非语言信息给人际交往带来负面影响。例如，跟人对话的时候眼睛应该看哪里？上下打量肯定会让对方不舒服，不敢正视对方多半会给对方造成你自信心不足或没有诚意的印象，这些都会对我们的人际交往带来负面影响。因此我们需要对非语言沟通进行有针对性的了解，避免产生一些不必要的误会。

（三）努力增强自己的人际魅力

如何增强自己的人际魅力，可以参考第二节介绍的增强人际吸引力的途径，在此再介绍几种增强人际魅力的方法。

1. 微笑

在生活中，微笑就是向人表示：我喜欢你，我很高兴见到你。在交际中，微笑的魅力是无穷的，具有不可估量的价值，能很快使人感受到亲切、喜悦和善意，可以创造人际关系的奇迹，同时也改变着我们自己。面露平和欢愉的微笑，说明心情愉快，充实满足，乐观向上，善待人生，这样的人才会产生吸引别人的魅力。面带微笑，表明对自己的能力有充分的信心，可以使人产生信任感，容易被别人真正地接受。微笑还可以反映自己心底坦荡，善良友好，待人真心实意而非虚情假意，使人在与其交往中自然放松，不知不觉地缩短了心理距离。

在用微笑来帮助自己与人交往时，一要注意微笑是由心而发的，虚伪的笑是机械敷衍的，即常说的“皮笑肉不笑”，那欺骗不了任何人，反而惹人厌恶；二要注意如果你希望别人用高兴、愉快的神情对你，你就应该先这样对待别人。

2. 多提别人的名字

如果某个你只见过一面、只说过寥寥几句话的人在下一次遇到你时叫出了你的名字，你的感受是什么？如果你把你的名字告诉了某个人，可是对方还是多次弄错，你的感受又是什么？记住别人的名字，交谈中多提对方的名字，可以让别人感到你是尊重他、重视他的，相应的他也会重视你。

3. 真诚地对别人感兴趣

表达真正的兴趣，而不是强装的，非语言信息往往会透露真实的想法。如果你在交谈中一边说很有兴趣，一边不时看看手表或者出现走神的状况，对方会相信你的身体语言表达出的意思，而不是你口中所传达出的信息。又有谁会与一个对他没兴趣的人交往下去呢？

4. 做一个耐心的听者，鼓励别人谈他们自己

注意倾听中的回应性语言和眼神交流。不要打断别人的讲话，实在要打断，先示意并道歉，但即使这样，打断仍然是让人不快的，所以尽量少打断。另外，谈话中多问问对方的情况，而不是不管别人说什么，你都会把话题全部拉回到你的事情上。

5. 谈符合别人兴趣的话题

假设别人喜欢体育运动，你就可以多跟他聊聊运动明星、体育比赛之类的话题。但是如果对方对体育运动完全不感兴趣，那么这些话题在他听来是非常无趣的，你也会被他定为不想要再见面的交往对象。

如何判断你所提起的话题对方是否感兴趣呢？你可以注意他的非语言信息，尤其是听众体态部分。如果对方很感兴趣，会不自觉地出现侧头朝向你、手自然地放在脸颊位置、双眼发亮等。当发现这些听众体态时，你就大可不必担心对方不喜欢你的话题。但是如果对方不感兴趣，直接的表达就是打呵欠、视线不再朝向你或者朝向你的时间急剧减少、手敲打桌面，间接的表达就是看时间、委婉地说自己还有事情等。你发现有这些信息时，要么转变话题，要么结束这次谈话。

6. 以真诚的方式让别人感到他很重要

将他人放在中心，如向别人咨询意见、记住别人的名字和生日等都可以让对方感到他在你眼里很重要性。当对方被尊重的需要得以满足时，对方对你也就多了一分好感。

课堂讨论

改善人际关系的途径和方法

你同意以下的说法吗？

说法一：如果周围有同学不喜欢你，就说明你的人际关系不好。

说法二：我如果拒绝别人，就会破坏人际关系。

说法三：为了维系良好的人际关系，我只能永远是一个奉献者。

你在多大程度上同意这些说法？如果你不同意，你的理由是什么？在你思考之后，我们来逐条分析。

说法一：如果周围有同学不喜欢你，就说明你的人际关系不好。

这句话换一种说法就是，只有周围所有的人都是你的朋友，才说明你有良好的人际关系。

事实上，这是很多学生评价自己人际关系的标准，想让所有的同学都说自

己好。尤其是有些班、团干部，当感到有同学对自己不是很肯定的时候，就非常沮丧。让所有人都接纳自己、肯定自己是不可能的，没有人是绝对的“大众情人”。

说法二：我如果拒绝别人，就会破坏人际关系。

有些学生担心拒绝别人会破坏同学的友谊，于是一味地委曲求全。与人交往时，谦让、为对方着想是好的，但不能一味地不考虑个人利益。当对方表现出不礼貌的行为，或者提出过分的要求时，要学会坦然地拒绝。

在人际交往中，恰当地表达自己是相互增进了解的一种方式。例如，有个男生，同学总是喊他“巧克力”，他觉得自我形象很差，自尊心受到伤害。当他试着告诉别人他在意这样称呼他时，周围同学对他尊重了许多。

说法三：为了维系良好的人际关系，我只能永远是一个奉献者。

有一个从边远山区来的女生，总是扮演奉献者。别人有事的时候，就让她值日。宿舍检查卫生，室友说：“今天检查卫生，你想着点啊！”宿舍要检查暖气是否漏水，大家也总是叮嘱她留下来。可是，当宿舍以一个集体形象出现在众人面前的时候，她又是最容易被人忽略的。

其实，人人各有风采，单纯依靠牺牲自己的利益的方式是无法求得良好的人际关系的。

有一些大学生在宿舍里是“孤家寡人”，用他自己的话来说，有这样或那样的理由，这些理由往往是来自他人的。某些时候，换个角度来看，是不是自身也有一些限制，导致了这种结局呢？其实，每个人最难战胜的人是自己。不接纳自己的人，是无法接纳别人的；不喜欢别人的人，也会投射给别人，说别人不喜欢自己；对别人处处防御的人，自然是无法换回别人的真诚的。

人际交往过程中，确实是大有学问。但说来也简单，你需要遵守黄金法则：像你希望别人对待你那样对待别人。

你希望别人关心你，就去关心别人，真诚地关心别人，关注别人的需要和心理感受，学会换位思考。在最关键时刻帮助别人，不是锦上添花，而是雪中送炭。

补充阅读

什么才是真正的关心

2020年年初的新冠肺炎，让许多人和父母一起度过了一个“漫长”的寒假。相处时间变多了，摩擦也跟着多了起来，如因作息规律、饮食习惯被父母唠叨，在表达反对意见时，父母总会说“我是关心你的”。但有些时候，父母的关心照顾会让我们心暖，如精心准备的一日三餐，为我们复学“囤货”，每天保持房间的清洁卫生等。同样是“关心”，带给我们的感受却截然不同。

“关心”其实是一门复杂的技术，我们很难从一个科学的高度去认识它。那么，真正让人感到舒服、温暖的“关心”是什么样的呢？在讨论真正的关心的特征之前，有一点需要大家清楚，那就是“意图和结果是两回事”。生活中，许多争吵都是因为混淆了意图和结果。当父母说他们是关心你时，他们谈论的是意图，而我们感受到的烦恼是这个意图的结果。不是好的意图一定能带来好的结果，我们首先要明白和承认这个事实。想要更好地关心别人，应该在结果上做出努力，而不仅仅是表达关心的意图。美国心理学家劳尔森(Lawson)深入研究了亲子互动状态，提出了关爱关系(Caring Relationship)理论。当一个人去关怀和爱护另一个人时，这两个人之间就会形成一种基于关心、关爱的联结——让两个人之间的关系比过去更亲密。也就是说真正的关心的确能够使人与人之间产生联结，并具有增进关系的作用。

他发现，关爱关系通常有以下7个特征(Laursen，Birmingham，2003)。

第一，信任——信任是让人感到安全、稳定的基石。如果关心中不包含信任，那么关心的询问可能会造成对方的焦虑。例如，“你吃饱了吗”这样的关心，如果其中包含了不信任对方有照顾好自己的能力，那么这样的问题就会使人产生反感。

第二，关注——至少在表达关心时，让对方感受到我们在全身心地关注着他，看到了他的真实存在。

第三，共情——真正的关心必然包含共情，即愿意从对方的角度去理解发生了什么。

第四，可获得性——指的是让对方意识到，只要他们需要，我们的关心随时都能获得，而不是有条件的。有些家长长期缺席孩子的成长过程，偶尔表达关心也会遭遇到孩子的敌意，就是因为在可获得性上没做好。

第五，肯定——意味着我们能从对方身上发现积极的一面，无论对方在经历怎样的挣扎，我们都能看到并认可对方是有力量的、有资源的，能肯定对方有能力解决他的问题。

第六，尊重——真正的关心是有边界的。只有当我们尊重对方是独立自主的成年人，有权利、有能力为自己的人生做决定时，关心才不会沦为控制的借口。

第七，美德——在关爱关系中，美德体现为我们能够以身作则，成为对方的行动榜样。如果我们建议对方做到什么，那么我们自己也要做到，而不是一味指责对方做不到。

关心的意图导致令人不舒服的结果，通常是由于上述7个特征有所缺失所致。例如，因为信任的缺失，我们以“关心”的名义检查对方的行踪、什么时间在做什么、钱花到了哪里等，即便意图是希望对方安排好生活，也是缺乏信任的表现，会引起对方的反感。又如，共情的缺失，在关心时从自身出发而不考虑对方的处境和心情，忽略对方此刻的需要，只考虑从自己的角度来看什么是“正确”的，自己此刻想付出什么。再如，肯定的缺失，我们身边有一些人，尤其是一些长辈，常常以批评的方式来表达关注和爱，不断地指责、否定和贬低，想要激发对方努力和奋进，但却少了肯定的关心，往往会起到相反的效果。甚至这样的“关心”多了后，对方会愤怒于“为什么在你眼中从来都看不到我做得好的地方”；甚至会逐渐内化这些批评的话语，认为“我真的不够好”“我就是一无是处”。缺失尊重的关心也会令人难受。有些人在关心对方的时候，侵入了对方的个人边界，不知道对方此刻其实更需要一些自己的时间和空间。例如，我们难过时表示“想要静静”，但对方以关心的名义不停地发问，热切地希望我们说出我们在想什么。一段名为关爱的关系，一旦缺乏信任、共情、肯定和尊重等核心要素，就可能会造成这样的局面：明明有“关心”的意图，最后表达的结果却令人非常不舒服，甚至是厌烦。

（本部分内容节选自：微信公众号“Know Yourself”文章《你以为的关心，可能成为他人的烦恼——真正的关心应该具备的7个特点》，2020年3月3日。选入时有改动。）

知识链接

社交焦虑障碍①

最普遍的社交恐惧之一是公众发言，几乎一半的大学生认为自己是害羞的，并说他们在与陌生人见面或遇到不熟悉的社交情境时会紧张。社交焦虑障碍患者在社交情境中变得极为焦虑，极为害怕被拒绝、被评判，或者害怕在他们一直担心且极力回避的社交场合等诸如此类的公众场合出丑。当置身于社交情境时，社交焦虑障碍者会发抖、出汗、头脑混乱、眩晕、心悸。

社交焦虑障碍相对常见，在美国其终生患病率约为12%，世界范围内是3%～7%。女性在某种程度上更可能患此障碍。社交焦虑障碍多发于学龄前早期和青春期，很多人变得更在意他人对自己的看法。90%的成年社交焦虑障碍患者报告过去的难堪经历导致了他们的症状，如在孩童时期被取笑。社交焦虑障碍常与心境障碍、其他焦虑障碍和回避型人格障碍同时发生。

① [美]米娜·M. 魏斯曼、[美]约翰·C. 马科维茨、[美]杰拉尔德·L. 克勒曼：《人际心理治疗指南》，郑万宏等译，135～138页，杭州，浙江工商大学出版社，2018。

社交焦虑障碍的认知观点在心理学理论中占主导地位。根据这些理论，患者对自己的社交表现要求过高。例如，他们认为自己应当做到人见人爱；他们还关心社交中的消极方面，苛刻地评价自己的行为；他们倾向于留意有潜在威胁性的社交线索(如交谈时对方愁眉苦脸)，并以自我挫败的方式对这些线索做出错误的解释；他们过分在意自己的表现和内心感受，常假定自己感到焦虑是由于社交不善所致；他们采取一些“安全行为”来减少焦虑；他们可能会减少目光接触或社交互动，多次排练他们在互动中将要说的话，无法自我表露，并因此降低了社交质量及他们实际留给他人的印象；在一次社交互动之后，他们过度地反思他们的表现和其他人的反应。

药物治疗已被证明能有效减少社交焦虑的症状。然而跟踪研究表明，人们在停药后很快就会复发。认知行为疗法(Cognitive Behavioral Therapy)似乎对治疗社交焦虑尤其有效，这一疗法也可以用于团体场合。许多元分析发现认知行为疗法可以有效治疗社交焦虑障碍，在减少症状方面如抗抑郁药一样有效，而且在防止治疗后的复发上比药物治疗有效得多。认知行为疗法的个体形式和团体形式同样有效。基于冥想的干预手段也被证明对于社交焦虑障碍是有帮助的。这些干预手段教导个体尽量减少对其想法和反应的评判，更加专注于当下时刻，并在其中得到放松。

心理测试

人际交往类型自测①

本测试用于发现你的人际交往类型，请做“是”或“否”的选择。

项目	是	否
1. 我遇到熟人时会主动打招呼		
2. 我常主动写信给朋友表示思念和牵挂		
3. 旅行时我常与不相识的人闲谈		
4. 有朋友来访时，我从内心里感到高兴		
5. 如果没有人引荐，我很少主动与陌生人谈话		
6. 我喜欢在群体中发表自己的见解		

① 郭娅:《大学生人际交往》,82～83页，成都,巴蜀书社，2001。

续表

项目	是	否
7. 我同情弱者		
8. 我喜欢给别人出主意		
9. 我做事时总喜欢有人陪伴		
10. 我很容易被他人说服		
11. 我很注意自己的外貌、 仪表		
12. 我会因为自己的失约或迟到而长时间感到不安		
13. 我很少与异性交往		
14. 我到朋友家做客从不会感到不自在		
15. 与朋友一起乘车或吃饭时不在乎谁付钱		
16. 我给朋友写信或聊天时常常诉说自己最近的烦恼		
17. 我常能交上新的知心朋友		
18. 我喜欢与有独特之处的人交往		
19. 我觉得随便向他人暴露自己的内心世界是很危险的事情		
20. 我发表意见时很谨慎		

计分与解释：

计分方式：题项 5、14、15、19、20 回答“是”不计分，回答“否”计 1 分；这五道题之外的所有题项，回答“是”计 1 分，回答“否”不计分。

解释：

1～5 题的总分表示交往的主动性水平，高分——偏主动型，低分——偏被动型。

6～10 题的总分表示交往的支配性水平，高分——偏支配型，低分——偏依从型。

11～15 题的总分表示交往的规范性程度，高分——偏严谨，低分——偏随意。

16～20 题的总分表示交往的开放性程度，高分——偏开放，低分——偏封闭。

思考题

1. 请结合自己的实际和本节内容，思考什么样的人际关系是健康的。
2. 用“你”字句型造句，并尽量使用到生活中。

影视赏析

伴我同行

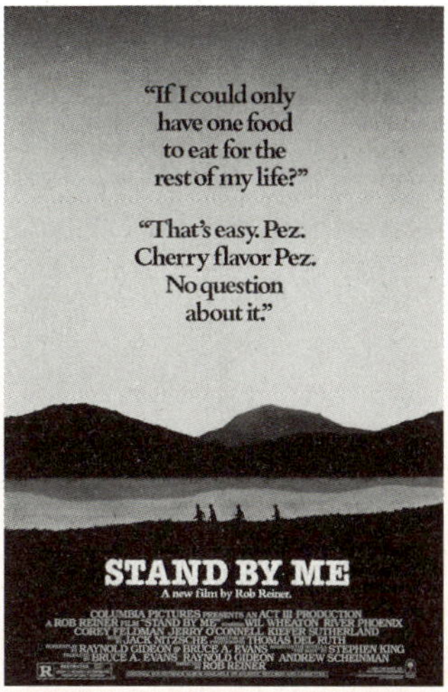

这是一部关于成长的电影，1987年金球奖最佳电影、最佳导演提名，1987年奥斯卡奖最佳编剧提名，豆瓣评分8.9。著名作家戈迪(Gordy)回忆起他12岁时的一次冒险活动：当时，年少的戈迪与他的三个小伙伴克里斯(Chris)、泰迪(Teddy)和维恩(Wenn)为了当一回"英雄"，去河对岸的森林里寻找一具12岁男孩的尸体。

四个少年各有问题，都有自己的心事。在旅程中每个人的性格都被体现得淋漓尽致：四个男孩性格中的软弱和坚强，在闪火车、翻铁门、越森林等一系列行动中被最大限度地放大。

每个人都有每个人的心事，每个人都有每个人可望而不可即的梦想。这或者是一群早熟的孩子，却也是一群永远年轻的孩子。他们毫无顾忌地讲着脏话，讨论着未来，奚落着对方的父母，却又义不容辞地互相照顾，互相安慰，互相给予温暖。这样的友情往往是最真挚、最纯洁的。

突然想到了之前看过的一句话，始终觉得很有道理。

其实在这个世界上活着，也就是为了那么一个，或者几个人。如果你做的事情对这些人有意义，那么它就会对所有人都有意义；如果你做的事情对这些人没有意义，那么它就真的一点意义也没有了。

这种友情始终是感人的。在年少时候交到的朋友或许才是能够真真正正相守一辈子的。即便生活有万般变化，即便无法见面，其实心中记得有这样一个人，就已经足够了。

因为其实在生命中，能一直站在你身旁的人又有几个呢？

（节摘自豆瓣影评）

推荐阅读

1. [美]罗兰·米勒，[美]丹尼尔·铂尔曼. 亲密关系(第5版)[M]. 王伟平，译. 北京：人民邮电出版社，2011.
2. [美]亚伯拉罕·马斯洛. 动机与人格[M]. 许金声，译. 北京：中国人民大学出版社，2007.
3. [哥伦比亚]加西亚·马尔克斯. 百年孤独[M]. 范晔，译. 海口：南海出版社，2011.

第五章

领悟爱情　美满人生

爱情……是压制异性间遗传的对立性而永远相互奉献。

——［德］埃里克森

学习目标

初步掌握爱情三角形理论、成人依恋理论及大学生常见的爱情心理特点等理论知识，在此基础上了解自身爱情心理特征，树立健康、科学的爱情价值观，并能够利用一些爱情心理学的技巧解决与自身有关的爱情心理问题。

第一节　爱情界定

一段时长6分钟、名为“3047天，从大一相识，到相拥余生”的视频走红网络，全网总播放量超过6000万。这段视频中有大学校园中常见的情境，有异地恋……估计你看完后会大呼：“我又相信爱情了！”

爱情，究竟是什么呢？

一、爱情定义

爱情是人类亘古常新的话题。

爱情这种强烈的心理体验由于是如此的刻骨铭心，因此从未在古今中外的文学、艺术作品中缺席。然而客观地讲，心理学在这个领域几乎交了“白卷”。虽然有不少学者将爱情进行分类并为其定义，但很少有人能紧紧抓住“爱情这只暗房里的黑猫”。

为方便读者理解，下面先列举几种常见的爱情定义。

图5-1　卡尔·马克思

爱情是男女两性之间基于一定客观物质条件和人生的共同理想，在各自心目中形成最真挚的仰慕，并渴望与对方共同生活，使之成为自己终身伴侣的最强烈的、稳定的、专一的感情。[①]

爱情是在传宗接代的本能基础上产生于男女之间、使人能获得特别强烈的肉体和精神享受的、综合的、相互倾慕的交往之情。[②]

① 魏静：《论当代社会爱情的道德责任》，硕士学位论文，河北师范大学，2007。

② Walters. J.，Parker. K. K.，Stimmett. N.，“College students, Perceptions concerning marriage,” *Family Perspective*，1972，7(1)，pp. 213-222.

所谓爱情，是指在一定社会经济文化状态下，两性间以共同的生活理想为基础，以平等地互爱和自愿承担义务为前提，以渴求结成终身伴侣为目的，按一定的道德标准自主地结成一种具有排他性和持久性的特殊社会关系。①

国内某知名心理治疗专家曾对爱情有过这样的论断："爱情是个'垃圾筐'，是一大堆感情的总称，里面包含了很多不同层次的感情，深浅不一。所以，在说'爱情'的时候，我们一般会问：其中包含了哪几种感情，你最在乎其中的哪一种？相应的，爱情满足了你自己的哪些心理需要？按照这样的思路去分析爱情，就会找到更多深入细致的个人情感、心理需要或潜意识欲望。"②

也许用"垃圾筐"来形容爱情让我们在情感上感觉不舒服，然而其对于爱情的把握与实证主义心理学家的观点基本一致。因此从心理健康的层面来讲，与其去追问爱情究竟是怎样的一种感受，不如"返躬自省"，思考一下自己的爱情有哪些成分，属于哪种类型。

二、爱情假说

相对于其他心理学概念，爱情不但受到生理、心理和社会等方面因素的影响，而且作为一种内涵复杂的心理体验，在共性的基础上又存在千差万别的个性。时至今日，心理学专家仍然无法给予爱情一个清晰、明确、令民众满意的定义。与此同时，各种爱情假说的提出者通常不去直接探讨爱情本质的定义，而是通过对爱情成分的分析或类型的划分间接地讨论爱情复杂而多维的本质。

国外的爱情心理学研究开始于20世纪70年代，美国心理学家鲁宾(Rubin)首先采用科学方法对"爱情"和"喜欢"进行鉴别分析，并提出爱情具有亲密(亲和的需求)、依恋(依赖的需求)和关爱(欲帮助对方的需求)三个要素。哈特菲尔德(Heartfield)等人在此基础上开展了爱情类型的研究，根据爱情关系中双方情绪体验强度、性观念及爱情的稳定程度，将爱情分为伴侣型爱情(友谊爱)和狂热型爱情(激情爱)两种。加拿大社会学家约翰·李(John Lee)采用故事卡片分类的方法，以色彩作为象征，认为爱情的"三种原色"(基本类型)分别是激情之爱、游戏之爱和友谊之爱。这三种基本类型经过混合，又产生占有之爱(激情之爱+游戏之爱)、现实之爱(游戏之爱+友谊之爱)和奉献之爱(激情之爱+友谊之爱)。约翰·李认为以上六种爱情风格类型在个体身上并不是稳定存在的。在不同的恋爱对象面前，个体会采取不同的爱情态度。

---

① 刘峰、蔡迎春：《大学生心理健康——心理成长之旅》，161页，2011，北京，清华大学出版社，2011。

② https://weibo.com/1238333757/BCKVqzbZd?refer_flag=1001030103_&type=comment.2020-03-03.

20世纪80年代，美国心理学家斯滕伯格(Sternberg)在对爱情研究进行大量定性和定量分析的基础上提出了“爱情三角形理论”，认为爱情是由“亲密、激情、承诺”三种要素组成的，这三种要素进行不同的组合构成了八种爱情类型。国内的本土化爱情研究学说与斯滕伯格的理论较为吻合。鄢静的“爱情四元说”认为，成人的爱情包含亲密关系、激情、忠贞、责任感四种要素。心理学家李朝旭等人依据激活扩散模型对当代大学生的爱情观念进行探索后提出了“爱情五要素理论”，即伦理与责任、朋友式关爱、冲突及痛苦、浪漫体验和理性。①

相信上述关于爱情的假说，已经给出了足够的视角和线索帮助我们反思自己的爱情和爱情观。目前影响力最为广泛、被接受程度最高的一种学说是“爱情三角形理论”，希望通过对该学说的详细介绍对各位同学产生更为深刻的启发。

三、爱情三角形理论

(一)爱情成分说

美国著名心理学家斯滕伯格在20世纪80年代中期就在爱情心理领域开展了充分研究，并在其主编、由耶鲁大学出版社发行的《爱情心理学》中提出了爱情的结构理论，即爱情三角形理论。② 该理论认为爱情涵盖三个因素——亲密(Intimacy)、激情(Passion)和承诺(Commitment)，它们可以被看作爱情三角形的三个顶点。不难发现，这三个因素在众多爱情假说中频繁出现，而且似乎与人们的爱情内隐理论(People's Implicit Theories of Love)是高度一致的。③

图5-2　斯滕伯格

根据斯滕伯格的观点，三个因素分别描述爱情的一个方面并且每一个因素都有不同的作用。其中，激情是引发浪漫爱情的驱动力成分，是一种强烈渴望和对方在一起的状态，包括那些在爱情关系中能引起激情体验的动机及其他形式的唤醒源。如果将激情那种狂热的感觉比作夏天烈日的话，那么可以将亲密比作冬日的暖阳。在斯滕伯格的理论中，亲密是指

① 李朝旭：《爱情观念的内隐结构再探》，第十一届全国心理学学术大会，开封，2007。

② Sternberg, R. J., “*The psychology of Love*,” Yale University Press, 1988, pp. 119-138.

③ Aron, A., Westday, L., “Dimensions of the prototype of love,” *Journal of Personality and Social Psychology*, 70(3), pp. 535-551.

在爱情关系中亲近、连属、结合等体验的感觉，包括那些在爱情关系中能够促进温暖关系的感觉[①]，是爱情的情感成分。亲密虽然并不是爱情独有的特征，但在整个爱情关系中自始至终起着至关重要的维持作用。承诺或忠诚产生于激情与亲密的基础之上，是爱情的意志成分。从理论上讲，承诺可以分为两种情况：从短期来讲，承诺指的是一个人决定爱另一个人；从长期来讲，承诺指的是一个人维持爱情。[②] 也许你会觉得相较于“激情澎湃”与“亲密滋润”，承诺似乎没有那么受人欢迎，然而，恰恰是与责任相关联的承诺将人类的爱情从动物层面推向了社会层面，乃至于精神层面。所以，影视作品中种种“男欢女爱”的桥段只能让我们感到无比欣羡，而真正让人们留下“感动的眼泪”的却是甲板上那一句“You jump，I jump”，或是婚礼上那一句“我愿意”。

在“爱情三角形理论”中，爱情的三个因素既相互独立又相互影响。虽然亲密、激情和承诺均为恋爱关系中的重要成分，但它们在不同的爱情关系或一段关系的不同阶段中重要程度不尽相同，而不同类型的爱情正是通过因素间有限的组合来实现的。

（二）爱情类型说

爱情的三个因素可以构成七种不同类型的组合，每一种组合对应着一种类型的爱情。七种不同类型的爱如图 5-3 所示。

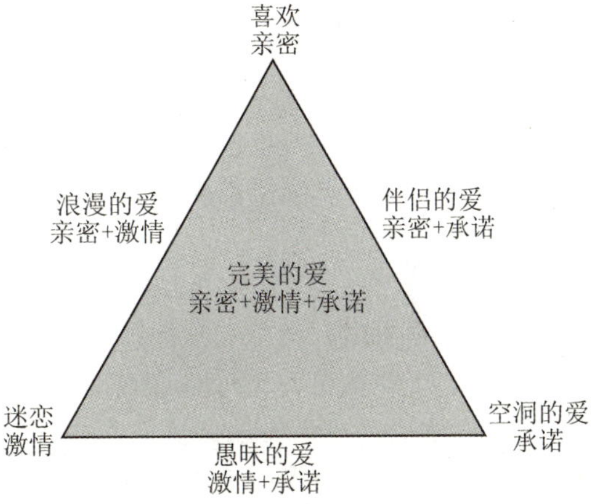

图 5-3　七种爱情类型示意图

“完美的爱”，或者说完整的爱，来自三个爱情因素的均衡组合，是我们心向往之的理想状态。其实在大学校园中，我们身边也不乏这样的“模范情侣”——两个人既有“电光火石”般的一见钟情，也有“你侬我侬”的甜言蜜意，还有“花前月下”的海誓山盟。在大学四年快结束的时候他们不是迷茫地问着“毕业了，我们的爱情怎么办”，而是双双被保送研究生，让自己的爱情完美收官。

在斯滕伯格的眼中，除“完美的爱”以外，其他类型的爱都只是某种“畸形

① ［美］罗伯特·J. 斯滕伯格、［美］凯琳·斯滕伯格：《爱情心理学》，李朝旭等译，196页，北京，世界图书出版公司，2010。

② 同上书，第 197 页。

的爱”。先说一种目前认可度最高的类型——“浪漫的爱”(激情＋亲密)。在当前很多大学生的心中，这种“只求曾经拥有，不求天长地久”的感情比较吻合他们对爱情的设想。恰恰是这种不完整的爱情观才带来了所谓“毕业分手季”。一次调查发现，约44％的大学生在“毕业后爱情何去何从”的问题上抱持一种“没想太多，顺其自然”的态度。① 另一种类型“伴侣的爱”是亲密与承诺的因素的组合，所谓“少年夫妻老来伴”。与“浪漫的爱”不同，“伴侣的爱”更为平和、深沉，更多地指向伴侣双方彼此喜欢、理解、接纳的求同存异的爱情态度。当情侣之间的亲密关系经受住“激情随时间流逝者而变淡”的考验之后，如果没有办法重新唤起激情，就会慢慢发展出这种稳固而温馨的爱情。相对来说，由激情和承诺组合而成的“愚昧的爱”，正是因为缺少了亲密这个至关重要的爱情因素才显得那么让人“不可理喻”。也许这句话会让我们对此类型的爱情产生更为深刻的理解——你对我有性吸引力，但我们并不亲密，我不怎么想了解你，也不怎么想让你知道我的事情，不过我一心想要保持我们之间肉体上的相互吸引。

与保有两种因素的爱相比，以下仅仅拥有一种因素的“畸形的爱”似乎离爱情的本质更为遥远了。“迷恋”只有激情，只看到身体的吸引，既没有双方的关系基础，也谈不上对未来的设想。“喜欢”是个体只体验到亲密，而缺乏激情和承诺的因素。这种爱偶尔会发生在朋友之间，但更像是我们对待家养宠物的感情。空洞的爱是指一个人爱并且承诺爱对方，却缺乏爱情的亲密和激情因素。在这种“畸形的爱”中，许下“承诺”不是因为激情与亲密，而是因为诸如经济、脸面、孩子、父母之命等因素。“空洞的爱”在新时代的大学校园中并不多见。

(三)爱情几何学

需要强调的是，上述的爱情类型实际上是有局限性的组合，我们很难在现实生活中找到与之完全匹配的事例。现实生活中的爱情都在不同程度上分享了“三角形”的三个顶点，从而形成了各种各样的“三角形爱情”。概括而言，“爱情三角形”取决于两个要素：爱情因素的数量与平衡。② 其中，爱情三因素的数量多少由爱情三角形的不同面积表示，三种爱情要素平衡程度的不同由三角形的不同形状表示。平衡的爱情(爱情的三因素比重大致相同)由等边三角形表示，其他类型的爱情以各种不等边三角形表示，“畸形的爱”只有两个“顶点”或“一个顶点”。在几何学中，等边三角形是在周长相等的情况下面积最大的三角形。所以在斯滕伯格的理论中，三种因素平衡的爱情也是最为理想的爱情。

如此，如何在大学阶段获得完美的爱情就变成了一个可操作的课题，即如

---

① 大秦网教育频道 · 大学毕业了，我们的爱情应该怎么办？ 网址：http://xian.qq.com/a/20110623/000112.htm， 2020-03-03。

② ［美］罗伯特 · J. 斯滕伯格、［美］凯琳 · 斯滕伯格：《爱情心理学》，李朝旭译，198页，北京，世界图书出版公司，2010。

何使自己的爱情三角形面积变得越来越大。

先看一则新闻：

据《成都商报》10 月 24 日报道，西南交通大学校长在 2014 年毕业典礼演讲中提到了一对情侣，称他们是“有担当的典范”。这对情侣就是林某和周某。林某拿了 34 张奖状或证书；周某更厉害，共有 53 张。也就是说，在大学前三年里，除去每年寒暑假的 3 个月，林某平均月入 1.2 张，周某接近 2 张。两人双双保研成功。两人联手拿下的联合国环境规划署“绿色未来奖”被他们视为“最具含金量”的奖状。①

此类在各大高校不断涌现的“学霸情侣”提示我们，爱情与学业并不矛盾。之所以他们可以做到爱情学业两不误，而没有因为“坠入爱河”就沦为爱情的奴隶，是因为他们的爱情中不但拥有激情与亲密，还拥有相当比例的承诺。在爱情中，第一印象固然十分重要，但是长期的爱情并不仅仅是初时好感的延续与增强，更需要关注于持久、长期的亲密关系。如果将所谓“长期”无限延长时，我们会发现爱情中最为重要的是承诺，是责任。因此，认识到爱情中的社会责任、认识到爱情中的家庭责任，正是提升当前大学生爱情质量的重中之重。当前大学生中频繁出现的恋爱心理问题，很大程度上源于大学生的爱情认知误区。因此，引导大学生对爱情形成完整、科学、合理的认知，是帮助其树立健康、积极爱情观的基础。

在评估爱情时，与其在花前月下不断地问“你究竟有多爱我”，不如好好问问你的他/她“我的鞋码是多少”。如果你还想知道对方的家庭责任感的话，再继续问“你妈妈的鞋码是多少”。

当然，这样的询问难免有以偏概全之嫌。要想准确、全面地了解你们的爱情，不妨去反思一下在你们亲密关系中亲密、激情、承诺的比重(当然，你还可以通过后面的测验来评定)。

知识链接

爱情与友情的区别

对于正处于“暧昧”阶段的同学而言，弄清楚自己的这段感情究竟是“喜欢”还是“爱”似乎显得更为迫切。其实在区分爱情与友情的研究领域，心理学家从未放弃过努力。我国心理学家李朝旭等②通过字词联想的方法对大学生进行研究发现：爱情相对需要更多的理性与情感

---

① 华龙网 · 87 个证书验证大学生爱情正能量，网址：http://say.cqnews.net/html/2014－10/27/content_32382754.htm， 2020-03-03。

② 李朝旭、姜璐璐、刘佳等：《“爱情”与“友谊”概念表征的差异——基于字词联想的比较》，载《心理科学》，2009，32(3)。

投入，经历更多的痛苦，肩负更多的责任，容易联想到婚姻、家庭、命运缘分，而友谊较少牵扯。与爱情相比，友谊更易于转化为爱情，而经历过爱情的人很难再回归到友谊。

为了切实帮助那些正处于暧昧中的人去辨别自己的感情是恋人间的爱情还是朋友间的喜欢，下面提供一系列实用的区分标准。

爱情有较多的幻想；喜欢不是由对他人的幻想唤起的，而是由对他人的现实评价唤起的。

相较而言，喜欢不像爱情那样狂热、激烈、迫切，比较平稳、宁静、客观。

爱情与许多相互冲突的情绪有联系，喜欢是一种单纯的情感体验。

爱情往往与性欲有关，喜欢则不涉及这方面的需要。

爱情具有独占性和排他性，喜欢则不具有。

爱情离不开思念，喜欢则不然。

第二节　依恋理论

女："你真的爱我吗?"

男："爱啊，怎么这么问?"

女："那你爱我哪一点?"

男："一定要说吗? 我喜欢你小小的嘴巴还有光滑的额头，你烧的菜很好吃，喜欢小动物，和我一样……"

女："那如果有一天我变老变丑了呢? 煮的菜不好吃了呢? 甚至开始虐待小动物了呢?"

男孩心想糟糕了，这下又没完没了了。

这是中国台湾科普心理作家海苔熊在"'你真的爱我吗?'爱情里，永远证不完的证明题"一文中所引用的常见情侣对话。当然，这仅仅是一种举例。将对话的角色进行互换，男生一样会有类似模式的提问，如"你到底爱不爱我""我究竟哪里比较好""如果我……，你会不会就不爱我了"等。只不过男生的表达有些时候更为委婉、隐晦，一时不便举例罢了。这些不是重点，重点是上述对话中的男生已经回答了问题，为什么女生还要追问呢，而且追问的方向似乎是想证明对方并不爱自己，难道这个女生心里期望对方不爱自己吗?

其实，只是口头问一下还比较容易应付。更为"恐怖"的是将提问上升为行动，在生活中不断检验恋人是否真爱自己。大学校园中就有这样一个女生：

虽然男朋友对自己不错，可这个女生还是觉得他并不是真正爱自己，就像一开始的那种对话一样，女生觉得现在男朋友对自己不错是因为自己现在青春貌美而且性格温柔，一旦自己人老珠黄或者性格不好之后，对方肯定不爱自己了。有了这种疑问之后，除了反复询问对方以外，还有一个办法就是考验对方。

让自己一下子变丑，这个就像一下子变美一样不容易。那就变得不再温柔，最简单的做法就是无理取闹。于是，随便找个茬跟男朋友吵架。对方真的不错，一直在哄她。正如各位所猜测的，她并不觉得这样可以证明对方真爱自己。她只会觉得自己闹得不够大。好了，那就加大力度，找到一件男朋友挚爱的科比签名的球衣，拿剪刀剪坏它，然后问男朋友："在你心中，是科比重要，还是我重要?"男朋友还是包容了她。同样，她也不觉得男朋友是真的爱自己，而是认为在男朋友心中科比真的不重要。

后面可想而知，这个女生一直在努力试探男朋友的底线，考验对方，直到男朋友受不了的那一天。毕竟，谁谈恋爱也不是为了找"考验"。于是，男朋友对她说："我觉得我们性格不合适，还是分手吧。"这时候女生"踏实"了："你看，我不温柔的时候，他就不爱我了，可见他当初也不是真的爱我。"

这个女生验证了自己最初的假设了吗?

当然，好像也没啥可以高兴的。她的那种"男朋友不是真的爱自己"的假设，好像是没有办法被推翻的。因为即使用了 5 年、10 年的时间论证，剩下的时间呢，只要男朋友还活着，谁也无法保证他不会变心。等到男朋友不在了，他倒是不会变心了，可又有什么意义呢？在跟他实际相处的时间，这个女生都处于担心、猜疑之中。

那问题出在哪里了呢?

当然是她的假设。如果她最初的假设是"男朋友是爱我"，当然她也可以证明，证明的过程和结果都会让他们很幸福、愉快。

问题又来了，有些人为什么会有那样不好的假设呢?

一、母婴依恋理论

熟悉马斯洛需求层次理论的人都知道，人们在生理和安全需求满足之后有一个很重要的需要——归属与爱，这也是本章重点论述的内容。其实，马斯洛的博士生导师哈利·哈洛(Harry Harlow)在 1959 年就在恒河猴那里发现了这种强烈的需求，这种需求有的时候甚至强过生理需求。

哈洛及同事让婴猴从出生第一天起同母亲分离，以后的 165 天中同两个母亲在一起——铁丝妈妈和布料妈妈。铁丝妈妈的胸前挂着奶瓶，布料妈妈没有。虽然当婴猴同铁丝妈妈在一起时能喝到奶，但它们宁愿不喝奶，也愿同布料妈妈待在一起。虽然布料无法与真实妈妈的皮毛相媲美，但那种类似的母婴依恋的感觉仍然让婴猴无法自拔。在这一点上面，儿童更是如此。作为儿童依恋研究领域的领军人物，英国心理学家鲍尔比(Bowlby)将这种“抚养者与儿童之间的一种强烈、持久的情感联结”界定为依恋(Attachment)，并将其视为人类具有进化意义的适应性生物行为系统。在压力情境下，个体会主动亲近依恋对象或其表征来获得安全感。如果能够获得依恋对象或其表征，那么个体启动安全基地策略；如果不能获得恋对象或其表征，那么个体启动刺激依恋策略，判断是否继续寻求亲密依恋。其中，一部分个体继续寻求依恋对象而不可得，其依恋系统被过度激活，试图通过纠缠、控制等行为重新获得对方的支持；另一部分个体认为无法实现亲密需求，于是不再努力，为避免再次受伤害而抑制依恋系统，在心理上远离他们。儿童早期的依恋关系具有缓解焦虑和保护身体等功能，对儿童日后的社会性发展具有重要意义，几乎被看作儿童此后所有人际关系特征的心理基础。鲍尔比在 1951 年提交给世界卫生组织的报告中指出，如果没有早期关系中的“安全依恋”，儿童将会“磕磕绊绊”地成长为一个“伤痕累累”的个体。

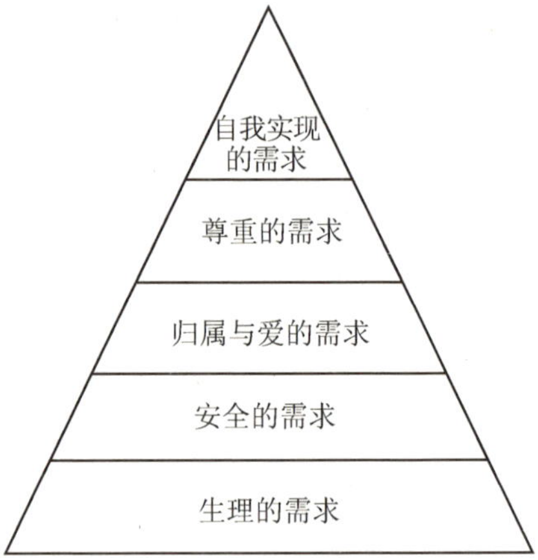

图 5-4　需求层次图示

图 5-5　约翰·鲍尔比

作为鲍尔比的追随者，加拿大心理学家安斯沃思(Ainsworth)于 1978 年开展了著名的“陌生人情境实验”。实验场景如图 5-6 所示，一个房间内有一把幼儿的椅子，旁边放着一些玩具，靠门一侧坐着实验人员，对幼儿来讲就是陌生人；另一侧坐着幼儿的妈妈。研究者找来一些 1 岁左右的幼儿和其母亲来参加实验。在实验过程中，幼儿的母亲自己出去一段时间再回来，研究者观察幼儿在母亲离开及回来后的表现。

他们发现，约有 60%的幼儿在母亲离开后表现得比较烦躁，而在母亲回来后能很快在母亲的安慰下恢复平静。这种幼儿属于“安全型依恋”；约有 20%的幼儿在发现母亲离开后很烦躁，但即便母亲回来安慰他，也不容易让他

图 5-6　陌生人情境实验室图示

恢复平静，这种幼儿属于“焦虑或者矛盾型依恋”；有的幼儿相对比较平和，发现母亲不在时没有什么大的反应，母亲回来后也没有什么发的反应，这种幼儿属于“回避型”。

二、成人依恋理论

这种被称为“依恋”的母婴关系，在精神分析之客体关系学派中更是被赋予了前所未有的重要性，被视为人类此后建立所有人际关系的模板。在该学派的学者眼中，如果这段关系是安全的、可靠的，人们在以后的人生中会倾向于认为其他人都是安全、可靠的；反之则倾向于认为其他人是危险的、不可靠的。某种意义上说，母婴关系会为我们以后的人际关系涂抹上一层基本的色彩基调，当然也包括刻骨铭心的爱情关系。

鲍尔比的母婴依恋概念也在后续学者那里被进一步推广为成人依恋(Adult Attachment)，即成人之间(尤其是伴侣之间)强烈的、持久的情感联结。哈赞(Hazan)等人主张，成人依恋与婴儿依恋同属于一个生物动力系统，有着十分相似的行为表现。无论是母婴还是情侣，在一起时都会表现出相互的迷恋和专注，分离时会感到强烈的焦虑；同时会因对方的回应而感到安全，因对方无回应感到焦虑、敏感、不安。他们可能会增加寻求亲近的行为，也可能会产生防御性心理距离。鲍比尔等人还编制了心理测验，如下所列。

安全型——我很容易与人接近，信任他们，或者让他们信任，这真是世界上最开心的事情了。我不担心会被抛弃，因为这很少(或几乎不)会发生。我也不害怕别人亲近我，我觉得那是他们信任我、依赖我的表现。

回避型——与别人接触有时会让我觉得不安，因为我很难完全相信别人，更不用说依靠他们了。如果有人对我很亲近，我就会很紧张，手足无措，不知道该说些什么或做些什么来回报他们的亲近。有时，甚至是伴侣想让我表现得更亲近一点，也会让我感觉有些不自在。

焦虑型——我很想让别人亲近我，与我没有任何距离地交流，但我想他们似乎很不情愿这么做。我经常担心我的同伴并不是真的爱我、喜欢我、想和我在一起，我也常常怀疑他们想离开我、不愿意和我在一起。我真的想和他们融为一体，可这个愿望有时会吓跑别人，也让我觉得痛苦。

有趣的是，哈赞等人所得到的不同依恋类型在成人人群中的比例，与当年安斯沃思发现的幼儿依恋类型比例大抵相似。1997 年，麦克森(Mickelson)等人考察了美国 48 个州 8098 名 15～54 岁美国人的依恋类型，同样发现了与幼儿依恋类型比例相似的结果：其中有 59%属于安全型，25%属于回避型，11%属于焦虑型。① 前后两个关于成人依恋类型的研究结果间接验证了婴儿与成人依恋类型的一致性。

巴塞罗缪(Bartholomew)②在成人依恋理论中发展了鲍尔比的内部工作模型理论，将婴儿对自身和母亲的心理表征发展为成人对自己和他人的心理表征，并根据亲密关系中的感受形成了两维度四象限的依恋类型理论。如图 5-7 所示，个体由于对自己和他人的表征不同，在亲密关系中会产生不同程度的回

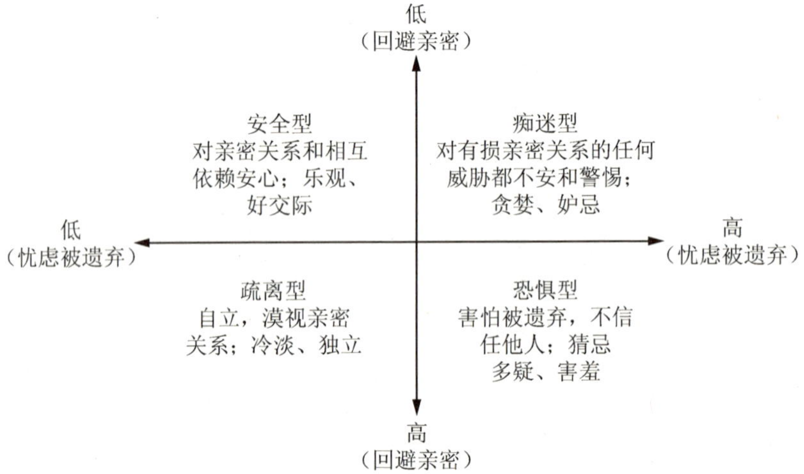

图 5-7　四种依恋类型

① Mickelson, Kristin D., Kessler, Ronald C., Shaver, Phillip R., "Adult attachment in a nationally representative sample," *Journal of Personality and Social Psychology*, 73(5), pp. 1092-1106.

② Bartholomew, K., "Assessment of Individual Differences in Adult Attachment," *Psychological Inquiry*, 1994, 5(1), pp. 23-67.

避亲密、忧虑被遗弃的感受。其中，回避亲密与忧虑被遗弃的感受程度均较低的个体属于安全型依恋，与之相对的回避亲密与忧虑被遗弃的感受程度均高的个体属于恐惧型；回避亲密程度低，忧虑被遗弃程度高的个体属于痴迷型，与之相对的回避亲密程度高，忧虑被遗弃程度低的个体属于疏离型。本节文后附有依恋类型心理测验及计分说明，可以尝试自我测验一下。

三、成人依恋与亲密关系

作为亲密关系研究中最为热门的领域，成人依恋与亲密关系质量的相关研究可谓卷帙浩繁。简单总结一下，多数研究结果表明对婚恋关系有促进作用的是安全型依恋，而且安全型对其他类型具有较大的吸引力。在亲密关系中，伴侣双方的依恋安全水平越高，其对关系的态度也就越积极且越有希望，承诺和情感卷入水平也越高，越倾向于采用积极的沟通和交往模式，因此其关系满意度更高，双方感情更为稳定。① 相对于安全型依恋，其他三种类型或者是忧虑被遗弃的程度高(痴迷型)，或者是回避亲密的程度高(疏离型)，或者是二者均高(恐惧型)。尤其是较高程度的忧虑被遗弃对亲密关系的质量具有明显的不良影响。例如，研究者发现忧虑被遗弃依恋者在速时约会实验中比较不受欢迎，不具吸引力，虽然表现得比较博爱(Less Choosy)，但配对成功率极低。② 也有学者追踪 69 位在恋爱关系中的参与者半年后的关系状况③，发现一个有趣的现象：安全依恋者对伴侣的承诺感与分手概率会随着伴侣给予的支持是否能满足需求有所变动，忧虑依恋者的承诺感与分手概率几乎不受伴侣的影响。后续的研究同样发现，当个体被促发忧虑依恋倾向时，他们较少能感受到伴侣的好(或坏)，更不会因此影响到这段关系的承诺感。

还记得本节开始时“考验男朋友”的女孩吗？由于信息有限，我们无法知晓她在婴幼儿时期与妈妈的依恋关系如何，但由其内心关于男朋友的假设可知其内部工作模式中的他人表征是不好的，即“男朋友是不可靠的”或者“男朋友一定会变心”。这正是其在亲密关系中不断担心“对方是否真爱自己”的出发点。然而，真正使整件事情变得“无解”的是其内心关于自己的假设，即内部工作模

---

① Mikulincer, M., Hirschberger, G., Nachmias, O., et al., “The affective component of the secure base schema: Affective priming with representations of attachment security,” *Journal of Personality and Social Psychology*, 81(2), pp. 305-321.

② McClure, M. J., Lydon, J. E., Baccus, J. R., et al., “A signal detection analysis of chronic attachment anxiety at speed dating: Being unpopular is only the first part of the problem,” *Personality and Social Psychology Bulletin*, 36(8), pp. 1024-1036.

③ Slotter, E. B., Finkel, E. J., “The strange case of sustained dedication to an unfulfilling relationship: Predicting commitment and breakup from attachment anxiety and need fulfillment within relationships,” *Pers Soc Psychol Bull*, 35(1), pp. 85-100.

型中的自我表征也是不好的，坚定地认为“我是没有价值的”或者“我是不值得被爱的”。这是其男朋友无论怎么做都无法“证明自己”的真正原因。该女孩一方面由于不好的自我表征在亲密关系中十分忧虑被遗弃，同时又由于其不好的他人表征潜意识地表现出回避亲密或排斥男友的行为（如不断找茬吵架）。其考验男朋友的最终结果（对方提出分手）也会进一步强化她固有的信念——自己是不好的，对方是不可靠的。照此推论，她应该属于恐惧型的依恋风格。比较不幸的是，目前使用依恋风格测量工具在中国大学生群体中开展的研究结果显示，恐惧型在人群中占有四分之一的比例。

那么，一个严肃的问题来了：如果自己不是安全型依恋该怎么办呢？

从依恋理论提出者鲍尔比开始，很多学者主张依恋风格是“从摇篮到坟墓”保持不变的，至少是保持中等程度的稳定性。① 有学者发现了所谓依恋风格基因——拥有成对多巴安受体基因的人，比起只有单一或没有该基因的人更容易发展成忧虑被遗弃依恋者；拥有成对 5-羟色胺受体基因的人，比起其他人更容易成为逃避亲密依恋者。② 也就是说，如果你不是安全型，就只能认命了。但新近研究者的观点开始松动，认为依恋风格其实是一种认知模型：其中安全依恋者对事情采取较为广泛、开放的观点，能同时看到一件事情的正反两面，采取正向的基模来解释与依恋相关的社会事件；不安全依恋者在处理负面的或是让自己心痛难过的事件时倾向于逃避、防卫或停止任何信息进入，对一般的事件倾向于根据过去自己的负向基模，采用负面的方式来进行解释。③ 作为认知模型的依恋类型，也许是可以改变的。在目前相关学者给出的“变得更安全”的建议中，公认比较有效的是找一个可以稳定给你支持的人，这个人最好是安全依恋风格的人。④ 这个稳定给予支持的人不一定是恋人，他可以是一位老师或长辈，也可以是心理咨询师。不管他是谁，重要的是他能够跟你长期稳定地维持支持的关系。只有你感觉到自己是值得被关爱的，安全感才会渐渐长出来。

---

① Fraley, Chris, R., “Attachment stability from infancy to adulthood: Meta－analysis and dynamic modeling of developmental mechanisms,” *Personality and Social Psychology Review*, 6 (2), pp. 123-151.

② Gillath, O., Selcuk, E., Shaver, P. R., “Moving toward a secure attachment style: Can repeated security priming help?” *Social and Personality Psychology Compass*, 2008, 2(4), pp. 1651-1666.

③ Dykas, M. J., Cassidy, J., “Attachment and the processing of social information across the life span: Theory and evidence,” *Psychological bulletin*, 2001, 137(1), pp. 19-46.

④ Collins, N. L., Ford, M. B., “Responding to the needs of others: The caregiving behavioral system in intimate relationships,” *Journal of Social Personal Relationships*, 27(2), pp. 235-244.

知识链接

哪两种依恋风格的搭配更幸福？

这是个带有实用主义色彩的问题。如果我了解了自己的依恋风格，再知道哪种依恋风格的人与我比较搭配，岂不是择偶过程中的“一大利器”？国内学者闫煜蕾①对这个问题进行了实证探索。她通过对400个家庭中不同依恋类型者组成的夫妻关系进行调查，发现了如图5-8所示的研究结果。

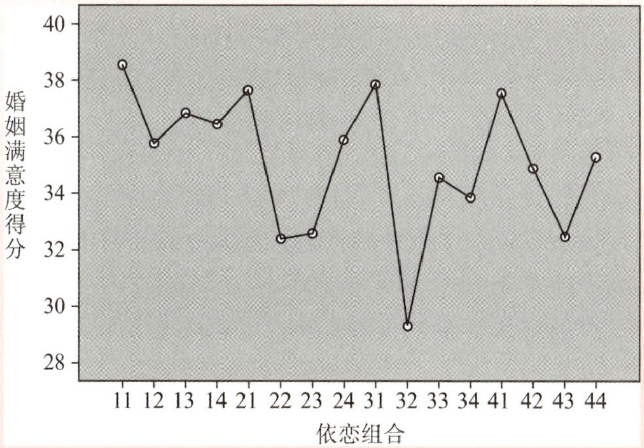

图 5-8　不同依恋组合婚姻满意度情况

图5-8中纵坐标是婚姻满意度；横坐标上的数字组合代表的是不同依恋类型的夫妻组合，其中第一位数字代表男性的依恋类型，第二位数字代表女性的依恋类型，1代表安全型，2代表恐惧型，3代表痴迷型，4代表疏离型。例如，11是男安全型与女安全型组合，12是男安全型女恐惧型组合，依此类推，21是男恐惧型女安全型组合，32是男痴迷型女恐惧性组合……由图5-8可知，婚姻满意度最高的是双安全型组合，这一点在前面已经说明原因了。

剩下的组合，可以简单地分为三组。

一组是双方有一方是安全型的，即组合中带有1的，其婚姻满意度都比较高，仅次于双安全型组合。

一组是双方有一方是疏离型的，即组合中带有4的，其婚姻满意

① 闫煜蕾：《配偶依恋类型组合与婚姻质量的相关研究》，硕士学位论文，北京师范大学，2009。

度属于中等水平，只是其中男疏离型女痴迷型组合的婚姻满意度比较低。很容易理解，这种组合简直就是一个逃跑一个追赶的状况。

一组是痴迷型、恐惧型的两两组合，其婚姻满意度都很低，而两个痴迷型的人在一起会好一些，互相迷恋，听起来还不错，“看上去很美”。

综上，不严谨地总结一下规律：如果你是安全型依恋，没啥可说了，恭喜你；如果你不是安全型，最好找个安全型依恋的人。如果找不到安全型的，那么退而求其次也要找一个疏离型的。不过痴迷型的人最好不要找冷漠型的，这实在是给自己添堵。

以上内容带有玩笑的意味。这样书写很容易让人有一种“配对指南”的感觉。也许，你需要的不是根据这个指南去找对象，毕竟只有约翰·李理论中“实用型”的人才会这样做。你需要的是了解自己与对方的依恋类型，从而更有针对性地去相爱。正如美国心理学家埃里希·弗洛姆（Erich Fromm）所指出的，“成熟的爱”的前提要素之一就是了解。

活动链接

成人依恋类型测试

由布雷曼（Brayman）等人于1998年编制的亲密关系经历量表（Experiences in Close Relationships，ECR）是目前较为权威的依恋类型测试工具。该问卷的中文版于2006年由北京大学心理系李同归和日本九州大学加藤和生进行修订，在371名中国大学生的施测中体现出了较好的信效度水平。该问卷包括依恋焦虑和依恋回避两个维度，共36道题目，是中国成人依恋研究领域使用最为广泛的测量问卷之一。以下是该问卷的指导语、题目及计分说明。

指导语：

以下陈述与你在恋爱关系中的感受有关。如果你尚未有恋爱经历，请根据与你亲近的朋友的交往情况作答。每一个陈述有七种选择，即“非常不赞成”=1、“比较不赞成”=2、“有点不赞成”=3、“不确定”=4、“有点赞成”=5、“比较赞成”=6、“非常赞成”=7。请你仔细阅读问卷中的每一道题，然后根据你的实际情况选择一个合适的分数。

题目：

1. 无论我的心情多么低落，我都不喜欢向恋人表露。

2. 我担心会被抛弃。

3. 和恋人亲密相处，我感到非常舒服。

4. 我很担心我的人际关系状况。

5. 正当恋人开始亲近我时，我感到我不由自主地想逃避。

6. 我担心恋人不会像我在乎他(她)那样在乎我。

7. 当恋人很想亲近我时，我会感到不舒服。

8. 我非常担心会失去我的恋人。

9. 当对恋人敞开心扉时，我感到不舒服。

10. 我常常希望恋人对我的感情和我对他(她)的感情一样强烈。

11. 我想亲近我的恋人，但我又总是退缩。

12. 我经常有想要与恋人融为一体的感觉，但这常常会把他(她)吓跑。

13. 当恋人与我太近时，我会紧张。

14. 我害怕一个人独处。

15. 和恋人分享我的个人感受和想法时，我感到很舒服。

16. 我想与人亲近的强烈欲望有时会把人们吓跑。

17. 我尽量避免与恋人太过于亲近。

18. 我需要大量被恋人爱的保证，这样我才感到安心。

19. 我感到与恋人亲近是比较容易的。

20. 我感到我有时会强迫恋人对我表示出更多的情感和责任。

21. 我感到要让我依赖恋人是很困难的。

22. 我并不担心会被抛弃。

23. 我不喜欢和恋人太过于亲近。

24. 我如果不能使恋人对我感兴趣，就会感到不安或生气。

25. 我与恋人无所不谈。

26. 我感到恋人不像我想要亲近她(他)那样来亲近我。

27. 我通常和我的恋人探讨我的问题和担忧。

28. 当我不与他人交往时，我就会感到有点焦虑和不安。

29. 我感觉依赖人很舒服。

30. 当恋人不像我想的那样在我身边时，我感到很受挫。

31. 我不介意向恋人寻求安慰、建议和帮助。

32. 如果我需要恋人但他(她)却不在身边时，我感到很受挫。

33. 在我有需要的时候向恋人求助是有用的。

34. 当恋人不赞同我时，我感觉自己糟透了。

35. 我会因为许多事向恋人寻求帮助，包括安慰和宽心。

36. 当恋人有一段时间不在我身边度过时，我会感到很愤怒。

计分说明(有些繁复且需要借助电子计算设备，请仔细阅读)：

首先，第 3 题、第 15 题、第 19 题、第 22 题、第 25 题、第 27 题、第 29 题、第 31 题、第 33 题、第 35 题反向计分，即该题项所得分数用 8 去减。

其次，所有奇数号题项得分加总为回避维度得分，偶数号题项得分加总为焦虑维度得分，用维度总分除以 18 得到两个维度的平均分(回避维度均分＝A，焦虑维度均分＝B)。

最后，依照费舍尔线性判别公式进行运算。

安全型得分＝A×3.2893296＋B×5.4725318－11.5307833

恐惧型得分＝A×7.2371075＋B×8.1776448－32.3553266

痴迷型得分＝A×3.9246754＋B×9.7102446－28.4573220

疏离型得分＝A×7.3654621＋B×4.9392039－22.2281088

一般而言，哪个类型的得分高，受试者属于哪个依恋类型。

第三节　爱情维持

曾经有本著名的小说叫作《霍乱时期的爱情》，2020 年年初似乎上演了另一种现实的爱情故事版本——“新冠”时期的爱情。社交媒体“知乎”上面有一个提问：“为什么疫情期间很多情侣会分手?”短时间内就有 3000 余个回答及超过 1500 万次的浏览量。“新冠”肺炎在考验着国民健康及经济发展的同时，对恋人之间的感情也是一种“危机”。《中国青年报》2020 年 3 月 6 日的一篇报道就展现了一对年轻情侣在“新冠”疫情中的爱情变化。

23 岁的南京男孩秦某告诉记者，女友江某在北京读书。经历了 3 个月的相识、相知后，他们冲破 900 公里的距离，成为恋人。不多的见面机会、短暂的相处时光，让秦某和江某彼此珍惜每一次陪伴，也期盼下一次的相会。但疫情叫停了这份甜蜜。

在无法见面的日子里，秦某发现，自己与江某慢慢从无话不说走向了无话可说。临近毕业的他每天看书、写论文；而大一的江某网课结束后，选择刷剧度过时光。重复而单调的生活，沟通的内容日渐枯竭，让两人的聊天频次逐渐减少。江某日渐觉得秦某对她没有从前那样温柔和有耐心了，秦某也认为江某有些无理取闹，“她让我唱歌，我说不会就是态度不好”。一点点琐碎的小事就会成为火星，让南北差异、距离等现实问题烧出燎原之势。

“你想要一个苹果，他却给了你一车梨。”在现实中的矛盾被疫情放大之后，秦某写下了这样的心情：“我也曾一度认为，疫情是分手的原因，其实它不是。分手的原因是生活中的点点滴滴。疫情只是个放大镜。”①

的确，“新冠”疫情也许只是“放大镜”或“催化剂”。在未发生公共卫生事件或其他应激事件的日常生活中，分手也从未离开过我们的视野。在当前社会自由风气的影响下，各地离婚率一升再升。大学校园里面的恋人“变心”时有所闻。当听到周围某对“模范情侣”分手的消息时，也许我们一时会感到心潮澎湃，连呼“不再相信爱情”。可是当我们静下心来，几个问题不由得浮上心头：

1. 恋爱之初的“海誓山盟”为什么经常遭遇“变心”的考验？

2. 如何才能做到长相厮守？

一、爱情磨合期

“两个人刚刚在一起的时候，他们刚擦出爱情的火花，激情燃烧。过一段时间后，爱情之火渐渐平息下来，接下来就是如何维持的问题。他们仍然彼此爱着对方，但是，这是另一种不同形式的爱——亲切和可靠的爱。”②

来自喀拉哈里沙漠的尼萨（Neysa）对爱情轨迹的描述很准确地指出了爱情发展的特点——高峰与低谷并存。一项对爱情早期阶段强度变化轨迹的研究也表明，浪漫之爱在12～18个月的强度比较高③，此后通常会变得平淡，不像爱情开始阶段那样充满激情。“爱情三角形理论”的提出者斯滕伯格曾经对“激情”“亲密”“承诺”三个要素在爱情发展过程中的变化进行了研究，其绘制的“爱情发展路径图”④如图5-9所示。

我们看到，尽管激情“一触即发”并且迅速“攀升”，但在一段时间之后进入“平稳期”，又很快消失了。相信经历过爱情的人一定还记得你们“电光火石”之

---

① 王豪、石佳：《一场疫情照出爱情不同的模样》，载《中国青年报》，2020-03-06。

② Shostak, M., “*Nisa*: *The life and words of a Kung Woman. Cambridge*,” Mass: Harvard University Press. 1981, p. 268.

③ Marazziti et al., “Alteration of the platelet serotonin transporter in romantic love,” *Psychological Medicine*, 1999(29), pp. 741-745.

④ Sternberg, R. J. “A triangular theory of love,” *Psychological Review*, 1986, 93, pp. 119-135.

间的“怦然心动”，那也许是我们期望永远定格的一瞬间。随之而来的“热恋期”更是让我们“欲罢不能”。可恨的是，爱情的脚步偏要继续向前。于是，持续几个月甚至一年“浮在云端”的眩晕快感逐渐消失。① 伴随着强烈的激情之爱的冷却，人们经常会觉得幻想破灭了，特别是对于那些将浪漫爱情视作双方结合和维持长久关系的人来说，这种感觉将会更为强烈。

相比较而言，与激情同时产生的亲密因素虽然发展较为缓慢，但在激情消失之后继续上升并持续爱情的整个过程。如果稍加注意，我们会发现在激情消失的时间亲密发展出现一个拐点：伴随激情的前半段，亲密的发展速度较快(曲线斜率较高)；而后半段激情消失之后，亲密发展较为平缓。这一点不难理解，处于热恋期的情侣“如胶似漆”，恨不能时时刻刻“粘”在一起，就是对前半段亲密发展的最好诠释；激情平静之后的亲密更多地依靠“日久生情”(二人相处日久的熟悉感和稳定感)，虽然不再“突飞猛进”，但可以“持之以恒”。

承诺在爱情发展的初期阶段不但起步晚，而且发展慢。然而其在激情消失一段时间之后开始迅速提升，直至超越爱情中的亲密，并维持整个爱情的发展过程。正如斯滕伯格指出的，激情是爱情的驱动力成分，是爱情得以发展的原始动力。“你侬我侬”的亲密感被激情激发起来，“厮守一生”的承诺是在激情与亲密发展到一定程度之后才会真正产生的。也许“热恋期”的花前月下会有很多海誓山盟的约定，但那些更像是对彼时彼刻心中“汹涌澎湃”的激情的抒发。只有经过激情与亲密的沉淀，承诺才是出自理性的、有效力的决定。

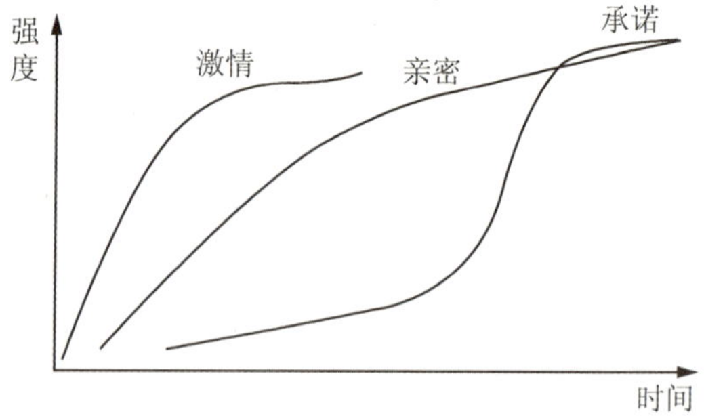

图 5-9　爱情发展路径图

在图 5-9 中我们看到，爱情发展过程中有这样的一段时间：激情衰退，亲密处于拐点，承诺尚未建立起来。“变心”往往发生在这个阶段，我们姑且将这一段特殊时期称为“爱情磨合期”。

二、爱情磨合期的恶化

根据美国心理学家海伦·费舍尔(Helen Fisher)的研究，热恋期情侣所体验到的激情源自右脑腹侧被盖区和尾状核背尾部及后背体向伏隔核位置投射的

① 王茜：《爱情三角形对医学院校大学生恋爱问题的适应指导》，载《中小企业管理与科技(上旬刊)》，2010(9)。

多巴胺神经的激活及多巴胺神经递质分泌的急剧增加。这种在很大程度上取决于大脑生理反应的激情维持的时间在半年到一年。[①] 上述普遍性的生理过程造成了爱情发展的第一个(注意，这只是第一个)“低谷”。在“低谷”中，一些来自需求心理、男女心理差异及外界环境等因素的影响将会继续“恶化”爱情的发展，直至将爱情推向变心或者分手。

图 5-10 海伦·费舍尔

（一）需求转移

需求转移是指某方面需求得到满足之后很快会隐入需求背景之中，此时人们的需求转移到其他的方面。在选择男女朋友的时候我们会有较为明确的所谓“择偶标准”，这个标准基本指向当时最为急迫的需求；然而当人们寻觅到这样的伴侣时，很快需求(择偶标准)就会发生转移。换句话说，当初最让你满意的伴侣会在一定时间之后变得没那么让你满意。有些女生意识到现在校园爱情中的承诺问题，决定找一个“老实”的男朋友，很快她们“如愿以偿”，很快她们就开始抱怨“约会没有情调”“你说一，他就不说二”，“所有我想听的好话，他一句也没有，就只说些多吃饭啦，别感冒啦这些话”。一般来讲，一个人的性格在短时间内不会发生转变，一个所谓“老实”的男生短时间内很难变得“风流”。你如果陷在“需求转移”的圈套之中，那么最后只能给他发“好人卡”了。

从生理学的角度讲，爱情磨合期是因为多巴胺分泌的减少；从经济学的角度讲，爱情磨合期也许是因为我们的需求转移带来的满意度下降了。

（二）过度负责

顾名思义，过度负责就是为不该负责的事情负责，表现在情侣之间就是过于为对方的生活负责，希望改变对方。尤其是恋爱中的一方需求转移，发现对方原来最吸引人的特点变成了让人最受不了的地方时，便开始努力改造对方，争取使之完美。然而生活中无论是谁，都不愿意被随意改造。于是，在改造与被改造的抗拒之中，双方都会感觉到很委屈。曾有一个大学女生为了“监管”男友玩网络游戏的情况，课余时间每隔 5 分钟给对方打一次电话。男友几次表示反对，均被她以“对你好，为你的未来负责”等理由驳回。最后当男友因对这种“狂轰乱炸”式的爱忍无可忍而要求分手时，这个女生很委屈地抱怨男友不体谅自己的用心，说男友“不识好人心”，说自己“好心做了驴肝肺”。

其实，过度负责这种人际界限不清的行为不仅仅发生在情侣之间，很多时候母亲对孩子也存在各种程度的过度负责。往往生活中被过度负责的一方会发

---

① Fisher, H. E., Aron, A., Brown, L., “Romantic love: A mammalian brain system for mate choice,” *Philosophical Transactions Biological Sciences*, 2006, pp. 2173-2186.

出这样的呼喊，“你的爱让我痛苦”。这就要求过度负责的一方要在对方犯错或者达不到自己标准的时候学会面对，忍受自己内心的焦虑，让对方为自己行为的后果负责。

(三)筑墙行为

所谓“筑墙行为”，是指在情侣意见不合或争吵时，一方(往往是女方)急于将问题说完，而另一方(常常是男方)却忙着逃避，想把大事化小小事化了，甚至希望那些令他敏感不安的话题永远不要被提起。生活中情侣吵架是一件不可避免的事情，在吵架之后我们常常听到男生这样抱怨，“她为什么那么难被讨好？为什么对我处处不满意，老是批评、挑剔、找我麻烦，不能让我清静一下吗?”女生心里同样充满了怨气，“他为什么不喜欢跟我沟通、听我说话，为什么不爱说话，不把心里的感受告诉我，难道他一点都不关心我吗?”

你会发现，男女朋友之间这样的互动会引起恶性循环。对大部分女生而言，男生的“筑墙行为”是一种威力极强的“否定”与“排斥”，她们接收到的信号是“我讨厌你这个人，我要抛弃你，跟你断绝关系”。对男生“筑墙行为”的误解会给女生带来巨大的痛苦，也使她们在吵架的时候更加“穷追不舍”，而且迫使男友马上解决问题，从而能再次找回与男友心心相连的一体感。然而就是这种逼迫，会进一步加剧男生的“筑墙行为”。如此，情侣吵架的结果就是两败俱伤。

(四)消费主义

在当前这样充满诱惑的、消费主义盛行的社会中，爱情几乎也成了一种可供消费的“商品”。当我们对某个商品的需求发生转移，或者是该商品出现问题时，考虑到维修成本较高而更换成本较低，我们往往会选择更换新的商品。相类似的，当大学生的爱情进入磨合期，开始不能满足他们的需求并且出现各种各样如上所述的恼人问题的时候，维护爱情所需要付出的努力很多，情侣之间的承诺没有任何“公证”保障，在大学校园这样一种“候选对象丰富”的环境中，分手或变心似乎成了一种“经济”的选择。相关媒体调查发现，近六成大学生恋爱次数超过四次①。那么，恋爱次数的多少与爱情的质量有直接关系吗？这是一个值得我们深思的话题。

也许处在爱情高峰期的时候，我们体味着爱情带给我的美好与甜蜜，一切都显得那么顺其自然；当爱情的低谷期到来时，如何付出努力让爱情走出低谷，获得“涅槃重生”般的提升，是摆在恋爱中的大学生面前的一大考验。

---

① 中国大学生在线 · 近6成大学生恋爱次数超过4次，网址：http://uzone.univs.cn/news2_2008_580332.html， 2020-03-03。

三、走出低谷，让爱情长相厮守

“解铃还须系铃人”，重新回到斯滕伯格所绘制的“爱情发展路径图”，我们发现有两种思路可以解决“爱情磨合期”的难题：第一，在磨合期中学习践行承诺，调和生活矛盾，加深亲密感，从而重新创造激情；第二，因为磨合期的种种不愉快而停止这一段亲密关系，选择重新开始另一段感情。

（一）认识差异，和而不同

第一种问题解决的思路——发现问题，解决问题。

无论是生活经验还是科学研究的结果都显示这样的事实，对男女差异的忽视是造成情侣吵架的一大原因。因此对于恋爱中的男女生来讲，真正学会爱对方，要从下面两点做起。

1. 用对方的语言跟对方聊天

先讲一种常见的校园情侣的生活场景：

某一天男生接电话迟了一些，女友考虑到他在宿舍中的面子，嘴上轻描淡写地说“没事儿”。

三天后，男生因为打篮球而约会迟到，女友压了压火气说“没事儿”。

又过五天，男生陪女友逛街的时候心不在焉，她觉得没必要小题大做，继续说“没事儿”。

…………

半个多月后的某一天，散步的时候男生让女友走在了自己的左边，于是她“爆发”了。

往往彼时彼刻的男生会“丈二和尚摸不着头脑”，懵懂而委屈地问女友“你怎么啦?”然后女友紧接着转过头来，恶狠狠地看着他，抛出一句“你说我怎么啦!”直接将男生打入“万劫不复”的境地。

散步时的位置没有选择好，绝非正常女生情绪爆发的原因。我们可以称“散步事件”为导火索事件，在此之前几次三番的不良情绪积累才是情绪爆发的主要原因。也许男生很难在短时间内回忆、分析出女友情绪爆发的种种原因；但需要注意的是，给一个处在情绪爆发的状态中的人分析原因、讲道理都是没多少用的。当务之急，男生首要做的是帮助女友处理情绪，而不是去追求“你怎么了”或者“我怎么了”。

聪明男生要学会“用她的语言跟她聊天”。因为她的愤怒情绪是指向你的，所以最简单直接的方式就是“不问青红皂白”地认错。谈恋爱不是一定要清晰、明确地分出“你对我错”，“认错”的态度也不会否定你的人生价值，这只是一种“爱的表达”罢了。如果你能够很诚恳地认错，“我错了，我真的错了”“都是我的不对”“虽然我不知道为什么不对，但是我不对”，女友的气也就会消掉大半。

2. 多点理解，少点要求

一般来讲，如果上面情境中的男生已经认错，女友基本也就算了。然而也有一种“执着”的女生，非要继续指着对方的鼻子说“说，你错在哪里?!”首先，这种不肯善罢甘休的做法会将吵架推向不可收拾的地步；其次，仅凭男生自己的反思，他们很难分析出自己错在哪里。

相对来讲，男生处理日常生活事件的能力并没有他们看起来那么“强大”。例如，大多数男生在语言表达方面就明显弱于女生。相关研究发现，出生一周的女婴可以分辨出母亲的声音及婴儿的哭声，男婴则没办法区别。女生对语调及音调的转变十分敏感，可以从中听出情绪的变化。所以我们经常可以看到有些女生指着自己男友的鼻子十分生气地说：“别用那种语气和我说话!”男生则一脸委屈地说：“我用什么语气了?”

所以，聪明的女生要对男友多点理解，少点要求。可是仍然有些女生执迷不悟，认定一种错误的观念——“男友若是不能满足自己的要求就是不爱自己”，而且自己这种要求还必须是在自己没有说出来之前，男友通过“心灵感应”猜到后予以满足。如果自己已经讲出来，男友再做什么也没啥感觉了。严格来讲，这些要求对多数男生而言不可谓不苛刻。这也难怪不少恋爱中的男生向自己的女友抱怨：“我是你肚子里的蛔虫吗?”

上面所举的例子只是情侣生活中的冰山一角，男女生的差异还有很多。这些事例已经使我们能够充分感受到如果我们不了解差异、不顺应差异的话，结果将是不欢而散。爱情磨合期是否可以顺利度过，取决于我们是否愿意付出努力去了解对方，顺应对方，“如其所是”地去表达自己的爱，提升对方的幸福。

因此，我们努力的方向是认识差异，顺应差异，而不是努力去改变对方，让其与我们一样。

(二)爱是给予，不是索取

第二种解决问题的思路是发现问题，回避问题。回避问题的一种极端方式就是选择分手。在如今恋爱自由、婚姻自由的时代背景下，结束一段令人恼火的感情，选择重新激活多巴胺分泌，又有什么不好呢?

心理学家对选择自由的心理作用进行了实证性的探索。在研究中，大学生们可以选择两张自认为最满意的照片进行复印，然后研究者告诉他们可以选择其中一张自己保留，另外一张将作为证件照被保存到档案馆中。研究者将被试分为两个组：一组学生只有一次选择机会，无论选择了哪两张，之后都不能改变主意；另一组则不然，可以改变主意，可以随意更换照片。调查两组学生对所选照片的满意度发现，与第一组学生相比，可以更换照片的学生对所选照片的满意度较低。[①] 很多类似的实验结果也表明，人们无法改变主意时，反而对自己的选择更为满意。因此，你如果对爱情的承诺更长久一些、更牢固一些，那么所获得的幸福感也就更多一些。

从某种程度上讲，当前社会中高居不下的离婚率肇端于婚恋选择的自由。当我们拥有了重新选择配偶的自由(离婚的权利)的时候，婚姻就已经逐渐褪掉其实际意义了，我们对伴侣的选择也变得只剩下一个标准——个人的满足。如果对方可以满足我们的需求，就可以持续婚姻状态；如果对方已经不能满足我们的需求，则放弃婚姻，重新选择。这个标准恰恰是支配消费者选择的标准：不断地追求品质更胜一筹的商品。不难发现，正是这种消费主义的爱情观对我们的社会关系带来了极大的伤害。

这样讲不是反对婚恋自由，而是试图指出婚恋自由给人们带来的心理惰性。其实，社会问题的产生并不能归咎于爱情选择机会增多和自由增加，只是这种增多的机会和自由使我们很轻易地放弃为爱情做事情的愿望和努力。当我们不再为婚姻和爱情去努力的时候，爱情也就走到的尽头。所以，套用美国肯尼迪(Kennedy)总统的一句话："不要问婚姻为你做了什么，而要问你为婚姻做了什么。"

很多时候，事实并不像我们所感觉的那样。上述研究结果就告诉我们：在爱情领域要做"知足者"，不要做"贪婪者"。如果你执着于"贪婪"地不停选择，最后无论你选了谁，都是会后悔的，而且选的越多，后悔越多。其实，选择多和自由并非坏事，坏在了它们使我们很轻易地放弃为爱做事的愿望，而只是想从爱情那里得到什么。不幸的是，那不是爱。

当我们处于爱情低谷时，先前刺激的感觉因为多巴胺分泌的减少不断减少。频繁的吵架使得我们对自己的亲密关系越来越厌倦的时候，我们不要只是想着"当前的亲密关系已经不能满足我对爱情的追求了"，而是要去反思一下"我为这段爱情付出了什么，我给出的是如其所是的爱吗?"

因此，我们要多问问自己为爱情做了什么，而不只是问爱情为我们做了什么。因为爱情一旦只剩下个人满足之后，那就真的成了买卖了。

请大家记住：

真正的爱是给予，不是索取。

也只有这样的爱，才能顺利度过磨合期，发展为完整、完美的爱情。

---

① ［美］巴里·施瓦茨：《选择的悖论：用心理学解读人的经济行为》，梁嘉歆、黄子威、彭珊怡译，25页，杭州，浙江人民出版社，2013。

活动链接

36个问题爱上一个人

有同学说，我一直单身，你跟我谈这么多爱情有什么用，都是纸上谈兵。有没有办法让我先脱单呢？办法是有的，只是要等你看到这里才会揭晓。

20年前，美国心理学家阿伦(Allen)设计了一个“爱上陌生人”的心理学实验，结果发现30%的参与者在实验后与其实验伙伴的关系超过此前人生中所有的人际交往，有35%的参与者在实验后开始与实验伙伴约会。更为神奇的是，有一对实验者在六个月后结婚了，还邀请了所有实验参与者参加他们的婚礼。① 是不是十分令人心动？

其实，阿伦博士的做法也不复杂。他让参与实验的陌生人两两分组后坐在一起，要求他们在45分钟内彼此提问并回答36个问题，最后让参与者彼此凝视4分钟(这一点十分重要)。下面就把这36个神奇的问题列出来：

1. 如果可以跟世上任何人共进晚餐，你会选择谁？

2. 你想出名吗？以什么样的方式出名呢？

3. 在打一通电话之前，你会先排演要在电话中说的内容吗？为什么？

4. 你心中最完美的一天是做哪些事呢？

5. 你上一次唱歌给自己听是什么时候？上一次唱歌给别人听又是何时？

6. 如果你可以活到90岁，并能在30岁过后让体态或大脑一直保持30岁的状态，你会选保持体态还是大脑呢？

7. 你有曾经预感过自己会怎么死亡吗？

8. 举出3个你与你对面这位的共同点。

9. 人生中你最感激什么？

10. 如果你能改变你被抚育成人的方式，你会想改变什么？

11. 用四分钟跟你对面这位分享你的一生，越详细越好。

12. 如果你明早一觉醒来发现自己获得了某种能力，你希望是什么能力？

① Aron, A., Melinat, E., Aron, E. N., et al.,“The experimental generation of interpersonal closeness: A procedure and some preliminary findings,” *Personality and Social Psychology Bulletin*, 1997,23(4), pp. 363-377.

13. 如果一颗魔法水晶球能告诉你有关你自己、你的人生、你的未来或任何事情，你想知道什么？

14. 你有已经梦想了很久的、想做的事情吗？你为什么还没去做？

15. 你人生中最大的成就是什么？

16. 一段友情中你最珍视的是什么？

17. 你最珍贵的一段回忆是什么？

18. 你最糟糕的一段回忆是什么？

19. 如果你知道你会在一年后突然死去，你会想改变任何你现在的生活方式吗？为什么？

20. 友情对你来说代表什么？

21. 爱与喜欢在你的生活中扮演着什么样的地位？

22. 轮流分享你觉得你的恋人应该具有的五项好品质。

23. 你的家庭亲密温暖吗？你觉得你的童年比别人幸福吗？

24. 你觉得你跟你的母亲的关系怎么样呢？

25. 分别做出三个真实的“我们”的声明，如“我们都在这个房间里”。

26. 完成以下句子“我希望我有一个人能与 TA 分享……”

27. 如果你会跟你对面的人变成亲密好友，分享一下你觉得对方必须得知道的事情。

28. 告诉你对面的人你喜欢 TA 什么。老实回答，说一些你通常不会告诉刚认识的人的答案。

29. 与你对面的人分享人生中很尴尬的一刻。

30. 你上一次在别人面前哭是什么时候？上一次自己哭是什么时候？

31. 告诉你对面的人你已经喜欢上 TA 的什么？

32. 有什么人或事物是不能随便开玩笑的？

33. 如果你将在今晚死去，没有任何与他人交流的机会，你最后悔没有把什么事情跟别人说？

34. 你家着火了，里面有你所拥有的一切事物。在救出你爱的人、你的宠物后，你还有时间最后再冲回去一趟拯救最后任何一样东西，你会救出什么？为什么？

35. 你家庭中的所有人里，谁的死会让你最难受？为什么？

36. 分享一个你私人的问题，并向你对面的人询问 TA 会怎么处理，之后再请 TA 回答，对于你选的这个问题，TA 有什么看法。

为了考察这个活动的中国本土适应性，中山大学的周爱华等①邀请 10 对异性志愿者完成了这个实验，发现所有的参与者均未能建立真正意义上的亲密关系。好在这个活动的风险比较低，相对没有什么心理方面的副作用。尤其是，爱情这桩事情本身就自带一种“冒险”的底色。所以，在事先说明的前提下，如果有人愿意和你进行这个实验，又何妨一试呢？

思考题

1. 请结合斯滕伯格所提出的爱情三角形理论，反思自己理想的及实际的爱情关系呈现何种状况。

2. 如果成人依恋的类型不是安全型的话，那么在实际亲密关系的交往中应该如何提升关系的满意度呢？

3. 注意观察与你有交往的异性朋友或同学，你能够发现对方性别更多的特点吗？思考如何在了解这些特点的基础上改善你们之间人际交往。

影视赏析

泰坦尼克号

1997 年，导演詹姆斯·卡梅隆将泰坦尼克号沉船事件改编为电影《泰坦尼克号》。影片再现了 1912 年泰坦尼克号豪华客轮首次出航的壮观场景，讲述了贵族小姐露丝(Rose)与穷画唯美浪漫师杰克(Jack)的爱情故事及在沉船那一刻表现出的人性的光芒。该影片获得第 70

① 周爱华、李宛霖、方婵：《当代大学生建立亲密关系的实践及其引导》，载《广西青年干部学院学报》，2017(6)。

届奥斯卡最佳影片奖、最佳导演奖、最佳音效奖、最佳摄影奖等 11 项大奖，成为当届奥斯卡颁奖典礼上最大的赢家。① 电影的女主角为贵族小姐露丝，因为看透未婚夫是个十足的势利小人而心灰意冷，打算以投海自尽的方式逃婚，关键时刻被同船的穷画师杰克救下，两人由此相识。为排解少女的心中忧愁，杰克带露丝不断发现生活中的快乐。很快美丽活泼的露丝与英俊开朗的杰克相爱了。可恨天不假时，美好的爱情故事正在上演时，“泰坦尼克号”却撞上了冰山。“温柔乡”一般的“泰坦尼克号”顷刻间变成人间地狱，仓促间杰克把生存的机会让给了爱人露丝，自己则在冰海中被活活冻死。影片对爱情的展现可谓淋漓尽致：杰克、露丝两人在“泰坦尼克号”上度过的快乐时光是对爱情中“亲密”的展示；露丝戴上“海洋之心”项链让杰克为她画像的片段表现的是“激情”；在露丝将要跳下客轮时杰克说的那句“You jump, I jump”是对“承诺”的真切阐释。尤其是杰克将“救命木板”让给露丝的一幕，一时间让多少青年男女落泪，让我们对“爱是给予对方幸福”有了更为深刻的认知和体悟。

推荐阅读

1. [美]罗兰·米勒. 亲密关系(第 6 版)[M]. 王伟平，译. 北京：人民邮电出版社，2015.
2. [美]约翰·戈特曼，[美]娜恩·西尔弗. 幸福的婚姻：男人与女人的长期相处之道[M]. 刘小敏，译. 杭州：浙江人民出版社，2014.
3. [加拿大]苏珊·约翰逊. 依恋与亲密关系：伴侣沟通的七种 EFT 对话[M]. 黄志坚，李茜，译. 北京：人民邮电出版社，2018.
4. [美]艾·弗洛姆. 爱的艺术[M]. 李健鸣，译. 上海：上海译文出版社，2008.
5. [美]黄维仁. 活在爱中的秘诀：亲密关系 3 堂课[M]. 北京：中国轻工业出版社，2010.

① 朱德蒙：《我心永恒——电影〈泰坦尼克号〉赏析》，载《新世纪文学选刊》上半月，2009(8)。

第六章

应对压力　管理情绪

激情使人卓然特立，也使人受其奴役。

——［法］涂尔干

学习目标

了解情绪的要素和功能，学习调控情绪的方法，掌握压力管理的技巧。

案 例

白衣“逆行者”为生命站岗①

在得知武汉疫情极为严重的时候，许多白衣天使立刻放弃假期，请命前往武汉，选择做一个“逆行者”。钟南山院士就是其中之一。2003 年他临危受命抗击“非典”，时隔 17 年，2020 年他再一次来到一线抗击“新冠”肺炎。他已经 84 岁了，本应在家享受生活，却仍坚守抗疫一线。许多医护人员放弃了与亲人团聚的时间，与病魔做斗争。疾病来势汹汹，但他们来不及恐惧，迎难而上，负重前行。在疫情防控的关键时刻，他们挺身而出；在人民需要的关键时刻，他们冲锋在前。一个个熟悉的、陌生的身影，活跃在抗疫一线。

在一般情况下，当处于危险或受到外在威胁时，我们会感到强烈的恐惧、害怕和紧张；然后在强烈情绪的支配下，我们会快速远离危险以保障生命安全，这是绝大多数人在受到威胁时的正常心理行为反应。

客观地说，每个人在面对疫情的时候心中是恐惧的，但我们的医护人员为了武汉、为了湖北、为了中国全体人民的胜利，超越了内心的恐惧，这种大爱无私是令全国人民钦佩的。

问 题

1. 情绪有好坏之分吗？
2. 网上流传的不要在晚上做决定，容易冲动，有科学依据吗？
3. 在纷繁复杂的社会中我们应该表露情绪还是隐藏情绪呢？

---

① 「众志成城战疫情」白衣逆行者为生命站岗：https://www.360kuai.com/pc/9a3d3c93d978b0f22?cota=3&kuai_so=1&sign=360_e39369d1&refer_scene=so_54，2020-03-23。

第一节 认识情绪

一、 情绪的定义

在日常生活中，我们经常听到人们说“你不要有情绪”，这暗含着情绪是不好的，是与人类的理性思维和推理能力相对立的非理性产物，好像情绪对人的影响总是消极的。那么，什么是情绪呢？

情绪是伴随面部和身体变化、脑的激活、认知评价、主观感受和行为倾向的一种唤醒状态。从情绪的定义可见，情绪是人们对外界刺激的一种复杂的心理行为反应方式，包括生理唤醒、主观体验、认知过程和行为反应等。

在“新冠”肺炎发生伊始，我们并没有太多情绪上的变化，因为许多人觉得自己不会被波及。但随着疫情的持续，距离自己比较近的地方出现病人，确诊数字持续升高，越来越多的负面情绪开始积聚。一些确诊、疑似的患者也会感到恐惧和疑虑，他们的家人、朋友充满了担忧、悲伤和失落。越来越多的人追踪与疫情相关的信息，人们恐慌、焦虑、悲伤的情绪渐渐浮现。我们被突然爆发的疫情打乱了日常生活，这些信息加重了疫情对个体的影响，我们自然也会产生情绪上的变化。

生理唤醒指的是当受到外界刺激时，人们唤醒个体的大脑皮层、神经系统和身体机能而产生的反应。研究情绪的詹姆斯-兰格理论的核心是与外在环境相联系的内在躯体变化引发了人们体验到的情绪。该理论认为任何感觉都伴随着非常复杂的生理上的反应。① 例如，当我们在夜晚遭到抢劫时，我们就会有心跳加快、肌肉紧绷、血液循环加快等生理反应，由此产生害怕、恐惧的情绪。

主观感受是我们经常说的感觉。人在外界刺激的影响下的主观体验有积极的，如愉快、幸福、快乐、甜蜜、开心、舒服等感觉；也有消极的，如痛苦、悲伤、愤怒、嫉妒、生气、失望等感觉。感觉是情绪的主要成分。狭义地说，情绪就是一种感觉。

认知反应是指个体对引发情绪的事件或刺激所做出的解释与判断。我们对事件的评价会极大地影响我们的感受。例如，“一朝被蛇咬，十年怕井绳”，指的就是我们被蛇咬的记忆，让我们对蛇产生了很深的害怕感受，以至于在多年以后，当我们再看到与蛇相似的井绳的时候，就马上启动了害怕的情绪。

---

① ［新西兰］斯托曼：《情绪心理学一从日常生活到理论》，王力译，北京，中国轻工业出版社，2006。

行为反应是当人们产生情绪时会有面部表情、手势姿态、声音声调和行为举止等外显表现。例如，我们开心、兴奋时就会手舞足蹈，我们生气、愤怒时会攻击他人，恋人在谈情说爱时会有亲密的举止，这都是不同情绪的行为反应。也可以说，人们经常用行为来“做”情绪。例如，当男生邀请女生看电影时，女生默默微笑，表达的是接受男生的邀请。察言观色指的是通过他人的言行来了解他人的情绪感受。

由此可知，情绪是人类在进化过程中的一种适应性结果，是人与外界环境之间的一种复杂的心理现象。人类有与生俱来的基本情绪，如愉悦、愤怒、恐惧、悲伤、厌恶、高兴、惊奇等。人的情绪的发展与丰富是与人的经验、认知等紧密相关的。

情绪的各种成分是相互影响、具有共生作用的。美国心理学家拉扎勒斯(Lazarus)认为：情绪塑造思维与行为，行为塑造思维和情绪，环境塑造思维、情绪和行为，思维塑造情绪和行为。可见，情绪、思维、行为和环境构成了相互作用、相互影响的复合模式。我们用这种复合模式来解释我们面对的疫情：人们接触到疫情的信息的时候，会产生“它是非常危险的”的认知态度，于是，就唤醒了人们的心跳和血液循环等生理反应，随后人们就有了害怕和恐惧的主观体验，就会选择逃避等行为。而当我们了解到疫情得到了控制的时候，我们对于疫情就不会产生之前如此强烈的恐惧心理了。有的人会觉得这种事件百年难得一遇，还会有新奇的想法，有可能产生探究的欲望。不同情况下的疫情令人们产生不同情绪的主要原因是认知评价因素。因此，在情绪的几个因素中，认知评价是影响情绪的最为主要的因素。

知识链接

国王的烦恼[①]

古代有一位国王，梦见山倒了，水枯了，花也谢了，便叫王后给他解梦。王后说：“大势不好，山倒了指江山要倒；水枯了指民从离心，君是舟，民是水，水枯了，舟也不能行了；花谢了指好景不长了。”国王惊出一身冷汗，从此患病，且越来越重。一位大臣参见国王，国王在病榻上说出了他的心事，哪知大臣一听，大笑说：“太好了，山倒了指从此天下太平，水枯了指真龙现身。国王，你是真龙天子；花谢了，花谢了见果子呀！”国王全身轻松，很快痊愈了。

① 国王的烦恼：http://blog.sina.com.cn/s/blog_4a800ffb0102x0ag.html，2019-11-15。

故事中的国王当听到王后的悲观解释的时候十分担心，但是当他听到大臣积极的见解之后又变得心情愉快了。这个故事揭示了一个原理：同样的一件事情，由于思维方式不同，人们就有不同的感觉。我们对事件的态度会直接影响我们的感觉。人们改变思维过程时，也在改变自己的情绪过程。可以说，悲观的解释产生消极的情绪，乐观的解释产生积极的情绪。所以，在很大程度上，我们对事物的认知态度决定了我们的情绪感受。

这就是态度决定感觉。

答　案

1. 情绪有好坏之分吗？

情绪没有好坏之分。在日常生活中，人在开心愉悦的时候做事的效率就高，在愤怒的时候容易出现破坏性的行为。因为情绪对人有好的影响，也有坏的影响，所以人们可能会认为有好的情绪，也有不好的情绪。实际上，情绪是人类进化的心理结果，是人与环境之间的一种适应方式。情绪本身是没有好坏之分的。

2. 网上流传的不要在晚上做决定，容易冲动，有科学依据吗？

科学研究发现，人体在接近睡眠的时候，大脑会分泌一种神经抑制剂——氨基丁酸。它会抑制大脑的活性，减少信息的输入。简单来说就是在晚上的时候，人的大脑并不是白天的状态，它分泌的一种抑制剂会妨碍大脑复杂认知活动的进展，更容易发掘出平常压抑住的信息，使人缺少理性的思考，这时人往往更加冲动。这样一来，深夜的决定往往是带有强烈主观意识的，理性的分析少之又少。这当然是靠不住的。例如，晚上决定以后要养成早起吃早餐的习惯，开始跑步减肥，等过了一夜，这些决定大部分犹如一场梦随风而逝了。

二、情绪的功能

情绪对人们的生活、学习和工作会有哪些作用呢？这是关系到情绪的功能的问题。一般来说，情绪的功能包括适应功能、动机功能、认知功能和社会功能。

（一）适应功能

情绪与生理反应是密切相关的。人们遇到危险状况时，马上就有恐惧和害怕的感觉；同时，心跳加快，呼吸加急，分泌肾上腺素，流经肌肉群的血液增加等，使个体产生一种特定行动的趋向，为逃跑做好准备，个体在战斗—逃跑的情境中获益。因此，情绪对个体的生存具有直接的、瞬时的价值，这是情绪的适应功能。情绪让人们马上感觉到危险的环境，帮助人们生存下来。情绪的基本功能之一表现在我们与环境之间的适应方式方面。

刚来到大学时，有些学生会感到闷闷不乐、烦躁不安等。这些消极情绪就可能促使他们去调整心态，重新树立目标，适应新环境。这就是情绪的适应功能。

（二）动机功能

情绪可以促进或阻止个体采取行动。在某种情绪的影响下，人们的行动可以是破坏性的，也可能是建设性的。例如，电影《致我们终将逝去的青春》中，当女主角郑微不知不觉地喜欢上陈孝正时，她在食堂里对陈孝正无理取闹，到男生宿舍里去玩牌“示威”，深夜在花园里等候陈孝正吃“生日”蛋糕，等等。“喜欢”的情绪使她做出了一连串无理的行为，这是喜欢情绪影响下的不当行为。

“头悬梁，锥刺股”的故事证明了情绪的动机功能。“头悬梁”讲的是东汉著名政治家孙敬，他在年轻的时候认真钻研学问，每天读书到深夜，疲劳打盹时就用绳子牵住头发来提醒自己，清醒后继续读书学习。“锥刺股”讲的是战国时期政治家苏秦，他在年轻时发奋读书，当读书到深夜很疲倦时，用锥子刺自己的大腿，使自己清醒起来坚持读书。孙敬和苏秦在年轻时立志成才的强烈情感激发他们刻苦学习，终于成了大有作为的政治家。可见，由情绪引发的动机激励人们向目标迈进，鼓励人们克服困难，最后做出有效的行为。因此，情绪是行为的动力机制。

（三）认知功能

情绪会影响人们的学习、记忆、判断和创造力：人们在愉快情绪中的学习会更有效率，会产生更富有创造性的想法。同样，在过度紧张的情绪中，人们的学习会受到很大的影响。有些学生处于极度焦虑时，不能正常地发挥学习能力，过度紧张的情绪抑制了他们的记忆力和判断力，这是情绪对认知的消极影响。

（四）社会功能

人与人之间的交往是情感的交流，情绪的表达可以增加或减少人际的沟通。当某个人对你微笑时，你会自然地靠近他。每个人都愿意和那些幽默开朗的人做朋友。你如果是一个积极乐观的人，开朗热情，就会深受同学们的欢迎。积极情绪是人际交往中的情感黏合剂，促使人们相互亲近。同样，当有人攻击我们，或者我们感受到他人的敌意时，我们自然就会回避疏远。那些对人怀有防备戒心的人就很少有真心朋友。消极情绪在交往中经常会妨碍人与人之间的交往，容易导致人与人之间的矛盾和摩擦。所以说，积极情绪是人际关系中的拉力，会促进人与人之间的交往，很好地拉进人际关系；消极情绪是人际关系中的阻力，会破坏人与人之间的情感，导致关系紧张。

从上可见，情绪能对人们在适应环境、行为反应、认知水平交往活动等方面发生作用。因此，情绪对我们的行为、认知和人际关系都有影响。

三、情绪的影响

根据情绪的功能，我们已经知道情绪、行为和认知是互相作用的关系，情绪不良自然会影响人们的行为和认知水平，导致个人的身心状况失去平衡，从而出现身心问题。“怒伤肝、喜伤心、忧伤肺、思伤脾、恐伤肾”指的就是情绪与身心健康之间的关系，过度的消极情绪会导致身体健康问题。国外有研究发现，悲观的人的心血管得病率比平均人群高出25%，悲观很可能是导致癌症的一个风险因素，高无助感人群的死亡率比平均水平高出20%。①

张萍、张敏、卢家楣在探索情绪调节自我效能感与人格、家庭功能和学校人际环境等之间的关系中发现，神经质与调节沮丧/痛苦情绪效能感、调节生气/愤怒情绪效能感呈显著负相关，外向型与表达积极情绪效能感呈显著正相关，家庭亲密度对情绪调节自我效能感有正向预测作用。② 陈元津、严由伟在研究积极情绪中宽恕对睡眠质量的影响中发现，宽恕能够降低受害者的生理唤醒、情绪唤醒及认知唤醒，从而改善睡眠质量。③

国外有调查发现，74%有焦虑症的人报告了睡眠问题。国外一项有关积极情绪对睡眠质量的研究发现，积极情绪与睡眠质量的影响是双向的，波动的睡眠会影响积极情绪，积极的心理状态又会促进睡眠质量的提升。④

可见，情绪对人们的影响犹如一把双刃剑。一般来说，积极情绪有益于人们的身心健康，消极情绪会伤害人们的身心健康。因此，情绪对大学生的心理健康有着重要的影响。情绪影响着大学生的行为的选择、人格的形成及人际关系的处理等。李彩娜等人发现，51.6%的大学生存在情绪适应问题，大学一年级和大学四年级男生在转折期容易出现情绪适应问题，女生比男生表现出较好的适应能力。⑤ 潘明军等人发现，大学生操作情绪

---

① [美]马丁·塞格利曼：《持续的幸福》，赵昱鲲译，180页，杭州，浙江人民出版社，2012。

② 张萍、张敏、卢家楣：《情绪调节自我效能感量表在中国大学生中的试用结果分析》，载《中国临床心理学杂志》，2010(5)。

③ 陈元津、严由伟：《宽恕与睡眠质量关系的研究进展》，载《现代生物医学进展》，2011(1)。

④ Aliona Tsypes Emotion dysregulation and sleep difficulties in generalized anxiety disorder Journal of Anxiety disorder. 2013.

⑤ 李彩娜、党健宁、王彩云：《大学生情绪适应及其与依恋、情绪调节的关系》，载《中国心理卫生杂志》，2014(9)。

信息的能力与其心理健康状况紧密关联，情绪智力是与大学生心理健康发生联系的关键环节。① 所以，提高大学生的情绪调控能力是促进大学生健康成长的必要途径。

答　案

3. 在纷繁复杂的社会中我们应该表露情绪还是隐藏情绪呢？

我们应该学会适当地表达情绪。如果不表达情绪，我们像是给自己建造了一堵坚固的墙，隔绝了我们与外界的联系；我们也无法感受到他人的情绪，无法产生回应。这样看虽然是很安全的，但让我们隔绝于世，会阻碍我们正常的生活。在感受一些情绪后，我们可以进一步理解不同情绪产生的原因及它们有哪些影响。在表达情绪的时候要选择一个对的人向那些我们信任的人、喜欢我们的人表达情绪，才能得到理解而不会受到伤害。相互信任的人可以开放地沟通，诚实地分享彼此的故事和感觉。我们越能和他人表达自己的情绪，我们就越能理解自己的不同情绪。

第二节　调控情绪

案　例

那些极度自卑的男生也许就是你身边的杀手②

2015 年 8 月 9 日，中国传媒大学硕士研究生周某被已经毕业一年的校友李某诱骗至百子湾附近一出租屋内。李某谎称介绍其拍戏，强奸未遂后将其残忍杀害。不久，朝阳警方在中国传媒大学附近的饭店将李某抓获归案，其对犯罪事实供认不讳。在讯问中，李某交代就是想找个无辜的人当作发泄对象。“她是一个无辜的牺牲者”。在所有人的记忆中，李某几乎从未与人有过争执，也没打过架，表面上脾气很好。他将压抑释放在演戏中，也释放在互联网里，这导致他的社交网站言论充满暴戾气息。不少跟他熟悉的朋友说，以前看他就是觉得好玩，悲剧发生后，又一点也不觉得奇怪。

① 潘明军、钱兵：《大学生情绪智力与心理健康的关系》，载《中国学校卫生》，2012(1)。

② 搜狐网：https://www.sohu.com/a/124287902_546085，2020-03-03。

李某的悲剧与他的情绪极不健康有很大的关系。第一，李某体型微胖，长相穿着皆不出众，平常也不善言辞。除此之外，李某的怪异行为布满学校。毫无疑问，藏在这背后的是极度自卑的内心，表面充满矛盾，实则高度统一。第二，他不知道如何调整自己的消极情绪，而是把这么多的消极情绪死死地压抑在心中；不善言辞又特立独行，哗众取宠，活在自己的小世界；内心敏感，渴望被关注却被忽略、嘲笑，阴暗至极。第三，当无法释放积累已久的消极情绪时，他用攻击他人的方式来宣泄内心的痛苦，就发生了如此的悲剧。可见，人不能很好地调控情绪时，就会伤害自己，甚至伤害他人。

在校园里，有些大学生是高智商低情商。他们在学习上很聪明，有良好的学习能力和学习成绩，但在为人处世方面却存在一些问题。因此，提高大学生的情绪智力是稳定心理健康的重要基石。

问　题

1. 外卖被偷或者与室友有冲突，不能好好控制情绪，怎么办？在情绪不好的时候有人和自己说话，要如何控制自己的语气？自己的负面情绪影响到周围的人该怎么处理？

2. 长时间地控制自己的情绪，反而让别人觉得自己好欺负，怎么办？在生活中我们应不应该做一个“佛系”青年？

3. 购物节来临的晚上怎么控制自己的情绪？

4. 如何克制自己的情绪，然后礼貌又不尴尬地提醒室友不要深夜外出？

5. 面对容易暴躁的恋爱对象，如何控制自己不受其暴躁情绪的影响并同时快速安抚对方的情绪？是不是只能让他自己静静？

一、情绪智力

情绪智力（Emotional Intelligence）最早是由美国心理学家萨洛维(Salovey)和迈耶尔(Meyer)在1990年提出的。情绪智力是社会智力的一部分，包括四种能力：情绪认知、情绪促进、情绪理解和情绪管理。

戈尔曼(Gorman)在1995年出版的《情绪智商》中，对情绪智力的理论体系和基本观点做了明确的阐述。情绪智力是个体适应性地知觉、理解、调节和利用自己及他人情绪的能力。情绪智力主要包括五种能力。

第一，了解自我。自我觉知——感受产生时就能觉察，这是情绪智力的基石。监控情绪变化的能力是增强自我理解能力和心理领悟能力的基础。我们如果不能注意到自身的真实感受，就只能受控于感受。因此，对自身情绪更加确定的人对生活有更强的掌控感。

第二，管理自我。调控自己的情绪，使之适时适地适度地表达，这种能力是建立在自我觉察基础上的。自我管理可以摆脱过度焦虑、抑郁或易怒的情绪感受。情绪调节能力差的人经常会受到痛苦情绪的困扰，情绪调控能力强的人可以更快更好地从生活的挫折和烦恼中走出来。

第三，自我激励。为实现目标进行情绪控制，是集中注意力、自我激励、自我掌控、发挥创造力的必备能力。任何方面的成功都必须有情绪的自我控制，即延迟满足和压抑冲动。具有自我激励能力的人无论从事什么工作都更有效率，更富有成效。

第四，识别他人的情绪。共情是在情感的自我觉知基础上发展起来的一种能力，是最基本的人际关系能力之一。具有共情能力的人能通过细微的社会信号，敏锐地感受到他人的需求与欲望。这种能力更能满足照料、教育、销售或管理职业类的要求。

第五，处理人际关系。人际关系艺术就是调控对他人的情绪反应的技巧。人际关系能力可强化一个人的受社会欢迎程度、领导权威、人际互动的效能等。善于处理人际关系的人在任何需要良好人际互动的领域都会有出色的表现。

可见，一个情绪智力高的人有较好的情绪觉察能力、情绪调控能力、自我激励能力、共情能力和人际交往能力。

我国学者张进辅认为我国大学生的情绪智力结构包括情绪觉知能力、情绪评价能力、情绪适应能力、情绪调控能力和情绪表现能力五个部分。我国大学生情绪智力呈现积极发展的趋势，情绪的内部结构发展不平衡，情绪的意识因素发展高于情绪的行为因素，女生的情绪表达能力显著高于男生，文科生的情绪觉察力显著高于理科生。① 周青霞等人发现大学生对他人情绪的表达显著高于对自我情绪的表达，对积极情绪的表达显著高于对消极情绪的表达。② 丁凤琴等人的研究显示我国大学生情绪调控与学业满意度呈正相关，调控自我情绪和调控他人情绪能使大学生学业满意度得到提高。③

因此，培养大学生的情绪的觉察力、适应力、表达力、调控力，不仅关系到大学生的身心健康，而且影响到他们的学业发展。

---

① 张进辅、徐小燕：《大学生情绪智力的特征研究》，载《心理科学》，2004(2)。

② 周青霞、王异芳、王争艳：《大学生情绪表达影响因素研究》，载《中国学校卫生》，2011(32)。

③ 丁凤琴、马淑娟：《大学生情绪智力及与自尊和学业满意度关系》，载《中国公共卫生》，2013(4)。

二、情绪健康

从情绪对人的影响角度，我们简单地把情绪分为积极情绪和消极情绪两大类。情绪健康就是积极情绪与消极情绪较为平衡。

情绪是人类在进化过程中适应环境的心理行为结果，无论哪种情绪都有其功能，消极情绪和积极情绪均具有进化适应的价值。当个体生命受威胁时，消极情绪会使个体产生一种特定行动的趋向，窄化个体的思维行动资源，使个体更加专注于即时的境况，迅速做出决定并采取行动。消极情绪通过窄化个体的认知范畴，使个体在战斗—逃跑的情境中获益。当个体体验到积极情绪时，个体会变得更加专注而开放，会产生尝试新方法，运用新的解决问题策略，采取独创性的方式。积极情绪的价值是间接的、长远的。

(一)健康情绪的比例

从情绪的功能来看，在健康情绪的比例中，消极情绪是一个必要的组成部分，它不可能为零。适当的消极情绪让人们脚踏实地。如果缺乏消极情绪，人们会变得轻狂、不踏实、不现实。不过，当消极情绪与现实危险和侵害不成比例时，消极情绪就会严重地伤害到我们的心理和生活。当消极情绪过强或持续时间过久的时候，它会有很强的破坏力。例如，李某案例，他的自卑、孤独等消极情绪压抑很久，最后他就用伤人的方式来宣泄这些消极情绪。可见，过度的消极情绪会影响到我们的身心健康。

同样，我们如果缺乏积极情绪，就会在痛苦中崩溃，甚至会做出伤人和自伤的行为。可见，消极情绪让我们生存下来，积极情绪令我们生活得更好。但如果积极情绪太多也会产生问题，过多的积极情绪会令人盲目乐观。消极情绪犹如生活中的重力，是一种向下的无形力量；积极情绪犹如生活中的浮力，是一种向上的无形力量。不加调控的重力会让我们痛苦不堪，不加抑制的浮力让我们飘飘然、不踏实、不现实。两种极端都会出现问题。因此，积极情绪与消极情绪的配比要达到适当的平衡。

(二)积极率①

积极率是在同一段时间里，积极情绪的出现频率除以消极情绪的出现频率得到的值。

美国心理学家洛萨达(Losada)研究发现，高效团队的积极率为6：1，混合团队的积极率为2：1，低效团队的积极率低于1：1。婚姻科学专家约翰·戈特曼(John Gottmann)发现，在幸福美满的家庭中，积极率是5：1；失败婚

---

① [美]弗雷德里克森：《积极情绪的力量》，王珺译，142～152页，北京，中国人民大学出版社，2010。

姻的积极率低于 1∶1。临床心理学家罗伯特．施瓦茨(Robert Swartz)发现，大多数人的正常的积极率是 2∶1，最佳的积极率是 4∶1，病理性的积极率低于 1∶1。他们研究的共同之处是无论组织、家庭还是个人，当积极率低于 1∶1 的时候，都会发生危机或问题。个人容易出现心理问题或心理疾病；婚姻会破裂或出现危机；组织是低效的、无利可图的，甚至会解体。

洛萨达研究发现，积极率为 2.9013∶1 时，就有足够的积极情绪来滋养人类的心灵。情绪心理学专家弗雷德里克森(Frederickson)验证了积极率为 3∶1 时的神奇效应，她发现幸福快乐的人平均积极率高于 3∶1。无论是个人、婚姻还是团队，当积极率高于 3∶1 时，基本都能够取得显著的成功。因此，积极率为 3∶1 是情绪健康的"神奇数字"。当积极率在 3∶1 以下时，积极情绪的影响可能是隐性的，会被消极情绪的影响淹没。只有当积极率达到 3∶1 以上时，积极情绪才有足够的影响力来抵消消极情绪，对人们的生活发挥巨大的效用。由此可见，我们在日常生活中能体验到积极情绪不一定会保证身心健康；只有当我们有充沛饱满的积极情绪时，我们的生命才会蓬勃向上，富有活力和创造力。

知识链接

积极情绪的效应①

情绪心理学家弗雷德里克森提出了积极情绪的扩展—建构效应理论。

第一，积极情绪的扩展功能。积极情绪能扩展个体即时的思维—行动范畴，包括扩展个体的注意、认知、行动等范围。扩展效应与开放性相互关联。在开放的过程中，新的想法、经验和行动会极大地扩展个体的思维。因此，积极情绪能够改变人们的思维、行为和关系。

第二，积极情绪的构建效应。在扩展效应的基础上，积极情绪能够帮助个体建构持久的身体、智力、心理和社会资源。思维—行动范畴的扩展提供了促进个人可持续发展的机会，积极情绪的构建效应能够帮助人们在心理上、精神上、社会上和身体上不断成长。

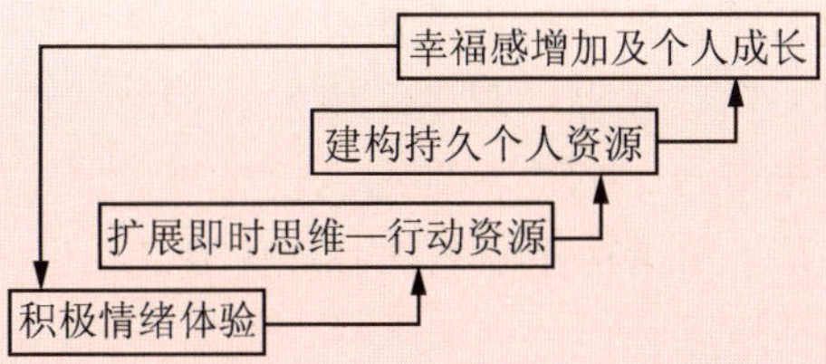

图 6-1　积极情绪的扩展—建构效应

① 李小萌：《积极情绪对自我损耗的预防与补偿作用》，北京，北京体育大学，2015(12)。

随着扩展—建构理论的发展，众多实验室实验也证实了体验着积极情绪的个体会表现出普遍性的、灵活的、创造性的、整体的、开放的、有效的思维方式。梅恩(Mayne)等人的研究结果表明，人在喜悦、满意情绪状态下比在害怕、愤怒情绪状态下会产生更多的想法，即积极情绪能扩展个体的行为或思想范畴，消极情绪会缩小个体的行为或思想范畴。① 弗雷德克里森和布兰尼根(Brannigan)让实验参与者列出在现有感受下想要做的事情。那些被分在体验适趣或宁静小组的人，列出的单子最长，他们写的单子要比感受中性情绪的人列出的单子长，也比那些感受愤怒或恐惧情绪的人列出的单子长。即在积极情绪的状态下，个体会有更强的创造力，能够扩展个体的思维。

从上可见，积极情绪与行为—思维拓展、资源建构的关系是相互影响、相互引发的。积极情绪体验扩宽了个体的注意和认知的范围，有利于个体应对环境和综合利用资源。良好的应对方式又预示着未来的积极情绪的产生。这是一个良性循环的过程，是螺旋式上升的。通过不断的螺旋式上升的过程，个体的心理幸福感不断提升，从而促进个体不断成长。

当我们感觉良好的时候，我们的生活范围就会更广阔，我们的观念就会更合理。同时，开阔的思维会改变我们思考的方式。我们见的越多，越会有更多的想法，有更多的行动。因此，我们的积极情绪越多，思维就越开阔，就会有更多更好的想法，解决问题的方法就更有创造力。

积极情绪能打破“你”“我”之间的界限，使人与人之间有更多的联系。当用“我们”的思考替代对“我”的思考时，我们就会去欣赏他人的独特之处，改变我们对自己和他人之间关系的看法。同时，当我们感觉良好时，我们就能对别人友好和提供帮助，激发我们对人的情感，在自己和他人身上引起更多的积极情绪，创造更好的良性循环。

积极情绪构建个人的心理优势。在生活中体验到更多积极情绪的人能在心理上迅速成长；会更加乐观，更加坚韧，更加开放，更有实现目标的决心。充分的积极情绪创造了更多良好的心智习惯。人们对环境变得更加有意识，更用心领悟，更善于品味生活中好的方面，更善于考虑达到目标的多种不同方法。

积极情绪构建社会联系。积极情绪对身边的人有激励作用，让我们更有吸引力。同时，积极情绪有感染力，我们与人分享自己的喜悦时，也点燃了别人的喜悦之情，这是一个构建持久的社会关系的过程。我们与他人由衷地分享的

① 牛力：《积极情绪相关研究现状》，载《现代医药卫生》，29(4)。

积极情绪越多，我们与他人之间的关联性就越强。

积极情绪构建健康的身体。积极情绪提高了身体中的多巴胺水平，加强了免疫系统的运作，降低了人体对压力的反应。积极情绪会降低血压，减少疼痛，带来更好的睡眠，延长人的寿命。

所以，随着积极情绪体验的增加，个体就能够建构一系列的个人资源(包括身体、认知、心理、社会资源)，进而提升主观幸福感和生活品质。

答　案

1. 外卖被偷或者与室友有冲突，不能好好控制情绪，怎么办？在情绪不好的时候有人和自己说话，要如何控制自己的语气？如果自己的负面情绪影响到周围的人该怎么处理？

当我们情绪波动的时候，我们的行为会很大程度上受到情绪的影响，这时候我们的一些行为和语言很有可能会词不达意，更严重的可能会伤害到他人。在这种情况下，我们首先要让自己尽快冷静下来，平复自己的情绪，感受并尝试解读自己的情绪。在渐渐冷静下来的过程中我们也会平稳住他人的情绪。在这种状况下我们再与他人继续交谈或者做决定，就能更好地表达自身的意愿了。

接纳负面情绪是一种健康的行为。当你失恋的时候，你可以难过流泪，不要逼着自己坚强。当你失败的时候，你可以痛苦，不需要强装笑颜。在悲伤时就体验悲伤，在痛苦时就接受痛苦。接纳消极情绪是真实自我的一部分，它会让你过得自然、真实而不那么压抑。我们只有学会接纳自己的情绪，才可以更好地直面它，才可以更好地减少消极情绪。要学会经常去质疑自己的消极思维，这样可以慢慢地改变负面的心态，可以减少消极情绪。

2. 长时间地控制自己的情绪，反而让别人觉得我们好欺负，怎么办？在生活中我们应不应该做一个“佛系”青年？

情绪是可以调控的。当我们过度压抑自己的情绪的时候，我们的内心负担是十分大的；当我们过度释放自己的情绪的时候，对于外界的影响我们也是无法控制的。合理控制情绪与释放情绪不仅有益于身心健康，而且可以加强我们与外界的联系。控制自己的情绪并不意味着一味地忍耐，我们合理表达我们的情绪既是对自己的身心健康负责，同时也可以与他人更好地交流。在生活中我们可以“佛系”，但也要记得表达出自己的情绪。

三、调控情绪

我们可以从情绪智力的六个方面来提高管理情绪的能力。

(一)接纳情绪与体验感受，提高自我觉察力

生活中有些人说“你别闹情绪了”，这就意味着情绪是不好的。因为消极情绪带给人们的体验是很不愉快的、痛苦的、烦恼的，所以人们就不太能够接纳愤怒、生气、沮丧等消极情绪；积极情绪带给人们的体验是愉悦的、开心的，所以大多数人比较容易接纳甜蜜、幸福、欢乐、欣喜等积极情绪。

实际上，无论哪种情绪，都是一种心理反应。虽然情绪有消极和积极之分，但我们不能简单地把积极情绪等同于好的，把消极情绪等同于坏的。无论积极情绪还是消极情绪，都是人类适应环境的心理行为结果，每种情绪都有不同的功能和价值。所以，我们要接纳不同的情绪感受。

我们要学习接纳各种情绪，在悲伤时就体验悲伤，在痛苦时就经历痛苦。当朋友失恋的时候，你不要告诉他“你不要哭，要坚强起来”之类的话，要安静地陪伴，让他把悲伤表达出来，才能帮助他从失恋的痛苦中走出来。同样，我们也要接纳积极情绪。欢乐时就享受快乐，幸福时就品味幸福。当别人肯定我们时，我们就会感到开心；当别人夸奖我们时，我们就谢谢他。接纳别人的表扬，不必掩饰我们内心的美好情感。因为我们带着美好情绪去学习和工作时，会更加有激情和创造力，学习效果和工作成效就会更好。

“男子汉流血不流泪”，这意味着只有弱者、女人才应该有悲伤的情绪，男性尤其不应该有悲伤的情绪，成熟的人更不能有太多的情绪情感。因此，许多人就会否定或压抑自己的感觉。无论我们是否觉察到，情绪都会以它自己的方式对我们产生影响。

我们接纳情绪后，就可以好好地去体验情绪，觉察它对我们的影响。我们如果否定情绪或压抑情绪的话，就会降低我们的情绪觉察力，会出现“莫名其妙地发火”的情况。“莫名其妙”指的是我们没有情绪觉察力，情绪控制了我们的行为和判断。我们只有经常去体验自己的感受，才能提高我们觉察情绪的能力；才知道哪些情绪在影响我们的思维和行为，哪些情绪会在左右我们的人际关系。

因此，接纳和体验情绪是一种健康的行为，是一种心理能力，是情绪智力的基本能力。我们不要害怕和抗拒情绪，要和不同情绪相处，自觉地觉察各种情绪感受。

(二)计算福气，品味美好，提升自我管理能力

我们经常计算普通事情的福气，珍爱日常生活中的平凡事情，对平凡事情重新进行积极定义，就能把平凡的事件转变为福气，也就能把消极情绪转变为积极情绪。经常感恩平凡生活是计算福气的好方法，可以提高我们的积极情绪。

计算福气在人际关系中的效果特别明显。当你真正理解别人对你的善意时，你会感激别人。他们的体贴触动了你的心。你用语言或行动表达出你的感

激，不仅提高了你自己的积极情绪，而且提高了别人的积极情绪。在这个过程中，你增加了别人的善意，也巩固了你们之间的关系。

品味美好是从好事情中寻找更好的意义，把积极的事物变得更加积极，这是锦上添花的积极情绪。我们要学会品味美好，欣赏美好事情的每个方面。当好事情发生之前，我们可以想象美好的情景；当好事情发生当时，我们深深地陶醉在其中；当好事情发生后，我们由衷地品味喜悦。品味美好是有意识地创造、强化和延长我们对积极情绪由衷的享受。所以，品味是在美好事件的前期想象它、中期体验它、后期重温它。

（三）发挥优势，提高自我激励能力

了解个人的优势能显著提升积极性，但是效果是暂时的；只有不断地寻找发挥优势的方法，持之以恒地发挥自身的优势，提升积极情绪的效果才会既明显又持久。因此，我们要不断地发挥我们的优势，塑造我们的学习和日常生活，增加积极感受。

（四）乐于和人相处，提高处理人际关系的能力

当我们和别人在一起表现出大胆、健谈、充满活力、积极主动和自信时，我们对别人才有更好的吸引力。我们每天花时间与亲近的人在一起，可以从社会交流中感受更多的积极情绪。友好的人际关系能培养我们对他人的关爱之情、温和性情和同情心。我们微笑更多，欢笑更多，欣赏更多的积极情绪，才能够与他人建立更深入和更令人满意的关系，我们的生活才更丰富。享受与人交往的快乐，养成与亲人或亲密朋友分享好消息的习惯，让他们与我们一起庆祝，我们和朋友会变得更加亲密，人际关系也会更好。

（五）验证消极思维

消极情绪和消极思维是相辅相成的。我们想事情很悲观时，容易产生消极情绪。我们用消极思维看人看事时，就会沉溺在失望中，伴随着焦虑 、绝望、羞愧、恐惧及很多其他消极情绪。我们的思维越消极，我们跌入痛苦情绪的陷阱就越深，以至于不能自拔。

验证消极思维是减少消极情绪的好方法。我们并不是制止消极情绪，或者把它们推出脑海，而是当我们对照实事来检验它们时，用实实在在的事情来化解它们，从而扼杀消极情绪。例如，当我们去求证“我从来没有成功”时，我们就会发现我们的成功可能不是最耀眼的，但我们也有做得很好的时候。当我们去验证“没有人喜欢我”时，可能我们的朋友不是最多的，但我们也有好朋友。

因此，我们经常去验证消极思维，就会慢慢地改变悲观的心态，从而减少消极情绪，增加积极情绪。

（六）打破思维反刍

思维反刍是我们一次又一次地重温消极想法和消极感受，思维停在对一个问题的无休止的僵局中。当我们思维反刍时，我们是通过消极情绪扭曲的镜头来看待世界的。消极情绪让我们不能清醒地思考或者看到大局，还会有火上浇油的想法。消极情绪和消极思维就会双倍地拖累我们。对问题无休止的担忧和思维反刍，使我们的积极性一落千丈，增加我们的消极情绪。

打破思维反刍的方法有：要认识到无休止的苦思不能给我们带来任何好处，只能让我们备受折磨、痛苦不堪，因此，要经常想开一些，用"宽容"和"宽心"的方法来化解固执的态度；同时，有意地分心，做一些让我们将思维从麻烦中转开的事情，在我们的思维走投无路的时候，创造一个帮助我们分心的活动信息库，打破思维反刍的约束，做一些提升积极情绪的事情，提升我们的积极感受。

答　案

3. 购物节来临的晚上怎么控制自己的情绪?

一般在购物节的时候，大家都会有冲动购物的状态。我们其实是受到了节日当天大量信息的刺激，情绪状态自然而然会随之变化。在这种情况下，大家不妨先减少信息的传入。首先，每年遇到某些特定的大型打折促销节日的时候就远离电脑、手机等可以让我们花钱的渠道。其次，我们可以转移注意力，我们非常想要买东西的时候，可以试着做一些其他的事情，如外出遛弯，减少自己可用的资金，通过另外的行为降低购买欲望等。最后，我们可以为自己设置时间限制，经过一定时间的思考，到时间我们仍然想要购买它，那么证明我们真的需要它，是可以选择购买的。当然还是希望大家根据自己的经济水平量力而为。

4. 如何克制自己的情绪，然后礼貌又不尴尬地提醒室友不要深夜外出?

室友之间因为个人习惯而产生矛盾或分歧是很正常的。我们在认为对方的行为或习惯影响到自己时，可以尝试通过沟通来解决问题。沟通时要进行多核处理。首先，注意说话的时机。表达意见之前，先确定时机是否适合交谈，否则只会浪费力气。例如，在公共场所，或者其他朋友、同学在场时，就应该避免谈及涉及隐私或者敏感的话题；当对方感到厌烦时，也应尽量避免讨论。其次，关注事件的本身，处理情绪。沟通时，最好说清楚自己不喜对方的哪些行为，而不对其个性、人品做出评价。一个人要改变某些特定、确切的行为，要比改变个性容易得多。最后，要注意双方的情感表达。人们在生气(或愤怒、羞愧)时，常常把情绪化作语言说出去，这些话可能本身只是表达某些情绪，但可能会让还未解决的矛盾变得更加棘手。如果在沟通时感觉氛围不对，觉得对方莫名其妙又不知道原因，此时最好的方式是先停止沟通。暂时停止沟通是为了让情绪都不太平静的双方冷静下来，避免无谓纷争与误解。

5. 面对容易暴躁的恋爱对象，如何控制自己不受其暴躁情绪的影响并同时快速安抚对方的情绪？是不是只能让他自己静静？

当这种情况突然发生时，首先要冷静下来，管理好自己的情绪。然后让他自己尝试解决自己的问题。有时候我们也无法完全对对方的情绪感同身受。我们在保持关注的前提下，在自己能力范围内给予适当的陪伴及开导。我们可以尝试放缓我们的语气并配以安抚性的动作，在可能的情况下让对方表露情绪。情绪在向外释放的过程中，当事人也会逐渐平复下来。但是当我们自己没有办法应对这些情绪时，我们要学会在适当的情况下寻求专业人员的帮助。

第三节 压力管理

案 例

无处不在的压力

小李是一个大学三年级的男生，来自农村，家里经济条件一般，性格温和，乐于助人，和同学关系比较好。小李进校时就立志考研，平时认真学习，成绩优秀。他在准备考研的过程中，每天早出晚归去图书馆学习，几乎和室友说不到几句话。他认为复习时间不够用，好几次同学聚会都没有参加，和同学关系越来越疏远了。他经常感到心烦意乱。最近他得知自己想报考的学校录取分数很高，一想到如果考不上这所学校的研究生就毛焦火辣。小李感到自己好像掉进“高压锅”里了，无处不在的压力让他喘不过气。

从以上案例来看，当今大学生面临着许多压力，如学业压力、人际交往压力、情绪压力、就业压力等。大学生如何应对各种压力是一个非常重要的议题。

问 题

1. 出现压力是否是因为自己能力不够而产生一种抵抗情绪？

2. 很多时候，事实上没问题，但是自己觉得有问题，这样的想法让自己产生许多压力，应该如何应对？

3. 期末考试压力大、就业前景不好等让我们产生压力，我们应该怎么办？

4. 不敢表达、发泄自己的情绪和压力怎么办？

一、压力的本质

压力一词最早是物理学中的术语，是指施加在物体上的力量。压力成为描述人类状态的词语源于加拿大生理学家汉斯·塞利(Hans Selye)，他阐述了人在压力下的生理反应及压力与疾病的关系。从此，压力就被用来说明人们在面对工作、人际关系、个人责任等要求时所感受到的心理和精神上的紧张状态。随着生活节奏的加快，人们感受到的压力越来越多，也越来越大。压力较大成了我们日常生活中的一种普遍现象。

(一)压力的定义

压力是什么呢？在生理学上汉斯·塞利把压力看作身体对于施加于其上、需要其适应的一切要求的非特异性反应。心理学家拉扎罗斯(Lazarus)认为压力是事件和责任超出个人应对能力范围时个人所产生的焦虑状态。本书定义的压力(Stress)是“个体对觉知到的自身的生理、心理、情绪及精神受到威胁时的体验，所导致的一系列生理性反应及适应”①。

例如，小明在考试时就会有紧张、焦虑的情绪，还会伴随着失眠、没有食欲的情况，以至于他以前会做的题在考试时也不会了。小明认为考试是一种压力，实际上，考试并不是压力，而是导致小明产生考试焦虑的压力源。

1. 压力源

压力源是对个体产生刺激的生活事件。从本质上来说，压力源没有好坏之分。我们每天的生活中都会发生许许多多的事件，大到自然灾难，小到琐碎烦事，都需要我们去适应和应对。人们对生活事件的评价态度不同，就会导致不同的结果。人们只有感知到压力源时才会产生压力感。仅仅有压力源还不一定产生压力，个体对压力源有所感知时压力才会产生。

例如，在大学生人际交往的事情上，有些学生认为同学之间的交往是美好的、有意义的，在人际交往中更多地感到愉悦、快乐而不是压力。有些学生觉得人际交往是负担，在人际交往中就会感到压力。如果压力感不能消除的话，就会出现反应。

2. 压力产生的过程

从心理学的角度来看，压力的形成有四个过程。

第一是刺激出现。压力源出现失衡的时候，就会导致刺激出现，表现为外在环境与内在心理的关联。

第二是感受刺激。刺激一旦出现，个体就会感到刺激的威胁，这是在生理

---

① [美]布莱恩·卢克·西沃德：《压力管理策略》，许燕等译，5页，北京，中国轻工业出版社，2008。

上的一种条件反射。

第三是认知刺激。个体感受到刺激后，会体验和评价刺激与自身价值观、需求、动机等之间的矛盾。

第四是行为反应。个体在体验和评价刺激后，在心理、生理和行为上出现一系列压力征兆。

在压力形成的过程中，压力源是一种外界刺激，个体的主观体验和评价是产生压力感的关键因素；也可以说，压力是个体主观感受后产生的一系列反应。这些反应包括生理反应、心理反应和行为反应。

在压力之下的生理反应主要有肌肉紧张，脉搏加快，肠胃失调，呼吸急促，拳头紧握，瞳孔变大等。心理反应主要有强烈的负面情绪，如紧张，焦虑，不安，麻木，在认知上精神恍惚，不能集中注意力，判断力降低，分析力减弱，过分联想。行为反应主要有冲动，人际关系恶化，睡眠困难，饮食紊乱，行为退缩等。

实际上，这些压力反应也是对个体的预警，提醒人们要注意压力对个体的负面影响。如果不及时调整，就会导致身心疾病。

知识链接

适应综合征

“压力之父”汉斯·塞利（Hans Selye）于1930年定义适应性反应为一个有机体适应压力的过程，即从失衡到回到平衡或稳定，从而维持或恢复完整和安宁。适应综合征有三个阶段，如图6-2所示。

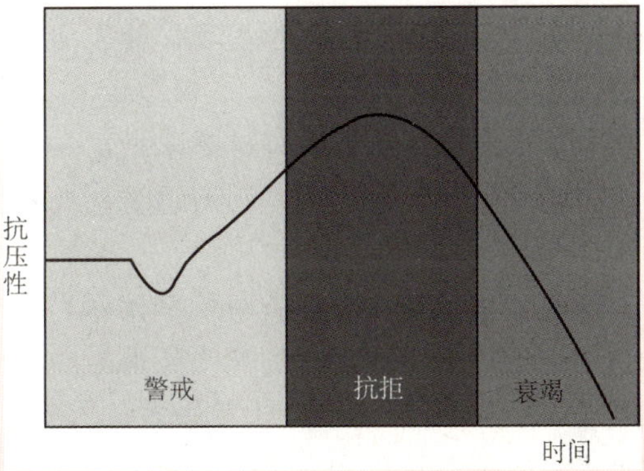

图 6-2　适应综合征的三个阶段

警戒阶段（Alarm）。第一次出现应激源时，警戒反应就会发生。在一段很短的时间内，个体会产生一种低于正常水平的抗拒，这个时期的阻抗会引起个体肠胃失调，个体会很快地做出防御性的自我保护的调节。如果防御性反应有效，警戒就会消退，个体就会回复正常活动。

抗拒阶段(Resistance)。个体如果不能控制外界因素的作用，或者在警戒阶段没有排除危机，就会使用许多资源来应对。身体持续被激活，新陈代谢加快，一些器官不能负荷，就进入第三个阶段。

衰竭阶段(Exhaustion)。如果应激源持续时间长或强度大，个体就会继续耗尽已经积蓄的能量而出现崩溃。一个或多个器官承受不了过快的新陈代谢的压力，无法正常工作，就会衰竭，继而引起器官坏死，导致疾病甚至整个有机体的死亡。

(二)压力类型

压力主要有三种类型：正性压力，中性压力、负性压力。其中负性压力又包括急性压力和慢性压力。

1. 正性压力

正性压力是积极的压力，会激发个体朝向健康方面的理想水平发展。正性压力能激发人的动机，产生于个体被激发和鼓舞的情景下，促使人积极努力，如恋爱、升学就可能是正性压力。正性压力给人的感觉是愉悦的，个体没有威胁感和紧张痛苦的感受。正性压力的好处是让人对威胁紧急状态做出迅速有力的反应，有更加出色的表现，让人在工作、学习和生活中发挥潜能，让日常生活变得多姿多彩。可见，正性压力促使人突破个人极限。

2. 中性压力

中性压力是人对内部和外部需求做出一种中性的反应，被认为是无关紧要的信息或感官刺激，其结果是无所谓有利或有害。

3. 负性压力

对于真实的或想象中的威胁性事件，当唤醒水平过高或过低，包括负荷不足和负荷过重时，个体对它的感知是消极的，会产生恐惧、愤怒等，从而产生负性压力。负性压力对人们会有许多危害。例如，学习效率降低，潜能被埋没，低自尊，缺少快乐和无价值感，学业无进展，身体疾病，对生活和人际关系的满意度降低，不参加娱乐与游戏，活力衰退。有专家估计，50%～80%的病例都与压力有关，因此，不良压力是有害的。

负性压力又包括了急性压力和慢性压力。

急性压力：压力来势迅猛但持续时间短暂，如突然听到好朋友生病，个人会感到震惊，但这种感受又消退得很快。

慢性压力：压力不大但持续时间很长，如贫困问题，难以相处的寝室问题等。个体在慢性压力下不断被唤醒，慢性压力对人的影响比急性压力更大。

答 案

1. 出现压力是否是因为自己能力不够而产生一种抵抗情绪?

压力是压力源和心理反应共同构成的一种体验过程。通俗地来说，压力就是一个人在应对环境要求时产生的紧张感受。我们在面对环境变化的时候会产生压力，这也是身体对我们的提醒。我们需要应对变化，进行一些转变。压力的产生原因是多种多样的；而且压力可能是有害的，也有可能是有利的。

2. 很多时候，事实上没问题，但是自己觉得有问题，这样的想法让自己产生许多压力，应该如何应对?

当你经常钻牛角尖时，你是通过扭曲的消极镜头来看待世界的。对问题无休止的担忧和思维反刍使你的负能量翻倍。首先要停止思维反刍，无休止地苦思不能给你带来任何好处，只能让你备受折磨、痛苦不堪，因此要改掉胡思乱想的习惯；其次要做有益的分心，在你不开心时，就做一些自己喜欢的事情，如听音乐、跑步、打球，读书、写日记、看电影、跳舞、旅游等。

(三)大学生常见的压力

我们进入大学后，会面临许多压力。有研究发现，男生在社交方面的压力显著高于女生，本科生所承受的总的心理压力及学业压力、生活压力、发展压力和社交压力都显著大于研究生。[①] 张善红，郑林科等研究发现大学生的心理压力来自外部较多，年级越高压力越大。[②]

大学生常见的压力主要有以下八个方面。

1. 室友关系

与室友成为志同道合的朋友是一件不容易的事情。当室友不能成为好友时的压力在于，在大学共同生活的时间里，无论哪种情境中，不论好的事情或坏的事情，双方都要学会包容或妥协，否则就会令人烦恼不已。

2. 专业认同

当你对自己的专业认识不清楚时，或者你选择的专业不是自己喜欢的时，你会因怀疑“我学的专业有什么价值”而产生学业倦怠。张弘通过研究发现，未来取向与专业认同相关，未来取向水平高的个体对当前的学习更加投入，专业学习的水平更高。[③]

---

① 朱海雪、张晓旭：《高校学生心理压力的调查研究》，载《滁州学院学报》，2014(4)。

② 张善红、郑林科、杨宪华等：《大学生心理压力状况调查分析——基于商洛学院 1497 名抽样学生的分析》，载《安康学院学报》，2017 (6) 。

③ 张弘：《试论大学生未来取向、专业认同与学习投入的相互关系》，载《当代教育实践与教学研究》，2016(7)。

3. 学业压力

为了在激烈的竞争中立足，大学生积极完善自己，除了完成课堂学习外，还参加各种培训班，不断地考证，为就业考试做各种准备，这让他们承受着巨大的学习压力。①

4. 经济问题

如果你是来自比较贫困的家庭，在和同学相处时会因为缺乏金钱而局促不安，甚至伤害到自尊心；或者因为不能很好地管理金钱而出现经济压力。

5. 生活方式

在你缺乏良好的自我管理能力时，自由的生活方式就会变成另一种压力。例如，你每天到深夜还沉迷在游戏中，白天上课无精打采而影响听课，随意在网络上购买可有可无的产品而出现经济问题，逃课去旅游而被处分等。如果你不能平衡好自由与责任之间的关系，不受约束的生活方式就会严重地干扰你的学习和生活。

6. 朋辈压力

大学生希望得到友情，有被同学接纳的强烈需要，这就容易屈服于同辈压力。如果你的价值观与其他同学有较大差异时，服从朋辈的压力会令人苦恼。

7. 亲密关系

在大学里发展与维持亲密关系需要花费时间、精力和金钱，还需要具备应对争吵、化解矛盾的能力，一旦遭遇失恋或被误会的时候，双方会受到很大的打击和压力，以致无心学习。

8. 职业生涯

有些大学生对职业有过高的期待，希望自己能够在毕业后功成名就，报效父母。这些想法经常给大学生带来压力，因为他们对现实社会是陌生的，甚至是害怕的，以至于有些大学生以考研来延缓就业压力。2018 年，高校毕业生人数高达 820 万人，就业形势非常严峻，大学生就业难已经成为一个不争的事实。就业难度增大，无疑增加了大学生就业的心理压力。②

二、压力管理

压力管理有益于改善生活质量，降低疾病风险，并通过改善关系、滋生关爱之心让身边的人受益。压力管理的核心在于提升自己和他人的健康水平，实现幸福生活。

---

① 陈星宇、张春勇：《大学生学习压力的调查分析与对策——以云南农业大学为例》，载《云南农业大学学报》(社会科学)，2015(2)。

② 胡珊珊：《浅析当前大学生面临的就业心理压力及调适》，载《课程教育研究》，2019(41)。

（一）生理管理：觉察压力信号

压力反应出现在生理上会有一些压力警号，如情绪上是脾气不好，爱发火，抑郁，不想理人；身体上是疼痛感强，饮食失衡，睡眠有问题；认知上是注意力下降。压力的核心特点是对生活很不满意。因此，压力管理的第一步是提高生理觉察力，当身体感到不舒服时，就知道压力对我们提出了强烈抗议："你必须调整压力了。"觉察后就要采取行动，进行行为管理。

（二）行为管理：健康缓冲器

健康缓冲器抗压的方法有很多。例如，进行体育锻炼，在负荷不足的时候做有氧运动，负荷超重时做放松运动，如太极、瑜伽、冥想等；保持良好的饮食习惯，不要暴食暴饮；保证充足的睡眠。

几乎所有大学生的睡眠都有些不足，信息很多本身就是压力源之一，多做健康有益的娱乐活动、与他人一起娱乐是很好的减压方法。

（三）认知管理：自我维护

对压力进行有效管理依靠对生活的认知态度。医生、咨询师、配偶、朋友都不能完全替代你处理压力，他们只能帮助你。自我维持而非依赖他人是压力管理的核心。

许多压力来自个人的非理性观念，就是人们看人、看事、看世界的态度是绝对化、概括化、灾难性的，表现为刻板、固执。消极、悲观、完美主义就是典型的非理性观念，对人对己要求过高，对世界要求完美。非理性观念会提高压力的唤醒程度，容易导致不良压力。压力管理的核心是要用乐观开放、积极灵活的认知态度去评价压力源，消除"必须障碍"。改变"必须""应该""绝对""一定"等非理性思维，用"尽可能……""要是……就好了""尽量努力……"的弹性思维，从多个角度辩证地看待世界，才能消除学习和生活中的许多压力。

（四）社会支持

社会支持是一个人与社会联系的密切程度，是压力与健康之间的一个重要中介因素。良好的社会支持有利于个人的身心健康。

社会支持包括客观的实际支持。当我们处于压力状态时，我们通过获得一定的物质援助、建立社会网络、参与团体、建立稳定关系和良好的社会交往等来释放压力。同时，社会支持还包括主观的情感支持。当我们可以感受到他人的尊重、体验到别人的支持与理解的，我们就会提高生活的满意度和幸福感，从而增强对压力的免疫力。

（五）持之以恒地练习

压力管理是一个持续不断的过程，不能三天打鱼，两天晒网；要把压力管理变成我们日常生活问题的一部分，用其应对日常中的身体健康、人际关系及时间安排等相关问题。当我们不断对压力进行调控时，我们就会在良好的生活状况中不断地运用正性压力来突破个人极限，实现个人成长和发展。因此，压力管理的目的在于促进自己与他人的健康，实现个人的成长。

积极心理学认为，管理压力其实是每个人与生俱来的能力，人们可以通过关注自己的积极情绪体验、利用自己的优势、培养愉快的人际交往体验、增强感受爱和幸福的能力等方式来缓解压力。多去发现自己的优势，使用自己的乐观情绪和积极思维方式，全情投入自己长期的目标并享受当下的大学生活，培养良好的人际关系，可以促进体内催产素的分泌从而缓解压力。根据积极心理学的观点，当代大学生必将获得更多有效管理压力的方法。①

答　案

3. 期末考试压力大、就业前景不好等让我们产生压力，我们应该怎么办？

压力是不能也无法消除的，人只要活着就会有压力，只有死人才没有压力。应对压力是调控压力，降低压力的不良影响，或者缩短压力持续的时间，而不是消除压力。

提高应对压力的能力需要一个持续不断的练习过程，要把应对压力作为日常生活的一部分，经常留意识别身体的压力信号，多做运动、深呼吸等减压活动。

最关键的是要去修正那些非理性的观念，保持合理的认知态度，客观合理地看待日常生活中的压力，这样才可以做压力的主人。

4. 不敢表达、发泄自己的情绪和压力怎么办？

压力大，负面情绪很多，确实需要宣泄。负面情绪如果长时间得不到宣泄，就会累积在身体当中。因为细胞是有记忆的，这样身体、心理会越来越疲累、痛苦。会宣泄不良情绪，也是情绪管理的重要方面。宣泄的渠道要适合自己。如果怕被人看见，怕打扰家人，引起误会，可以选择安静一点的方式，如书写，或者是在纸上涂涂抹抹，或者是把没用的书本、报纸撕得粉碎，摔打枕头，在外面可以进行运动等。

心理测试

正性负性情绪量表②

这是一个由20个描述不同情感、情绪的词汇组成的量表，请阅读每一个词语，并根据你近1～2周的实际情况在相应的答案上画圈。

① 乔茂凤：《积极心理学视角下的当代大学生压力管理》，载《福建茶叶》，2020，42(2)。

② 张作记：《行为医学量表手册》，236页，北京，中华医学电子音像出版社，2005。

	几乎没有	比较少	中等程度	比较多	极其多
1. 感兴趣的	1	2	3	4	5
2. 心烦的	1	2	3	4	5
3. 精神活力高的	1	2	3	4	5
4. 心神不宁的	1	2	3	4	5
5. 劲头足的	1	2	3	4	5
6. 内疚的	1	2	3	4	5
7. 恐惧的	1	2	3	4	5
8. 敌意的	1	2	3	4	5
9. 热情的	1	2	3	4	5
10. 自豪的	1	2	3	4	5
11. 易怒的	1	2	3	4	5
12. 警觉性高的	1	2	3	4	5
13. 害羞的	1	2	3	4	5
14. 备受鼓舞的	1	2	3	4	5
15. 紧张的	1	2	3	4	5
16. 意志坚定的	1	2	3	4	5
17. 注意力集中的	1	2	3	4	5
18. 坐立不安的	1	2	3	4	5
19. 有活力的	1	2	3	4	5
20. 害怕的	1	2	3	4	5

注：条目1，3，5，9，10，12，14，16，17，19评定正性情绪，条目2，4，6，7，8，11，13，15，18，20评定负性情绪。

计分方法，每个形容词后有五个选项答案，几乎没有、比较少、中等程度、比较多和极其多，分别计1，2，3，4，5分。

分正性情绪和负性情绪两个因子统计分析，即正性情绪分和负性情绪分。

正性情绪分高表示个体精力旺盛，分低表明淡漠。

负性情绪分高表示个体主观感觉困惑，分低表示镇定。

思考题

1. 觉察你常见的不同情绪感受及其对你学习和生活的影响。
2. 结合你自身情况，谈谈你感受到的压力对你学习、生活的影响。

影视赏析

马戏之王

《马戏之王》取材自真人真事，好莱坞全能巨星休·杰克曼(Hugh Jackman)在片中饰演“马戏团鼻祖”、传奇人物巴纳姆(P. T. Barnum)。故事讲述了身处社会底层的巴纳姆依靠自己无穷的想象力和锲而不舍的精神，从经营博物馆到一手开创世界上第一家马戏团的故事。巴纳姆的奇思妙想最开始并不被大众认可，几乎没人花钱欣赏，他的家人、好友帮他度过一次次绝境。在经历了一系列挫折、与合作伙伴的分歧之后，秉持梦想的他终于成为全美甚至全世界最为知名的“造梦大师”之一。

推荐阅读

1. [美]弗雷德里克森. 积极情绪的力量[M]. 王珺，译. 北京：中国人民大学出版社，2010.
2. [美]艾伯特. J. 伯恩斯坦. 情绪管理[M]. 范雷，译. 北京：中国水利水电出版社，2005.
3. [美]沃特·谢弗尔. 压力管理心理学[M]. 方双虎，等，译. 北京：中国人民大学出版社，2009.

第七章

认识职业　直面生涯

凡事预则立，不预则废。

——《礼记·中庸》

学习目标

了解自身优势，系统分析自己的职业潜能，科学准确地制定自己不同时期的职业目标；了解自身的不足，并选择合适的提升方法；正确区分职业生涯规划与学业生涯规划，运用专业思考模式对自己的学业生涯和职业生涯进行科学的规划和管理；理解专业与职业的关系，思考自己的职业倾向。

第一节　生涯规划

1936 年，时任国立浙江大学校长的竺可桢在新生入学典礼演讲上提出两个著名的问题："诸位在校，有两个问题应该自己问问。第一，到浙大来做什么？第二，将来毕业后做什么样的人？"从生涯规划的角度看来，这两个问题一个有关大学期间的学业规划，另一个关乎我们的职业规划。

自 1999 年高考扩招以来，我国高校毕业生的就业率开始逐年下降，而且已经显现出供过于求的趋势。2013 年，全国高校应届毕业生达到 699 万，这一年被称为最难就业年。2014 年，全国高校毕业生的数量达到 727 万，增加了 28 万，这一年可谓更难就业年。① 虽然截至 2014 年 9 月，2014 年全国大学毕业生初次就业率超 70%②，但其中存在大量毕业生高才低用、专业不对口及毕业生虽已签约但并未到岗等隐性失业现象。此外，大学生的就业问题又存在大学生就业难与用人单位招聘难的矛盾，出现了"有人无事干"和"有事无人干"的现象。其原因是多方面的，缺乏科学的生涯规划是一个不可忽视的重要原因。许多大学生对生涯规划的了解还只是停留在想法层面上，对自己的发展计划没有明确的认识，自然不能准确地进行职业定位。

在社会竞争日趋激烈的当下，生涯规划变得十分重要。做好生涯规划的前提在于正确认识自我。这就从客观上要求大学生找到自己的兴趣和能力所在，积极做好知识技能、思想与心理诸方面的准备，让自己在人生的不同阶段都活得精彩。

---

① 中国教育在线[EB/OL] http://www.eol.cn/html/c/2014gxbys/index.shtml，2020-03-03。

② 中研网[EB/OL] http://www.chinairn.com/news/20140919/104307442.shtml，2020-03-03。

一、生涯规划的定义

提到生涯规划，必须先了解与之相关的三个术语：生涯、职业生涯规划和学业生涯规划。

（一）生涯与生涯规划

在中文中，“生”意为“活着”，“涯”意为“边际”，故“生涯”就是“一生”的意思。在英文中，“生涯”（Career）一词是由“职业”（Vocation）一词拓展而来的，主要指个人一生的道路或发展路径，在本质上是持续一生的过程，受到个人内在和外在力量的影响。狭义上的生涯指的是与个人所从事的工作或职业相关的过程；广义上的生涯不局限于职业过程，还包括了生活中的其他方面。生涯是一个人在愿望与可能性以及理想与现实之间妥协和权衡的产物。

美国组织行为学家霍尔（Hall）认为职业生涯规划就是个人了解自己的兴趣，评判自我能力、助力或阻力及各项选择等，确认与个人生涯有关的目标，并且从事自我发展活动的规划过程。中国职业规划师协会对生涯规划的定义为生涯规划（Career Planning）就是对职业生涯乃至人生进行持续系统的计划的过程。① 也就是说，生涯规划是对影响我们一生发展的经济、社会、心理、教育和生理等各种因素进行选择和创造。它通常需要个体结合自身发展特点，是在对自我进行全面、深刻认识的基础之上建立起来的。一个完整的生涯规划通常由职业定位、目标设定和通道设计三个要素构成。

大学阶段的生涯规划就是在进入社会前，在了解自己兴趣、爱好和认真分析个人性格特征的基础上，结合专业特长和知识结构，将现实环境和长远规划相结合，对将来从事工作做一个有方向性的方案，清晰定位自己的生涯。

（二）职业生涯规划与学业生涯规划

关于职业生涯规划的定义，著名管理专家罗斯韦尔（Rothwell）认为职业生涯规划就是个人结合自身情况以及眼前的制约因素，为自己实现职业目标而确定行动方向、行动时间和行动方案。也就是说，职业生涯规划是个体围绕职业目标所做的准备。

总结起来，职业生涯规划就是一个人对将要从事的职业和未来职业进行策划和设计，不断调整与修正职业目标，并最终实现职业目标的过程。

学业生涯规划简称“学业规划”，是指大学生对与其职业目标相关的学业进行安排和筹划，即通过确定自己的职业目标来进一步确定学业发展方向，并结合自己的实际情况制订学业发展计划，获得阶段性职业目标所必需的知识、能力和素质的过程。

---

① 中国职业规划师协会[EB/OL]http://www.ccdma.org/，2020-03-03。

个体学业生涯规划并不是一个单纯的概念，和个体所处的家庭、组织以及社会存在密切的关系。随着个体价值观、家庭环境、工作环境和社会环境的变化，每个人的学业期望都有或大或小的变化，因此它又是一个动态变化的过程。

学业生涯规划可以被看作职业生涯规划的序曲和前奏。要有科学的、符合自身的职业生涯规划，必须进行在校期间的学业生涯设计和规划并且认真实施。根据学以致用的原则，学业生涯规划不能脱离职业规划，否则与社会现实和职业岗位的需要会越来越脱节，最后导致不能够实施职业规划。大学生要把学习活动和职业准备对接起来，从创新、知识、能力、素养、职业素质等方面进行自我提高，通过学习、实践不断积累就业资本，从而实现职业目标。

二、生涯规划的意义

大学是人生中较为关键的阶段，科学开展生涯规划具有重要意义。

第一，有助于大学生进行合理自我定位。大学生生涯规划确立的过程是一个弹性动态的循环过程。不断发掘专长，认识不足，进行调整与修正，找出真正感兴趣的领域，确定优势所在，明确进入社会的起点和人生目标，此过程使理想与现实有机结合，促使大学生进行合理的自我定位。

第二，有助于大学生提高自我管理能力。生涯规划对大学生的日常学习工作与生活具有直接的指导意义。大学生可以通过目标的分解强化时间管理观念，从而增强自我约束力，重视、把握现在，集中精力完成选定的学业目标，提高自我管理能力。

第三，有助于大学生增强主动性。有效的、切实可行的生涯规划能够引导大学生认识个性特质、现有和潜在优势，确立明确的个人目标；引导大学生评估个人目标，学会运用科学有效的方法，采取切实可行的措施，不断增强学业竞争力。培养生涯规划意识的目的是使大学生由被动学习变为主动学习，增强成长的主动性。

第四，有助于大学生提升就业的竞争力。大学生就业难的原因有很多，其中较为根本的就是大学生没有实现所学、所用、所爱和所长的统一，没有充分发掘自己的潜能，没有将自己的职业竞争力充分展示出来。学业生涯规划就是大学生在大学学习生活的起点上，确立明确的学业目标和职业理想，不断发掘潜能，尽最大可能提升就业竞争力。

三、制定生涯规划的方法

大学生在制定生涯规划之前，要区分短期目标与长期目标。短期目标注重当下，一般以1～2年为期；长期目标注重长远，一般为5～10年为期。在目标设置时可以采用ABC原则[①]。

可行的(Achievable)：对你的能力而言，目标现实可行。

可信的(Believable)：有信心实现这个目标。

可控的(Controllable)：能够控制影响你实现目标的因素。

可界定的(Definable)：目标可以用语言具体界定，清晰陈述。

明确的(Explicit)：某一特定的目标，在一段时间内集中于此。

属于你自己的(For Yourself)：目标是自己真正想去实现的。

促进成长的(Growth-facilitating)：对自己和别人均无伤害性或破坏性。

可量化的(Quantifiable)：目标尽量用数字的方式表达。

生涯规划咨询中常常采用的一种方法就是有关"5W"的思考模式，通过五个问题来了解自己，制定初步的生涯规划。这五个问题如下。

第一，"我是谁"(Who am I)

"我是谁"这个问题要求我们进行深刻地自省，列出自身的优点和缺点，从而对自己有一个比较清醒的认识。

第二，"我想做什么"(What will I do)

这是对自己职业发展兴趣的回答。每个人在不同阶段的兴趣和目标并不完全一致，有时甚至是完全对立的，但随着年龄增长而逐渐固定。

第三，"我能做什么"(What can I do)

这一问题是对自己能力与潜力的全面总结，一个人职业的定位最根本的还要归结于个人的能力，个人职业发展空间的大小取决于自己的潜力。对一个人潜力的了解应该从几个方面着手，如对事的兴趣、做事的韧力、临事的判断力以及知识结构是否全面等。

第四，"环境支持或允许我做什么"(What does the situation allow me to do)

这种环境支持在客观方面包括本地的各种状态，如经济发展、人事政策、企业制度、职业空间等；主观方面包括同事关系、领导态度、亲戚关系。两方面的因素应该综合起来看。有时我们在选择职业时常常忽视主观方面的因素，没有将一切有利于自己发展的因素调动起来，从而影响了自己的职业切入点。在国外，通过同事、熟人的引进找到工作是最正常也是最容易的。当然我们应该知道这和一些不正常的"走后门"等有着本质的区别。这种区别就是这里的环境支持是建立在自己的能力之上的。

---

① 张淑华、郑久华:《大学生职业生涯规划实务》，352～356页，北京，中国社会科学出版社，2012。

第五，“自己最终的职业目标是什么”(What is the plan of my career and life)

明晰了前面四个问题，从各个问题中找到对实现有关职业目标有利和不利的条件，列出不利条件最少的、自己想做而且又能够做的职业目标，那么第五个问题自然就有一个清楚明了的框架了。

回答完以上五个问题后，我们就可以列出自己的生涯规划，建立个人发展规划书，通过系统的学习、培训实现就业理想目标，解决诸如选择什么样的工作、自己在工作中的发展路径如何设计，工作会出现哪些变化与要求、如何应对可能出现的变化，有哪些途径可以帮助自己获得成长、发展过程中出现偏差时如何改变职业方向等问题。

必须提醒的是，制定好生涯规划后我们还需要注意两个问题：一个是根据个人需要和现实变化，实时调整生涯规划的目标与计划；另一个是落实规划，无论是一成不变的生涯规划，还是没有实施细则、没有行动、仅仅停留于书面的生涯规划，都等同于虚设，无法帮助我们实现人生的目标。

四、案例分析

某高校女生，计算机专业，在临近毕业时常常对自己的职业动向难以选择。就现在来说，计算机专业属于热门，找一份差不多的工作并不难；但由于自己是女生，在就业时肯定不如男生占优势，同时自己对教师职业比较喜欢。在这种存在多重矛盾的情况下，她的生涯规划要如何制定呢？

第一，我是谁？

某重点高校计算机专业毕业生。

优秀学生干部，学习成绩优秀，英语通过六级考试。

辅修过心理学、管理学。

参加过高校演讲比赛，拿过名次。

家庭状况一般，既不属于有钱之类，也不是拮据的那种。父母工作稳定，身体健康，暂时还不需要有人特别照顾。

自己身体健康。

性格上不属内向，但也不是特别活跃，喜欢安静。

第二，我想做什么？

很想成为一名老师，这不仅是儿时的梦想，而且比较喜欢这种职业。

其次可以成为公司的一名技术人员。

如果出国读管理方面的硕士，回国成为企业管理人员也是可以接受的。

第三，我能做什么？

做过家教，虽然不是自己的专业，但擅长与学生交流，学生成绩进步时很有成就感。

当过学生干部，与同学相处比较好，组织过几次大型活动。

实习时在公司做过一些研发，虽然没有大的成就，但感觉还行。

第四，环境支持或允许我做什么？

家里亲戚推荐去一家公司做技术开发。

GRE 考得还可以，已经申请了国外几所高校奖学金，还很难说，况且当下签证比较难办。

后来曾有几所学校来系里招聘老师，但不是当老师，而是要去学校做技术维护，不知会不会有学校再来招聘老师。

有同学开了一家公司，希望自己能够加盟，但自己不了解这个公司的具体业务，也不知道它有多大的发展前途。

第五，自己最终的职业目标是什么？

最后的选择可能有 4 种，分别如下。

其一，到一所学校当老师，自己有这方面的兴趣和理想，在知识和能力方面并不欠缺，并且自己有信心成为学生心中理想的好老师。不足的就是缺乏作为一名教师的基本训练以及一些技巧，但这可以逐步练习。

其二，到公司做技术人员，收入上会好一些。但通过这几年的发展看，这种行业起伏较大；同时由于技术发展较快，得随时对自己进行知识更新，压力较大，信心不足，兴趣也不是很大。

其三，去同学的公司，放弃所学专业，从底层做起，风险较大，这与自己求稳的心理性格不符，同时家庭也会反对。

其四，如愿以偿获得奖学金，能够出国读书，回国后还是去做一名企业管理人员。不确定因素较多，且自己可把握的较少，自己始终处于被动状态。

单纯从职业发展上看，这 4 种选择都有其合理性；但如果从个体而言，第一种选择显然更符合她本人的职业取向。从心理学上看，选择第一种能够使她得到最大的满足，在工作中也最容易投入，做出一定的成绩后会有很大的成就感。从职业前途看，教师这个职业也日益受到社会的尊重，社会地位呈上升趋势。从性格上看，这种职业也比较符合她的职业取向。主要的困难是非师范毕业生进入这个职业的门槛比较高，如果她能够确定自己的最终目标后努力去弥补与师范生在职业技巧方面的差距，那她实现自己的职业理想也并非是不可能之事。

知识链接

常用的职业规划心理测评工具

1. 职业价值观类

职业价值类型测评工具主要有施恩(Schein)的职业锚测试。施恩引入职业锚概念，是为了认清各种不同的工作倾向。人们自我感知的才能、动机和价值观等构成了人们对自身的职业定位，职业锚又是人们的职业观念的核心。此外，职业锚也可为选择职业提供一种基础。因为人们在选择工作或组织时所做的决定往往与对自己的看法一致。但是，人们又只有通过若干年的工作经验及实际考验，才能完全清楚自己的职业锚到底应该在哪里。施恩根据自己对斯隆管理学院男性毕业生的长期研究，发现了8种类型的职业锚分。

2、个性评估类

人事招聘领域常用的个性评估表有：迈尔斯-布里格斯类型指标(MBTI)、加利福尼亚心理调查表(CPI)、职业性格测试(OPQ)、行为风格测评、霍根测评系统和DISC量表。

迈尔斯-布里格斯类型指标是由凯瑟琳·布里格斯(Katherine Briggs)和伊莎贝尔·迈尔斯(Isabel Myers)母女合力研究出的。MBTI是以瑞士精神病医生荣格的心理类型理论为基础编制的。它是当今世界上应用最广泛的性格测试工具之一，已经被翻译成近20种语言，每年的使用者多达200万人。MBTI主要用于了解受测者的处世风格、特点、职业适应性和潜质等，从而提供合理的工作建议。国内主要应用于管理咨询与培训、职业规划以及学校教学与辅导等领域。鉴于其理论深度，MBTI在研究正常人群的性格特征、预测行为、进行职业规划等方面有其独到之处。

DISC量表源于美国心理学家马斯顿(Marston)的正常人的情绪(可观察的行为与情绪)理论。它从支配性、影响性、稳定性和谨慎性四个维度将人的个性分为务实型、创意型、开创型、完美主义型、成果导向型、客观思想家型等15类。例如，影响性高的个体关注通过影响或说服他人来影响环境，其行为倾向于与人打交道、留下好印象、口齿伶俐、乐观看待人与事、积极参与团队活动等。他们期望在受到欢迎、公开认同以及可以提出建议的工作环境中工作，也乐于参加工作外的团体活动。此类个体要想在工作中表现得更为优秀，需要更实际地评估他人、确定优先次序和截止日期以及客观做出决策等。如果影响性高的个体的支配性或稳定性较低，那么需要控制时间；如果只是支配性较低，那么需要学习以更坚定的立场对待他人。

3. 职业兴趣类

职业兴趣类心理测评工具主要有霍兰德职业兴趣量表。霍兰德(Holland)发现，人的个性、价值观及偏好的生活方式，一般会通过6种兴趣反映出来。霍兰德这一理论假定工作的兴趣是个性的一种重要表现，这6种兴趣分别反映人的个性中的特定因素，包括务实型、研究型、社会型、传统型、艺术型及创业型。

具有务实型兴趣的人往往愿意多做一些任务明确的实事；具有研究型兴趣的人更讲科学性，更有学者的风范，愿意做研究；具有社会型兴趣的人更多地关注人文的、个人的价值倾向，并擅长处理人际关系；具有传统型兴趣的人关注的是结构、传统和细节；具有艺术型兴趣的人更喜欢不太讲究的环境，认为这样才能表现出他的创造性和个性；具有创业型兴趣的人往往愿意当组织家，进行管理，喜欢目标明确的活动。

4. 职业能力类

职业能力类心理测评工具主要有一般能力倾向测验(GATB)。GATB是所有工业取向的能力倾向成套测验中历史最悠久的测验之一，源自20世纪30年代明尼苏达就业稳定研究机构的心理学家创建的一系列测验。这些测验中除了有一般智力测验之外，还包括以下在形式上相互独立的测验：数字能力测验、能力测验、机械能力测验和心理运动能力测验。这些测验在对文秘、机械工人、销售员及其他职业团体施测的过程中，逐渐形成了一套职业能力样本(OAPs)，被试的成绩可以和这个样本进行对比。明尼苏达系列测验的这种方法因此延续下来。美国劳工部根据工作分析和对59个测验进行因素分析后，于1947年建立GATB测验结构，并对该测验进行了标准化设计。

GATB形成以来一直被广泛用于高中三年级的学生和成人职业咨询与工作安置，成为美国就业部门的工作参考程序的核心部分。被试的测验得分对其就业机会也有重大影响。这套测验目前至少被译成12种语言，至少应用于35个国家。

心理测试

MBTI 职业性格测试(简明版)[①]

通过四项二元轴来测量人在性格和行为方面的喜好和差异，分别为：

人的注意力集中所在和精力的来源：外向(E)和内向(I)

人获取信息的方式：直觉(N)和感知(S)

人做决策的方式：感觉(F)和思考(T)

人对待外界和处世的方式：计划性(J)和情绪型(P)

注意：每题考虑的时间不得超过 10 秒钟。

1. 你倾向从何处得到力量：

(E)别人。

(I)自己的想法。

2. 当你参加一个社交聚会时，你会：

(E)在夜色很深时，一旦你开始投入，也许就是最晚离开的那一个。

(I)在夜晚刚开始的时候，你就疲倦了并且想回家。

3. 下列哪一件事听起来比较吸引你?

(E)与情人到有很多人且社交活动频繁的地方。

(I)待在家中与情人做一些特别的事情，如说观赏一部有趣的电影并享用你最喜欢的外卖食物。

4. 在约会中，你通常：

(E)整体来说很健谈。

(I)较安静并保留，直到你觉得舒服。

5. 过去，你遇见你大部分的情人是：

(E)在宴会中、夜总会、工作上、休闲活动中、会议上或朋友介绍我给他们的朋友。

(I)通过私人的方式，如个人广告、录影约会，或是由亲密的朋友和家人介绍。

6. 你倾向拥有：

(E)很多认识的人和很亲密的朋友。

(I)一些很亲密的朋友和一些认识的人。

7. 过去，你的爱人和情人倾向于对你说：

(E)你难道不可以安静一会儿吗?

---

① APESK(才储)网［EB/OL］http://www.apesk.com/mbti/dati.asp, 2020-03-03.

(I)可以请你从你的世界中出来一下吗?

8. 你倾向通过以下哪种方式收集信息:

(N)你对有可能发生的事的想象和期望。

(S)你对目前状况的实际认知。

9. 你倾向相信:

(N)你的直觉。

(S)你直接的观察和现成的经验。

10. 当你置身于一段关系中时,你倾向于相信:

(N)永远有进步的空间。

(S)若它没有被破坏,不予修补。

11. 当你对一个约会觉得放心时,你偏向谈论:

(N)未来,关于改进或发明事物的种种可能性。例如,你也许会谈论一个新的科学发明,或用一个更好的方法来表达你的感受。

(S)实际的、具体的、关于“此时此地”的事物。例如,你也许会谈论品酒的好方法,或你即将要参加的新奇旅程。

12. 你是这种人:

(N)喜欢先综观全局。

(S)喜欢先掌握细节。

13. 你是这类型的人:

(N)与其活在现实中,不如活在想象里。

(S)与其活在想象里,不如活在现实中。

14. 你通常:

(N)偏向于去想象一大堆关于即将来临的约会的事情。

(S)偏向于拘谨地想象即将来临的约会,只期待让它自然地发生。

15. 你倾向于如此做决定:

(F)首先依你的心意,然后依你的逻辑。

(T)首先依你的逻辑,然后依你的心意。

16. 你在何时能够察觉到:

(F)当人们需要情感上的支持时。

(T)当人们不合逻辑时。

17. 当和某人分手时:

(F)你通常让自己的情绪深陷其中,很难抽身出来。

(T)虽然你觉得受伤,但一旦下定决心,你会直截了当地将过去恋人的影子甩开。

18. 当与一个人交往时,你倾向看重:

(F)情感上的相容性：表达爱意和对另一半的需求很敏感。

(T)智慧上的相容性：沟通重要的想法，客观地讨论和辩论事情。

19. 当你不同意情人的想法时：

(F)你尽可能地避免伤害对方的感情；若是会对对方造成伤害的话，你就不会说。

(T)你通常毫无保留地说话，并且对情人直言不讳，因为对的就是对的。

20. 认识你的人形容你为：

(F)热情和敏感。

(T)逻辑和明确。

21. 你把大部分和别人的相遇视为：

(F)友善及重要的。

(T)另有目的。

22. 若你有时间和金钱，朋友邀请你到国外度假，并在前一天才通知，你会：

(J)必须先检查你的时间表。

(P)立刻收拾行装。

23. 在第一次约会中：

(J)若你所约的人来迟了，你会很不高兴。

(P)一点儿都不在乎，因为你自己常常迟到。

24. 你偏好：

(J)事先知道约会的行程：要去哪里、有谁参加、你会在那里多久、该如何打扮。

(P)让约会自然地发生，不做太多事先的计划。

25. 你选择的生活充满着：

(J)日程表和组织。

(P)自然发生和弹性。

26. 哪一项较常见：

(J)你准时出席而其他人都迟到。

(P)其他人都准时出席而你迟到。

27. 你是这种喜欢……的人：

(J)下定决心并且做出最后肯定的结论。

(P)放宽你的选择面并且持续收集信息。

28. 你是此类型的人：

(J)喜欢在一段时间里专心于一件事情直到完成。

(P)享受同时进行好几件事情。

计分：在这个问卷中，每道题的选项字母代表了4个维度8种特征中的一种，每被选择一次计1分。请计算出你在每个特征上的得分，并将各选项的分值填入对应字母的括号中：

维度1：外向E(　　)—内向I(　　)

维度2：直觉N(　　)—感觉S(　　)

维度3：情感F(　　)—思维T(　　)

维度4：判断J(　　)—知觉P(　　)

比较四个维度中哪一个特征的分数较高，以分数较高者作为该维度的主要特征，由此得到自己的MBTI职业性格类型。例如，你的得分是[E—5，I—2；S—6，N—1；T—2，F—5；J—3，P—4]，那么你的MBTI职业性格类型就是ESFP——外向、感觉、情感和知觉型。

解释：MBTI性格类型和适合职业

ISTJ——严肃的、有责任心的和通情达理的社会坚定分子。他们值得信赖，重视承诺。对他们来说，言语就是庄严的宣誓。工作缜密，讲求实际，很有头脑也很现实。具有很强的集中力、条理性和准确性。无论做什么，都相当有条理和可靠。具有坚定不移、深思熟虑的思想，一旦实践自己相信是最好的行动方法，就很难转变或变得沮丧。特别安静和勤奋，对于细节有很强的记忆力和判断力。能够引证准确的事实支持自己的观点，把过去的经历运用到现在的决策中。重视和利用符合逻辑的、客观的分析，以坚持不懈的精神准时地完成工作，并且总是安排有序、很有条理。重视必要的理论体系和传统惯例，对于那些不是如此做事的人很不耐烦。总是很传统、谨小慎微，喜欢清晰地陈述事物，天生不喜欢显露，即使在危机之时也显得很平静。总是显得责无旁贷、坚定不变，但是他们冷静的外表之下也许有强烈却很少表露的反应。

适合领域：工商业领域、政府机构、金融银行业、政府机构、技术领域、医务领域。

适合职业：审计师、会计、财务经理、办公室行政管理、后勤和供应管理、中层经理、公务(法律、税务)执行人员、银行信贷员、成本估价师、保险精算师、税务经纪人、税务检查员、电气工程师、计算机程序员、数据库管理员、气象学家、法律研究者、律师、外科医生、药剂师、实验室技术人员、牙科医生、医学研究员等。

ISFJ——忠诚、有奉献精神和同情心、能理解别人的感受的人。他们意志清醒且有责任心，乐于为人所需。他们十分务实，喜欢平和谦逊的人。喜欢利用大量的事实情况，对于细节有很强的记忆力。耐心地对待任务，具有强烈的职业道德，所以他们如果知道自己的行为真正有用时，就会对需要完成的事承担责任，能够准确系统地完成任务。具有传统的价值观，十分保守。他们善于根据符合实际的判断标准做决定，平和谦虚，勤奋严肃，温和，支持朋友和同伴，乐于协助别人，喜欢实际可行地帮助他人。利用个人热情与人交往，在困难中与他人和睦相处，不喜欢表达个人情感，但实际上对于大多数的情况和事件都具有强烈的个人反应。关心、保护朋友，愿意为朋友献身，有为他人服务的意识，愿意完成他们的责任和义务。

适合领域：医护领域、消费类商业、服务业领域。

适合职业：行政管理人员、总经理助理、秘书、人事管理者、项目经理、物流经理、律师助手、外科医生、家庭医生、牙科医生、护士、药剂师、医学专家、营养学专家、顾问、大型商场或酒店管理人员、室内设计师等。

INFJ——生活在思想世界里的人。他们是独立的、有独创性的思想家，具有强烈的感情、坚定的原则和正直的性格。即使面对怀疑，仍相信自己的看法与决定。对自己的评价高于其他，包括流行观点和存在的权威，这种内在的观念激发着他们的积极性。通常具有本能的洞察力，能够看到事物更深层的含义。忠诚，坚定，正直，富有理想，十分坚定以至达到倔强的地步，对什么对公共利益最有利有清楚的看法。由于他们的贡献较大，因此通常会受到尊重或敬佩。因为珍视友谊和和睦，所以喜欢说服别人，使之相信他们的观点是正确的。善于运用嘉许和赞扬，而不是争吵和威胁，能够赢得他人的信任。愿意毫无保留地激励同伴，避免争吵。通常是深思熟虑的决策者，觉得问题使人兴奋，在行动之前通常要仔细地考虑。喜欢每次全神贯注于一件事情，这会造成一段时期的专心致志。满怀热情与同情心，强烈地渴望为他人的幸福做贡献。注意其他人的情感和利益，能够很好地处理复杂的事。本身具有复杂的性格，既敏感又热切。内向，很难被人了解，但是愿意同自己信任的人分享内在的自我。往往有一个交往深厚、持久的小规模的朋友圈，在合适的氛围中能产生充分的个人热情和激情。

适合领域：咨询领域、教育领域、科研领域、文化领域、艺术领域、设计领域。

适合职业：心理咨询工作者、心理诊疗师、职业指导顾问、大学教师（人文学科、艺术类）、研究人员、作家、诗人、剧作家、电影编剧、电影导演、画家、雕塑家、音乐家、艺术顾问、建筑师、设计师等。

INTJ——完美主义者。他们强烈地要求个人自由和能力，同时在他们独创的思想中，不可动摇的信仰促使他们达到目标。思维严谨，有逻辑性，足智多谋，能够看到新计划实行后的结果。对自己和别人都很苛求，往往几乎同样强硬地逼迫别人和自己。并不十分受冷漠与批评的干扰，作为所有性格类型中最独立的人，更喜欢以自己的方式行事。面对相反意见，通常持怀疑态度，十分坚定和坚决。权威本身不能强制他们，只有认为这些规则对自己的更重要的目标有用时才会去遵守。是天生的谋略家，具有独特的思想、伟大的远见和梦想。天生精于理论，对于复杂而综合的概念运用灵活。是优秀的战略思想家，通常能清楚地看到任何局势的利处和缺陷。对于感兴趣的问题，是出色的、具有远见和见解的组织者。如果是自己形成的看法和计划，会投入不可思议的注意力、能量和积极性。领先到达或超过自己的高标准的决心和坚韧不拔的毅力，使他们获得许多成就。

适合领域：科研领域、科技应用领域、技术咨询领域、管理咨询领域、金融领域、投资领域、创造性行业领域。

适合职业：科学家、研究人员、设计工程师、系统分析员、计算机程序员、研究开发部经理、技术顾问、技术专家、企业管理顾问、投资专家、法律顾问、医学专家、精神分析学家、经济学家、投资银行研究员、证券投资和金融分析家、投资银行家、财务计划人、企业并购专家、发明家、建筑师、社论作家、设计师、艺术家等。

ISTP——坦率，诚实，讲求实效，喜欢行动而非漫谈者。他们很谦逊，对于完成工作的方法有很好的理解力。擅长分析，对客观含蓄的原则很有兴趣。对于技巧性的事物有天生的理解力，通常精于使用工具和进行手工劳动。往往做出有条理而保密的决定，仅仅是按照自己所看到的有条理而直接地陈述事实。好奇心强，而且善于观察，只有理性、可靠的事实才能使他们信服。重视事实，是现实主义者，能够很好地利用可获得的资源。擅于把握时机，很讲求实效。平和而寡言，往往显得冷酷而清高，而且容易害羞，除了与好朋友在一起时。平等、公正，往往受冲动的驱使，对于即刻的挑战和问题具有相当的适应性和反应能力。喜欢行动和能使自己兴奋的事情，乐于进行户外活动。

适合领域：技术领域、证券领域、金融领域、贸易领域、商业领域、运动领域、艺术领域等。

适合职业：机械、电气、电子工程师，各类技术专家和技师，计算机硬件、系统集成专业人员，证券分析师，金融、财务顾问，经济学研究者，贸易商，商品经销商，产品代理商(以有形产品为主)，警察，侦探，体育工作者、赛车手，飞行员，雕塑家，手工制作者，画家等。

ISFP——平和，敏感，保持强烈的个人理想和价值观念的人。他们更多的是通过行为而不是言辞表达自己深沉的情感，谦虚而缄默，实际上是具有强烈的友爱和热情之人。除了与他们相知和信赖的人在一起外，不经常表现出自我的另一面。因为不喜欢直接自我表达，所以常常被误解。耐心，灵活，很容易与他人相处，很少支配或控制别人。很客观，以一种相当实事求是的方式接受他人的行为。善于观察周围的人和物，却不寻求发现。完全生活在现在，所以他们的准备或计划往往不会多于必需，是很好的短期计划制订者。因为喜欢享受目前的经历，对完成工作感到很放松。对于从经历中直接了解和感受的东西很感兴趣，常常富有艺术天赋和审美感，力求为自己创造一个美丽而隐蔽的环境。没有想要成为领导者，经常是忠诚的追随者和团体成员。因为利用个人的价值标准去判断生活中的每一件事，所以喜欢那些花费时间去认识他们和理解他们内心的忠诚之人。需要最基本的信任和理解，在生活中需要和睦的人际关系，对于冲突和分歧很敏感。

适合领域：手工艺领域、艺术领域、医护领域、商业领域、服务业领域。

适合职业：时装、首饰设计师，装潢、园艺设计师，陶器、乐器、卡通、漫画制作者，舞蹈演员，画家，出诊医生、护士，理疗师，牙科医生，个人健康和运动教练，餐饮业、娱乐业业主，旅行社销售人员，体育用品、个人理疗用品销售员等。

7. INFP——把内在的和谐视为高于其他一切的人。他们敏感，理想化，忠诚，对于个人价值具有一种强烈的荣誉感。个人信仰坚定，有为自认为有价值的事业献身的精神。对于已知事物之外的可能性很感兴趣，精力集中于他们的梦想和想象。思维开阔，有好奇心和洞察力，常常具有长远的眼光。在日常事务中，通常灵活多变，具有忍耐力和适应性，但是非常坚定地对待内心的忠诚，为自己设定了事实上几乎是不可能的标准。具有许多使他们忙碌的理想。十分坚定地完成自己所选择的事情，往往承担得太多，但不管怎样总要完成每件事。虽然对外部世界显得冷淡缄默，但很关心内在。富有同情心、理解力，对于别人的情感很敏感。除了他们的价值观受到威胁外，总能避免冲突，没有兴趣强迫，不会支配别人。常常喜欢通过书写而不是口头来表达自己的感情。很少显露强烈的感情，常常显得沉默、冷静。一旦与别人认识了，就会变得热情友好，往往会避免肤浅的交往，珍视那些花费时间去思考目标与价值的人。

适合领域：创作领域、艺术领域、教育领域、研究领域、咨询领域。

适合职业：艺术家、插图画家、诗人、小说家、建筑师、设计师、文学编辑、艺术指导、记者、大学老师(人文类)、心理学工作者、心理辅导和咨询人员、社科类研究人员、社会工作者、教育顾问、图书管理者、翻译家等。

8. INTP——理性的问题解决者。他们很有才智、条理性、创造才华。外表平静、缄默、超然，内心却专心致志于分析问题。苛求精细，惯于怀疑。努力寻找和利用原则以理解许多想法。喜欢有条理和有目的的交谈，而且可能会仅仅为了高兴而争论一些无益琐细的问题。只有有条理的推理才会使他们信服。足智多谋，有独立见解，重视才智，对于个人能力有强烈的欲望，有能力也很感兴趣向他人挑战。最主要的兴趣在于理解明显的事物之外的可能性。乐于为了改进事物的目前状况或解决难题而进行思考。思考方式极端复杂，而且能很好地组织概念和想法。偶尔想法非常复杂，以致很难向别人表达和被他人理解。十分独立，喜欢冒险和富有想象力的活动。灵活易变，思维开阔，更感兴趣的是发现有创新而且合理的解决方法，而不是仅仅看到成为事实的解决方式。

适合领域：计算机技术领域、理论研究领域、学术领域、专业领域、创造性领域。

适合职业：软件设计员、系统分析师、计算机程序员、数据库管理、故障排除专家、大学教授、科研机构研究人员、数学家、物理学家、经济学家、考古学家、历史学家、证券分析师、金融投资顾问、律师、法律顾问、财务专家、侦探、发明家、作家、设计师、音乐家、艺术家、艺术鉴赏家等。

9. ESTP——快乐，似乎不会焦虑的人。他们活跃，随遇而安，天真率直。乐于享受现在的一切而不是为将来计划什么。很现实，信任和依赖于自己对这个世界的感受。接受现在的一切，思维开阔，能够容忍自我和他人。喜欢处理、分解与恢复事物。喜欢行动而不是漫谈，当问题出现时，乐于去处理。是优秀的解决问题的人，能够掌握必要的事实情况，然后找到符合逻辑的、明智的解决途径，而无须浪费大量的努力或精力。会成为适宜外交谈判的人，乐于尝试非传统的方法，而且常常能够说服别人给他们一个妥协的机会。能够理解晦涩的原则，在符合逻辑的基础上而不是基于他们对事物的感受之上做出决定。讲求实效，在情况必需时非常强硬。在大多数的社交场合中很友善，富有魅力，轻松自如，受人欢迎。在任何场合中，总是爽直、多才多艺和有趣，总有没完没了的笑话和故事。善于通过缓和气氛以及使冲突的双方相互协调，从而化解紧张的局势。

适合领域：贸易领域、商业领域、服务业领域、金融证券业领域、娱乐领域、体育领域、艺术领域。

适合职业：贸易商、批发商、中间商、零售商、房地产经纪人、保险经纪人、汽车销售人员、私家侦探、警察、服务业业主、主管、特许经营者、自由职业者、股票经纪人、证券分析师、理财顾问、个人投资者、娱乐节目主持人、体育节目评论、脱口秀、音乐、舞蹈表演者、健身教练、体育工作者等。

10. ESFP——乐意与人相处的人，充满了生活热情。他们顽皮活泼，通过真诚和玩笑使别人感到事情更加有趣。性格随和，适应性强，热情友好，慷慨大方。擅长交际，常常是别人的“注意中心”。热情地参加各种活动和节目，而且通常立刻能应对几种活动。是现实的观察者，按照事物的本身去对待并接受它们。往往信任自己能够听到、触摸到和看到的事物，而不是依赖理论上的解释。喜欢具体的事实，对于细节有很好的记忆力，能从亲身经历中学到较好的东西。喜欢收集信息，从中观察可能自然出现的解决方法。对于自我和他人都能容忍和接受，往往不会试图把自己的愿望强加于他人。通融，有同情心，通常许多人都真心地喜欢他们。能够让别人采纳他们的建议，很擅于帮助冲突的各方重归于好。寻求他人的陪伴，是很好的交谈者。乐于帮助旁人，偏好以真实有形的方式给予协助。天真率直，很有魅力和说服力。喜欢意料不到的事情，喜欢寻找给他人带来愉快和意外惊喜的方法。

适合领域：消费类商业领域、服务业领域、广告业领域、娱乐业领域、旅游业领域、社区服务领域。

适合职业：精品店和商场销售、娱乐业和餐饮业客户经理、房地产销售、汽车销售、市场营销(消费类产品)、广告企业中的设计师、创意人员、客户经理、时装设计和模特、摄影师、旅游企业中的销售、服务员、导游、社区工作者、志愿者、公共关系专家、健身和运动教练、医护人员等。

11. ENFP——充满热情和新思想的人。他们乐观，自然，自信，富有创造性，具有独创性的思想和对可能性的强烈感受。对于ENFP型的人来说，生活是激动人心的戏剧。对可能性很感兴趣，喜欢了解所有事物中的深远意义。具有洞察力，是热情的观察者，注意常规以外的任何事物。好奇，喜欢理解而不是判断。具有想象力、适应性和可变性，视灵感高于一切，常常是足智多谋的发明人。不墨守成规，善于发现做事情的新方法，为思想或行为开辟新道路。在完成新颖想法的过程中，依赖冲动的能量。有很强的主动性，认为问题令人兴奋。也从周围其他人中得到能量，把自己的才能与别人的力量成功地结合在一起。具有魅力，充满生机，待人热情，彬彬有礼，富有同情心，愿意帮助别人解决问题。具有出色的洞察力和观察力，常常关心他人的发展。避免冲突，喜欢和睦，把更多的精力倾注于维持个人关系而不是客观事物，喜欢维持一种广泛的关系。

适合领域：广告创意、广告撰稿人、市场营销和宣传策划、市场调研人员、艺术指导、公关专家、公司对外发言人等。

适合职业：儿童教育老师、大学老师(人文类)、心理学工作者、心理辅导和咨询人员、职业规划顾问、社会工作者、人力资源专家、培训师、演讲家、记者(访谈类)、节目策划和主持人、专栏作家、剧作家、艺术指导、设计师、卡通制作者、电影、电视制片人等。

12. ENTP——喜欢兴奋与挑战的人。他们热情开放，足智多谋，健谈，聪明，擅长于许多事情，不断追求增强能力。天生富有想象力，喜欢新思想，留心一切可能性。有很强的首创精神，擅于运用创造冲动。视灵感高于其他一切，力求使他们的新颖想法转变为现实。好奇，多才多艺，适应性强，在解决挑战性和理论性问题时善于随机应变。灵活，率直，能够轻易地看出任何情况中的缺点，乐于出于兴趣争论问题的某方面。有极好的分析能力，是出色的策略谋划者。几乎一直能够为他们所希望的事情找出符合逻辑的推理。喜欢审视周围的环境，认为多数的规则和章程如果不被打破，便意味着屈从。有时他们的态度不从习俗，乐于帮助别人超出可被接受和被期望的事情。喜欢自在地生活，在每天的生活中寻找快乐和变化。能富有想象力地处理社会关系，常常有许多的朋友和熟人。表现得很乐观，具有幽默感。能够吸引和鼓励同伴，通过他们富有感染力的热情鼓舞别人加入他们的行动中。喜欢努力理解和回应他人，而不是判断他人。

适合领域：广告业领域、市场营销领域、公共关系领域、艺术领域、咨询领域

适合职业：投资顾问(房地产、金融、贸易、商业等)、各类项目的策划人和发起者、投资银行家、风险投资人、企业业主(新兴产业)、市场营销人员、产品销售经理、广告创意、艺术总监、访谈类节目主持人、制片人、公共关系专家、公司对外发言人、社团负责人、政治家等。

13. ESTJ——高效率地工作，自我负责的人。他们愿意监督他人工作，合理分配和处置资源，主次分明，井井有条。能制定和遵守规则，多喜欢在制度健全、等级分明、比较稳定的企业工作。倾向于选择较为务实的业务，喜欢工作中带有和人接触、交流的成分，但不以态度取胜。不特别强调工作的行业或兴趣，多以职业角度看待每一份工作，善于完成任务。喜欢操纵局势和促使事情发生。具有责任感，信守承诺。有条理性，能记住和组织安排许多细节。常常以自己过去的经历为基础得出结论。很客观，有分析能力以及很强的推理能力。除了符合逻辑外，其他没有什么可以使他们信服。很现实，有头脑，讲求实际，更感兴趣的是“真实的事物”，而不是诸如抽象的想法和理论等无形的东西。往往对那些认为没有实用价值的东西不感兴趣，知道自己周围将要发生的事情，而首要关心的则是目前。依照一套固定的规则生活，坚持不懈，值得依赖。往往很传统，有兴趣维护现存的制度。对于他们来说，感情生活和社会活动并不像生活的其他方面那样重要，但是对于亲情关系，他们却固守不变。不但能很轻松地判断别人，而且还是条理分明的纪律执行者。直爽坦率，友善合群，会很容易地了解事物。

适合领域：无明显领域特征。

适合职业：大中型外资企业员工、业务经理、中层经理(多分布在财务、营运、物流采购、销售管理、项目管理、工厂管理、人事行政部门)、职业经理人、各类中小型企业主管和业主。

14. ESFJ——通过直接的行动和合作积极地以真实、实际的方法帮助别人的人。他们友好，富有同情心和责任感。把他们同别人的关系放在十分重要的位置，往往具有和谐的人际关系，并且通过很大的努力以获得和维持这种关系。常常理想化自己欣赏的人或物，往往对自己以及自己的成绩十分欣赏，对

于批评或者别人的漠视很敏感。很果断地表达自己的坚定的主张，能很快解决问题。很现实，讲求实际、实事求是和安排有序。参与并能记住重要的事情和细节，乐于帮助别人，对自己的事情很确信。在自己的个人经历或自己所信赖的人的经验之上制订计划或得出见解，积极参与周围的物质世界，喜欢具有主动性和创造性的人。十分小心谨慎，也非常传统化，能恪守自己的责任与承诺。支持现存制度，往往是委员会或组织机构中积极主动和乐于合作的成员，重视并能保持很好的社交关系。不辞劳苦地帮助他人，尤其在遇到困难或取得成功时，都很积极活跃。

适合领域：无明显领域特征。

适合职业：办公室行政或管理人员、秘书、总经理助理、项目经理、客户服务部人员、采购和物流管理人员、内科医生、牙科医生、护士、健康护理指导师、饮食学、营养学专家、小学教师(班主任)、学校管理者、银行、酒店、大型企业客户服务代表、客户经理、公共关系部主任、商场经理、餐饮业业主和管理人员。

15. ENFJ——热爱人类的人。他们认为人的感情是最重要的，而且很自然地关心别人，以热情的态度对待生命，感受与个人相关的所有事物。很理想化，按照自己的价值观生活。对于他们所尊重和敬佩的人、事业和机构非常忠诚。精力充沛，富有满腔热情和责任感，勤勤恳恳，锲而不舍。具有自我批评的自然倾向，对他人的情感具有责任心，很少在公共场合批评人。能敏锐地意识到什么是(或不是)合适的行为。彬彬有礼，富有魅力，讨人喜欢，深谙社会。具有平和的性格与忍耐力，长于外交。是天然的领导者，受人欢迎，有魅力。常常得益于自己口头表达的天赋，愿意成为出色的传播者。在自己对情况感受的基础上做决定，而不是基于事实本身。对显而易见的事物之外的可能性以及这些可能性以怎样的方式影响他人感兴趣。天生具有条理性，喜欢一种有安排的世界，并且希望别人也是如此。即使其他人正在做决定，还是喜欢把问题解决了。富有同情心和理解力，愿意培养和支持他人。能很好地理解别人，有责任感，关心他人。是理想主义者，通常能看到别人身上的优点。

适合领域：培训领域、咨询领域、教育领域、新闻传播领域、公共关系领域、文化艺术领域。

适合职业：人力资源培训主任、销售、沟通、团队培训员、职业指导顾问、心理咨询工作者、大学教师(人文学科类)、教育学、心理学研究人员、记者、撰稿人、节目主持人(新闻、采访类)、公共关系专家、社会活动家、文艺工作者、平面设计师、画家、音乐家等。

16. ENTJ——领导者和决策者。他们能轻易地看出事物具有的可能性，很高兴指导别人，使他们的想象成为现实。是头脑灵活的思想家和长远规划者。

很有条理和分析能力，通常对需要推理和才智的任何事情都很擅长。为了在完成工作中称职，通常会很自然地看出所处情况中可能存在的缺陷，并且知道如何改进。力求精通整个体系，乐于完成一些需要解决的复杂问题，大胆地力求掌握使他们感兴趣的任何事情。把事实看得高于一切，只有通过逻辑的推理才会确信。渴望不断夯实自己的知识基础，系统地计划和研究新情况。乐于钻研复杂的理论性问题，力求精通任何他们认为有趣的事物。对于行为的未来结果更感兴趣，而不是事物现存的状况。是热心而真诚的领导者，往往能够控制他们所处的任何情境。具有预见能力，并且向别人传播他们的观点，是出色的群众组织者。往往按照一套相当严格的规律生活，并且希望别人也是如此。往往具有挑战性，艰难地推动自我和他人前进。

适合领域：工商业领域、政界、金融和投资领域、管理咨询领域、培训领域、专业性领域。

适合职业：各类企业的高级主管、总经理、企业主、社会团体负责人、政治家、投资银行家、风险投资家、股票经纪人、公司财务经理、财务顾问、经济学家、企业管理顾问、企业战略顾问、项目顾问、专项培训师、律师、法官、知识产权专家、大学教师、科技专家。

第二节　终身学习

案　例

小陈同学对自己的专业不太感兴趣。她试过换专业，但未能成功，有点失落。后来，她从学长学姐那里听说，本专业教的很多东西都没什么用。她越发提不起学习的劲头。她有点迷茫，不知道大学生活该做什么，也不太清楚以后想做什么工作，就这样一天天地混日子。但是，她同时又隐隐感到一丝焦虑，觉得自己应该有所改变，却又不知道从何下手……

学业是大学生活的主要内容，大学生习惯性地将自己所学的专业和未来可能从事的职业联系起来。于是，很多学生想当然地认为专业学习和职业能力之间存在自然的过渡。但实际情况却是，学业、专业和职业之间既有密切的联系，又存在质的区别。大学生(不管哪个年级)应该对这三者之间的关系有所理解，这样才不至于走太多弯路，陷入很多无谓纠结和迷茫当中。

一、学业与专业的关系

跟上面的小陈同学一样，有些大学生对自己的专业不感兴趣。一部分学生是由于调剂的原因，来到一个自己完全没有心理准备的专业，所以从一开始就有某种抵触情绪；另一部分学生是由期望与失望的落差所致，他们原本对自己所填报的专业充满了想象，但进入大学之后才发现学习过程和自己预想的情况差别很大。其实，不管其中的具体原因是什么，大学生的专业兴趣确实会影响他们的学业。

有学生提到："这个专业不适合我，我适合那个专业。"这种说法有道理吗？站在人格心理学的角度，这种说法存在一定的道理(但并非完全成立)。本章第一节提到几种常见的职业心理测量工具，如MBTI性格类型量表和霍兰德职业兴趣量表等。这些工具可以在某种程度上测量一个人的个性特征和职业倾向。其背后的理论假设是，不同个性特征的人可能会有特定的职业兴趣和择业方向。例如，霍兰德认为，工作兴趣是一个人个性特征的重要表现，可以大致将所有人的工作兴趣分为务实型、研究型、社会型、传统型、创业型和艺术型6种，每一种都具有鲜明的职业倾向。

人格心理学关于认知风格的研究表明，人格特点和大学专业之间确实存在一定的关联。美国心理学家威特金(Witkin)和他的同事采用棒框测验，发现了一种有趣的心理现象：不同的人在判断一条垂线是否直立时，有些人主要依靠自己的内在线索(如动觉和平衡觉)，有些人很依赖外部线索(如外部环境中的线索)。威特金将前者称为场独立者，将后者称为场依存者。他们后来发现，这种个体差异不仅限于知觉，也可以扩展到记忆、思维、想象等认知活动中。场独立者的自我与非我分化较好，他们的思维和行动主要以自我为参照，不依赖于外物，这样的人能发展出较好的认知重构技能，但人际交往技能的发展不够完善；场依存者的自我与非我分化较弱，其思维和行动主要以外界为参照，容易受到外部事物和他人的影响，人际交往技能较强，但认知重构技能较弱。需要提醒的是，场独立和场依存仅仅是指认知活动的不同风格，它们并没有好坏之分。

认知风格具有较强的稳定性。威特金对1548名大学生进行了为期十年的纵向追踪。时间从受访者进入大学开始，一直到大学毕业几年以后。调查研究表明，场独立型的大学生更喜欢选择那些需要认知重构、与人无关的学科，如自然科学和工程学；场依存型的大学生更喜欢重视社会技能的学科，如各种社会科学和教育学科。此外，大学生的认知风格与其所选的学科领域越一致，其学业表现也会越好。而且，在入学几年或者毕业以后，所选专业与其认知风格不符的大学生，会慢慢转到与其认知风格相符的学科领域；相比之下，那些所选专业与认知风格相符的学生一直留在原来选择的学科领域。这说明，人的认知风格存在个体差异，不同的人确实有其更擅长的领域，而且具有跨时间的一致性。

那么，这是不是意味着大学生应该放飞自我、不惜一切代价去追寻“适合”自己的专业呢？并非如此。

首先，个性特征和大学专业之间的匹配关系并不是绝对的。以认知风格为例，场独立和场依存只是一种相对的划分，典型的场独立者和场依存者只是人群中的一部分；还有大量的人并不典型，在认知风格上处于中间地带。对于这些个体而言，所谓相符和匹配都只有程度的区别，不存在实质性的错配。

其次，当大学生对所学专业不感兴趣时，首先要做的应该是深入了解自己的专业，而不是一时冲动去换专业。因为不了解，所以不喜欢；因为了解不够，所以觉得没意思。不懂围棋的人，很难体会弈棋的乐趣。这就好比当你在接触一款火爆的游戏之前，你也不懂它的好玩之处。这二者的区别仅仅在于，游戏通常很容易了解，但类似围棋这样的活动，因为具有一定的门槛，普通人不太容易窥见其中的奥妙。专业学习更像是围棋，需要更多的耐心。大学生可以通过多种渠道增强对所学专业的认识，提高自己的专业认同感(相关内容可参考第二章“学习倦怠”)，最终促进自己的专业学习。

再次，有些大学生混淆了专业兴趣和学习状态，误以为自己是因为对专业不感兴趣，所以才学得不好。实情很可能是，因为学习状态不佳(包括学习习惯、学习方式的调整)，考试结果不好，慢慢对专业产生了厌烦情绪。这部分学生如果一直纠结于专业兴趣，那不仅于事无补，还会浪费宝贵的大学时光。即使换到他“梦寐以求”的专业，他仍然有可能完不成学业，更不用说如鱼得水了。这样的例子在大学里面比比皆是。但遗憾的是，很多学生是在“折腾”一圈之后才慢慢明白这个道理的。

最后，大学生在大一大二的学习过程中，由于接触到的基础课程比较多，学起来比较枯燥乏味，慢慢丧失了对专业的兴趣，甚至觉得自己的专业一无是处。殊不知，任何一个专业都具有自己的知识结构和体系，专业学习是一个缓慢而且辛苦的过程。很多大学生在这个缓慢的积累过程中逐渐松懈。武侠小说中经常出现这样的桥段：

有个少年想学盖世武功，将来成为顶天立地的大侠。但是师傅却只是让他挑水。少年每天挑水，辛苦不说，还觉得枯燥乏味，心里只惦记着盖世武功。他去问师傅：“您什么时候教我盖世武功啊?”师傅却只说：“你去挑水吧。”如此三年过去，少年熬不住，最终放弃了。师傅看着少年远去的背影，只能轻声叹息：不先练好身板，如何学习盖世武功。

电影《百鸟朝凤》中讲述了一对唢呐艺人的师徒关系。徒弟从小拜入师门，但有好几年的时间，师傅并不教他吹唢呐，而是让他用一根很长的芦苇秆儿在河边练习吹水和吸水。徒弟觉得太过无聊，不明白师傅的苦心。但师傅说这就是基本功。类似的剧情还出现在电影《霸王别姬》当中，小豆子从小被母亲送到戏班子，受不了训练的枯燥和艰辛，屡次想偷偷逃走。在一次逃走途中，看到京剧名角儿的演出，泪流满面，顿悟“台上一分钟，台下十年功”的道理，毅然决然地回到了戏班子，最终成为京剧名家。

其实，专业学习和练武、吹唢呐、唱京剧是一样的。每个学生刚刚进入自己选择的专业时，可能都怀着满腔的热忱，希望自己将来在这个领域大展宏图，但是一开始学习就遭遇到了一系列“无聊”的课程、“无趣”的练习。然而，正是这些“无聊”“无趣”的基本练习，奠定了将来专业学习的基础。没有这些基本的训练，将来的专业发展就会缺少根基。在某种意义上，专业学习就如同爬山。当离山还很远时，你可以看到山的远景，景色宜人。你受到这种景象的吸引，向山走去。你开始登山了，却发现眼前只有荆棘杂草，路途艰辛。这时，所有的美景都远离你了。只有一路埋头登到山顶，眼前才豁然开朗。站在山顶，一览众山小，美丽景色尽收眼底。这时你才会领悟，原来爬山时所付出的艰辛是值得的。你如果在爬山途中因为枯燥、艰辛而放弃，那么永远不可能领略风光无限的登顶之乐。

所以，专业重要吗？重要，但是没有你想象得那么重要。首先，国内外的知名高校都越来越强调通识教育和博雅教育，注重大学生基本素养和思维能力的培养，专业教育是水到渠成的事情。其次，一个大的学科门类里面所包含的本科专业，其相似性和重叠程度远远高于差异性。换句话说，相邻近的大学专业之间，差异其实并不大，但大学生往往凭主观猜测夸大了其中的区别。很多高校对于邻近专业开始实施大类招生，即大学一年级和大学二年级不细分专业，大学二年级结束时实行双向选择，这也是一个很好的例证。最后，随着社会进步和科学技术的发展，传统的学科分类和学科界限也在发生剧烈的变化，跨学科和交叉学科也越来越多。作为新时代的大学生，切不可画地为牢，将自己局限在所谓“专业”之内。专业只是关于知识体系的划分，并不是用来限制你的学习内容的，更不是用来限制你的能力发展的。

对于下定决心想换专业的学生来说，倒也不妨一试。很多高校都对大学一年级学生提供了转专业的机会。到目前为止，虽然名额普遍较少，但仍然算是一个开放的渠道。申请之前，同样应该对新专业做足够的了解，否则很容易陷入好奇、误解、失望的循环怪圈。除此之外，辅修第二专业也是一个不错的选择，这是拓展自己的专业领域的宝贵机会。最后，互联网时代已经到来，学习资源如此丰富，即使你未能转到心仪的专业，未能辅修第二学位，你也不应该以此为借口来荒废学业。你可以学习在线课程，很多课程都是由全球顶尖的高校提供的；你还可以通过考研来切换跑道，重新选择专业方向。总之，专业只是用来帮助你提升学习能力的素材，你的学习活动具有巨大的开放性。

二、学业与职业的关系

学业是指大学生在完成本专业的各项课程的过程中所从事的学习活动，学业成绩是指这些活动所带来的结果。职业是指一个人进入社会领域，做出有价值的劳动以换取收益。大学生由于对大学学业的认识存在偏颇，对职业活动又缺乏直接经验，因此对学业与职业之间的关系产生了明显的误解。

有研究探讨了高考成绩与大学成绩之间的相关性，结果表明，二者之间只具有较弱的相关性。具体到不同的科目，有些科目具有显著的正相关性，有些科目甚至呈现出负相关。回归分析的结果表明，高考成绩可以在中等程度上预测大学生在大学一年级和大学二年级时的学业成绩，但对于大学三年级和大学四年级时的学业成绩已经不具有显著的预测效力。采用相同的研究逻辑，有人探讨了大学生学业成绩与毕业后职业成就之间的相关性，发现二者之间的相关性很低，即大学学业成绩并不能很好地预测一个人进入职场之后的工作表现。美国心理学家麦克利兰(McClelland)是这个研究领域的翘楚。他提出胜任力(Competency)这一概念，以区别于智力(Intelligence)。胜任力在学业和职业之间划开了一条非常清晰的界限。根据麦克利兰的胜任力模型，胜任力是指“一组相关的知识、态度和技能，它们影响个人工作的主要部分，与工作绩效相关，能够用可靠的指标来测量，并且能通过培训和开发来改善”①。

由此看来，学业和职业没有绝对关系，学业成绩和职业胜任力也不等同，它们是两种截然不同的技能。首先，目标不同。学业的目标在于获得知识；职业的目标在于完成工作任务，提供有价值的劳动。其次，内容不同。大学生的学业内容以现成的、被广泛认可的理论或知识为主，职业的内容涉及工作中遇到的实际问题。最后，评价方式不同。学业评价主要考查学生对知识的掌握程度，职业评价取决于解决问题的效率和质量。鉴于大学的考核方式仍然以传统的纸笔考试为主，主要考查大学生对基础知识的理解和记忆，所以学业成绩更倾向于反映一个学生的记忆能力和应试技巧。这样一来，出现“学业成绩不能预测一个人的职业胜任力”这样的结果也就不足为奇了。

既然学业和职业的差别如此巨大，那么大学生还需要专心于学业吗？当然要。尽管学业偏向于理论，职业偏向于实践；学业偏向于知识，职业偏向于经验；学业注重思维训练，职业注重解决问题。但是大学生在学业活动中所获得的通用能力对职业胜任力是非常重要的。例如，大学生在学习专业知识时，需

---

① 张勇、李书慧、蒋柯：《就业胜任力模型与大学生就业能力的培养》，载《教育探索》，2013 (7)。

要训练自己的思维能力，合理安排自己的时间，适当地调节自己的情绪状态，坚韧不拔，锲而不舍，这些优秀的学习品质都可以迁移到工作场景中，成为良好的工作品质。另外，大学生在参加“挑战杯”、专业竞赛等专业项目和训练活动时，需要学会团队协作，学会理论联系实际，学会发现问题并创造性地解决问题，这些素养无疑可以转化为非常优秀的职业胜任力。只是在常规情况下，这些通用能力很难通过传统的考试被测量出来。这提醒大学生，应该学会辩证地看待考试及其结果。

三、专业与职业的关系

如果说学业与职业的联系相对比较松散，那么专业与职业的联系似乎紧密得多。在某种程度上，这其实也是一种误解。但是，无论是社交媒体，还是老师和家长，甚至大学里开设的职业规划课程，都在试图说服大学生把他所学的专业和潜在的就业岗位联系在一起。所以，总有大学生在问，“这个专业毕业以后能干什么？”“这个专业的就业前景怎么样？”“这个专业和那个专业相比哪个更好？”这些问题很难回答。毕竟，让你找到工作的，不是你的专业，而是你自己。

有些大学生担心自己的专业缺乏就业优势，这其实是弄错了重点。最近几年的就业数据表明，大学生从事与专业不对口的工作越来越常见。在工科专业，这一比例相对较低；在一些人文社科和经济、管理等专业，这一比例有时可能超过 50%。这一数据充分说明，决定你的就业去向的因素并不一定是专业，而是你的综合素质。你的老板正是看中了你的综合素质，才提供了这份工作给你。看到如此多的大学生走上了与专业不对口的工作岗位，我们应该悲观吗？其实不必。这样的例子在商业领域比比皆是，有些人还取得了非凡的成就。

大家所熟知的很多名人，都做着与专业不对口的工作。阿里巴巴集团主要创立者之一马云毕业于杭州师范大学外语专业，也曾做过几年英语教师，但最终成就了中国最大的电子商务网络平台。马云从阿里巴巴集团退休，重新做回老师的身份，并专心于环保和慈善。京东集团首席执行官刘强东早期在中关村卖组装电脑，后来创办数码产品电子商务平台。他并不是毕业于计算机和电子类专业，而是毕业于中国人民大学的社会学专业。经典情景喜剧《我爱我家》的导演英达，毕业于北京大学心理学系。歌手陶喆毕业于加州大学洛杉矶分校，主修心理学，辅修电影，曾经当过警察。演员娜塔莉·波特曼（Natalie Portman）毕业于哈佛大学心理学系，还发表过非常专业的心理学论文。美团网创始人兼首席执行官王兴毕业于清华大学无线电专业。这样的名单还可以很长很长……

上述例子告诉我们，专业源于对知识体系的划分，但职业取决于市场需求和生产力，二者拥有完全不同的内在逻辑。所以，将专业与职业进行捆绑的思维并不可取。专业学习可以指向相应的职业岗位，但这种情况并不必然发生。大学生对于专业与职业的看法应该更加灵活，原因如下。

第一，中国社会仍处于高速发展过程中，职业类型日新月异，不停地发生变化。有些旧的职业岗位消失了，新的职业岗位又不停地涌现出来。十年前，我们很难想象外卖员的送餐工作，但今天它已经深深根植于我们的日常生活。全国的 KTV 数量正在不断减少，但是观看网络直播的人越来越多。相比于职业的快速更迭，大学专业的变迁则要缓慢得多，这主要是因为科学知识的累积是比较缓慢的。所以，以专业去对口职业，明显有刻舟求剑之嫌。

第二，根据教育部的数据统计和各自的实际办学情况，全国高校每年都会对本校的专业分布情况进行调整。对于缺乏学科支撑和社会需求的专业，逐渐进行淘汰。例如，二十年前，教育技术学是一个社会需求比较旺盛的专业，但随着计算机技术的普及，该专业慢慢失去了原有的价值，所以逐渐被停办。相反，近年来，很多高校纷纷新增了人工智能、云计算、大数据等专业，这既是为了满足国家战略需求，也是指向未来的职业岗位。然而，专业的调整总是存在一定的滞后性，无法随时跟踪和满足职业领域的实际需求。

第三，随着人均期望寿命的延长和延迟退休政策的落实，大学生的工作年限将会越来越长。这意味着，很多大学生在一生当中可能会从事好几种完全不同的工作。有时候，这可能源于人的主动调整和选择；但有时候，这可能是被动适应社会变迁的结果。不管是主动还是被动，都要求我们具有终身学习的能力，只有这样才能跟上社会发展的步伐。大学生在专业学习过程中，除了获得专业知识外，更重要的是通过学习活动来提高自己的学习能力，这将使你终身受益。

第四，即使从事与专业对口的职业，你也会发现，专业与职业之间存在质的区别。大学阶段的专业学习以基础理论、基础知识和基本技能为主，其中绝大部分内容都很难直接应用于职业。工作场景中要用到的技能通常需要你从头学起，尤其是在刚刚工作的头几年。

总的来说，大学学业兼顾了通识教育和专业教育，大学生不仅需要掌握专业知识，还要锻炼自己的通用技能，甚至包括“三观”的建立和对生活的理解。所以，请同学们不要把专业学习当作通向未来职业的唯一途径。其实专业学习更像是自我成长的一个公共平台，在这个平台之上，每个人都有自己的精彩人生。

活动：

1. 如果你有一个亿，你会选择什么样的职业？

2. 请写下自己的职业排序，然后与同学分享和讨论，思考你为什么需要工作。

思考题

1. 谈谈自己的职业兴趣与目标，并尝试给自己做一个职业生涯规划。
2. 如果你的好朋友不喜欢他所学的专业，找你倾诉，你该如何回答?
3. 喜欢但工资低和不太喜欢但工资高，面对这两份工作，你会选哪个?

影视赏析

中国合伙人

20 世纪 80 年代，三个怀有热情和梦想的年轻人在高等学府燕京大学的校园内相遇，从此展开了他们长达三十年的友谊和梦想征途。出生于留学世家的孟晓骏(邓超饰)渴望站在美国的土地上改变世界；浪漫自由的王阳(佟大为饰)尽情享受改革开放初期那蓬勃激昂的青春气息；曾两次高考落榜的农村青年成冬青(黄晓明饰)以孟晓骏为目标努力求学，并收获了美好的爱情。然而三个好友最终只有孟晓骏获得了美国签证，现实和梦想的巨大差距让成冬青和王阳备受打击。偶然机缘，被开除公职的成冬青在王阳的帮助下办起了英语培训学校，开始品尝到成功的喜悦。在美国发展不顺的孟晓骏回国，并加入学校，无疑推动三个好友朝着梦想迈进了一大步。

只是随着成功的降临，他们的友情也开始承受严峻的考验……

(来源：豆瓣电影)

推荐阅读

1. [美] 唐娜·邓宁. MBTI 16 型人格与职业规划：你的职业性格是什么?

[M]. 王瑶，邢之浩，译. 北京：电子工业出版社，2014.
2. [美] 布朗温·卢埃林，罗宾·霍尔特. 适合比成功更重要：10 个测评，做自己的职业规划师[M]. 古典，译. 北京：中信出版社，2013.
3. [美]德里克·博克. 大学的未来：美国高等教育启示录[M]. 曲强，译. 北京：中国人民大学出版社，2017.
4. 薛涌. 北大批判[M]. 南京：江苏文艺出版社，2009.

第八章

珍爱生命　拥抱幸福

生活中最美的部分，不是听来的，不是读来的，不是看来的。如果你愿意，它是过出来的。

——［丹麦］索伦·克尔凯郭尔

学习目标

了解人从出生到死亡的整个过程和这一过程中所涉及的各个方面，通过学习生命管理，让每一个人都成为“我自己”，都能最终实现“我之为我”的生命价值，即把生命中的爱和亮点展现出来，焕发出自己独有的美丽光彩。

第一节　解读生命

案　例

一项对某省2006—2014年所有高校全日制在校大学生自杀个案的心理解剖研究表明，大学生自杀率为1.6/10万。考虑到自杀的漏报，经校正后的自杀率约为1.9/10万。与20世纪末相比，21世纪中国大学生自杀率已经显著下降，处于较低水平，但面临的自杀风险仍居高位。大学生自杀的危险因素复杂多样，个体差异较大，归纳起来，大体可分为三大方面：精神障碍、性格偏差和长期存在的应激。①

问　题

1. 生命的有限性对我们来说意味着什么？
2. 你的生命态度和你目前的生活状态有什么关联？

近年来，国外非常注重死亡教育，学校或一些培训班教育人们如何应对哀痛情绪、预防自杀和暴力，进行危机辅导，并且讨论死亡、临终和丧亲之痛。此外，死亡教育还逐渐涉及如何认识恐怖主义、死刑、堕胎、安乐死、协助自杀等问题。关于死亡的问题，目前都被纳入生命教育的话题中讨论。

“生命教育”(Life Education)一词原本是美国20世纪60年代作为处理社会中的吸毒、自杀、他杀、性危机等危害生命的现象的对策而出现的。可以说，生命教育起初是以死亡教育的形式出现的。生命教育唤起人们对生命的热

① 吴才智、江光荣、段文婷：《我国大学生自杀现状与对策研究》，载《黑龙江高教研究》，2018(5)。

爱，消除对生命的威胁。1968 年，美国学者杰·唐纳·华特士(Jay Donna Walters)开始倡导和实践生命教育思想，并很快波及许多国家和地区，形成了一种新的教育思潮。

美国著名心理学家、人本心理学的创始人罗杰斯在其治疗实践中发现，当治疗师尊重当事人死的选择时，当事人会选择生；当治疗师尊重当事人神经症的选择时，当事人会选择健康。死亡是所有生命必经的过程，通过生命教育，学生学会从人本的角度去理解、接受死亡，这种态度自然会引发学生的思考，从而自发地朝向健康方向发展。

一、生命的独特性和有限性

(一)生命的起源

从古到今，关于生命的起源有着不同版本的解说，大概可分为以下五种。

1. 特创论(或神造说)

这一假说认为世界存在一个万能的神(造物主)，整个宇宙都是由神创造出来的，丰富的生命也是神按照一定的目的一次性地创造出来的。

2. 自生论(或自然发生说)

这一假说认为生命是自然而然地由非生命物质产生的，而且是从非生命物质中突然产生出来。例如，中国古代有“腐草化萤”“朽木化蝉”“白石化羊”等说法，希腊有“泥土变鱼”的传说，17 世纪欧洲有“腐肉生蛆”的说法。这一假说实际上否认了生物与非生物之间的转化条件，因而否认了生物与非生物之间的界限。

3. 生源论(或生生说)

法国微生物学家巴斯德(Posteur)用一系列实验证明，生命是不可能自然发生的，只能由同类生物通过繁殖而产生。这一假说虽然证明了“自生论”是错误的，但又否认了非生物转化为生物的可能性，从而否认了生物与非生物之间的联系。按这一假说的看法，生命不能自然发生，只能以繁殖的方式产生，那么地球上最初的生命又是怎样产生的呢？这一假说是无法解释的。

4. 宇宙生命论(或泛生说)

这一假说提倡“一切生命来自生命”的观点，认为地球上最初的生命来自宇宙中的其他星球，即“地上生命，天外飞来”。这一假说认为，宇宙中的“生命胚种”可以随着陨石或其他途径跌落在地球表面，即成为最初的生命起点。现代科学研究表明，在已发现的星球上，自然状况下是没有保存生命的条件的。由于没有氧气，温度接近绝对零度，又充满具有强大杀伤力的紫外线、X 射线和宇宙射线等，因此任何“生命胚体”是不可能保存的。这个假说实际上把生命起源的问题推到了无边无际的宇宙中去了，同时这个假说对于“宇宙中的生命又是怎样起源的”这一问题仍是无法解释的。

5. 新自生论(或化学进化说)

这个假说也主张生命是由非生命物质产生的，但与“自生论”不同，认为生命是在漫长的宇宙进化中产生的，是宇宙进化到某一阶段的产物，不是在现存条件下由非生命物质产生的。近几十年来，随着现代科学技术的发展，人们对于生命起源的化学进化问题，从天文学、地质学、物理学、化学、生物学、古生物学、古生物化学等多学科进行了综合研究，取得了很大进展。这一假说提出：在几十亿年的漫长岁月中，地球上由没有生命的无机物，逐步发展成今天的生命世界。这一化学进化的说法，已经为广大的学者所接受、承认。

许多证据证明地球上的生命经历过两个主要阶段。首先是单细胞原核生物，其次是多细胞真核生物。这些简单的单细胞经过漫长的岁月，形成了复杂的生物，如人。科学家认为，生命的产生需要满足一些特定的条件。目前我们所知道的生命都是基于碳的，因为碳有能力形成很长的分子链，也可以折叠，是 DNA 和蛋白质的重要组成部分。如果太热，这些链条就会断裂。它也是以水为基础的，因为水是一种神奇的几乎通用的溶剂。然而，它必须是液体。因此，生命可能需要水、碳、足够的光和热来驱动一个星球，而不是把星球烧成碎片，引力不应该太高，大气也不会造成伤害。这就是我们所知道的生命的基本参数，在一个狭窄的温度区间内，碳链不会断裂，水可以保持液态，由非常普通的物质构成。虽然科学家孜孜不倦地想要获取地球以外生命的踪迹，然而到目前为止，地球仍然是唯一可知的一颗拥有复杂生态系统，尤其是拥有高智慧生命形态的珍贵星球。可以说，人类在宇宙中到目前为止还是很孤单的。这也进一步凸显了生命的独特性和珍贵性。每一个生命都是独一无二的奇迹，并且都有它自身存在的价值和意义。

(二)人类生命的珍贵性

人体的产生要经历雌雄生殖细胞结合。卵子和精子都不能进行细胞分裂、分化、发育等生命活动。精子与卵子结合形成受精卵，标志着新生命发育的开始。卵子是女性的生殖细胞，一般每个月由一侧的卵巢产生一个卵子，并在排卵期排出。精子是男性的生殖细胞，由睾丸产生。正常男子每次射出精液 2～6 毫升，每毫升有 0.6～1.5 亿个精子。精子进入阴道后，就像是参加一场马拉松竞赛，需要通过子宫颈、子宫才能在输卵管与卵细胞相遇。在这一艰辛的“竞赛”过程中，大多数精子都“阵亡”了，一般只有一颗精子能进入卵细胞，与卵细胞相融合，形成受精卵。受精卵不断进行分裂，逐渐发育成胚泡。胚泡缓慢地移动到子宫中，最终植入子宫内膜。母体怀孕 40 周(280 天)左右，胎儿发育成熟。之后成熟的胎儿脱离母体，标志着婴儿的诞生。因此，一个人的出生其实早已经历了重重考验，可以说是在一个非常残酷的、不断奋斗的过程中孕育而生的。人体大多数细胞是由细胞核、细胞质、细胞器及细胞膜构成的。人体细胞的细胞核里，有 46 个 DNA 分子，含有 30 亿个碱基对。20 世纪 90 年代，美国科学家提出一项宏伟计划。按照这个计划设想，要把人体内约 4 万个基因，共 30 亿个碱基对的秘密全部解开，同时绘制出人类基因的图谱。要完成这一工程，预计需要数千名科学家，花费 10 年左右的时间，耗资 30 亿美元。这一计划被称为“人体的阿波罗计划”。现代人类可以制造复杂的机器。如果把生命比作大自然用细胞制造的机器的话，这台生命机器不仅仅是复杂的，而且是轻便、耐用的。

人类的生命虽然复杂且高级，但依然有着脆弱的一面。帕斯卡(Pascal)在《人是一根会思考的芦苇》中说过，人是自然界中最脆弱的东西，譬如一根芦苇，但这是一根有思想的芦苇，要想粉碎他，并不需要整个宇宙都武装起来。一团雾、一滴水就足以置他于死地。死亡是相对于生命体存在(存活)的生命现象，意指维持一个生物存活的所有生物学功能的永久终止。衰老、营养不良、疾病、窒息、自杀、他杀以及意外事故等都有可能带来死亡。

人类最早确定死亡的标准是无动作、没有呼吸，所以中国古代称“死”为“断气”，并用新絮的纤维放在死者的口和鼻上作为验证。科学发展之后，人们以心脏停止跳动等为死亡的标准，那些在过去以“断气”为标准衡量下的“死者”就可以被当作活人抢救。到了 21 世纪，医学界开始把“脑死亡”作为人死的标准，又使过去以“断气”为标准判定的许多“死者”获得了接受抢救的机会，因而也有了获救的可能。脑死亡是指脑干或脑干以上中枢神经系统永久性地丧失功能。脑死亡有别于“植物人”，“植物人”脑干功能是正常的，昏迷只是由于大脑皮层受到严重损害或处于突然抑制状态，病人可以有自主呼吸、心跳和脑干反应；脑死亡则无自主呼吸，是永久的、不可逆的。自 1968 年美国哈佛大学死亡定义审查特别委员会提出脑死亡诊断指标以来，世界上已有 80 多个国家和地区陆续建立了死亡标准，一些国家还制定了相应的脑死亡法，也有国家采用的是脑死亡和呼吸死亡标准并存的方式。

根据维基百科，死亡的标志或者是一个动物不再存活的强烈指示包括：

• 呼吸停止。

• 心脏停搏(没有心率)。

• 苍白僵直。通常发生于死亡后 15～120 分钟。

• 尸斑。尸体较低部位的血液沉淀。

• 尸冷。死亡以后体温的下降。体温一般会平稳下降，直到与环境温度相同。

• 尸僵。尸体的四肢变得僵硬，难以移动或摆动。

• 腐烂。尸体分解为简单形式物质的过程，伴随着强烈难闻的气味。

上海两个月内三位医生猝死、“90后不敢看体检报告”等话题在社交网络上引发热议。与惯性认知不同的是，年轻的“95后”和“00后”担心自己猝死的比例较高，60%的“00后”和59%的“95后”都曾担心自己会猝死。从2017年的“保温杯里泡枸杞”，到2018年的《我不是药神》，再到2019年的“朋克养生”，国民健康素养也在一次次网络热搜的教育之下不断得到提升。

据2019年1月国家癌症中心发布的全国癌症统计数据，2015年中国共发恶性肿瘤392.9万例，发病率为285.83/10万，中标发病率为190.64/10万，世标发病率为186.39/10万，0～74岁累计发病率为21.44%。中国常见的23种致癌因素中，行为因素4种(吸烟、二手烟、饮酒、缺乏锻炼)，饮食因素7种(水果、蔬菜、膳食纤维、钙摄入不足，红肉、加工肉类制品、腌菜摄入过多)，代谢因素2种(体重超标、糖尿病)，环境因素2种(PM2.5、紫外线辐射)，感染因素8种(幽门螺旋杆菌、乙肝病毒、丙肝病毒、人乳头状瘤病毒、EB病毒、人类免疫缺陷病毒、人类疱疹病毒8型、华支睾吸虫)。因此，专家呼吁人们应该养成健康生活方式，远离烟酒，少喝或不喝烈性酒；合理营养，减少食用生冷、辛辣、过热、过硬的食物及熏制、腌制等高盐食物；户外做好物理或化学防晒，避免暴晒；保持健康体重，坚持锻炼；放松心情，合理减压。

(三)生命的共生性

人是共生生物，共生是人类的天性。没有共生现象，地球上就不可能存在生命。也许正是共生关系推动了多细胞动物的进化，使整个地球乃至宇宙成为一个不可分割的共同生命体。以人体为例，人体含有40万亿～60万亿个细胞，每个细胞平均直径只有10～20微米，这是一个庞大的数字。更加庞大的是，人体含有超过500万亿的微生物。人体内的微生物，包括细菌、真菌及一些小型的原生生物、显微藻类等在内的一大类生物群体以及病毒约有200多种。它个体微小，种类繁多，与人类关系密切，光寄居在人嘴里的微生物就多达80余种。我们的身体每年能产出1000亿至100万亿个微生物，我们的牙齿、喉咙和食道更是微生物泛滥的“乐园”，这些部位积聚的微生物要比皮肤表面高数千倍。在我们的皮肤上，每平方厘米的地方聚居着约1000万个微生物。在肠子里，每平方厘米的地方就聚居着约100亿个微生物。此外，我们的身体上还寄居着无数的依靠食用死皮肤细胞为生的对人体健康无甚大碍的螨虫。

天地万物组成了一个共生、共存、共融、共同发展的有机世界。各种事物、各个单元，包括人类在内都不可离开和超越这个有机体。人类社会活动无非是以人为主体，将资源(自然资源、人文资源、人力资源)转化为财富(物质财富、文化财富、精神财富)，实现人的自由全面发展，促进人与自己、人与他人、人与社会、人与自然和谐相处的过程而已。恩格斯在《自然辩证法》中就以“美索不达米亚、希腊、小亚细亚以及其他各地的居民，为了得到耕地，毁灭了森林”，“阿尔卑斯山的意大利人树林砍光用尽”等事例，告诫人们不要过分陶醉于人类对自然界的胜利。对于每一次这样的胜利，自然界都对我们进行报复。从人类文明进程看，从原始文明时代畏惧自然到工业文明时代无限制地征服自然、攫取自然，在资本逻辑的主导下，城市化进程大大加快，工业化水平不断提高；与此同时，对大自然的破坏也日益严重，出现了气候变暖、臭氧层破坏、生物多样性减少、土地荒漠化、大气污染、水体污染等全球性环境问题。

近年来，严重急性呼吸综合征(SARS)、人感染 H7N9 禽流感、埃博拉出血热、中东呼吸综合征(MERS)等一系列人畜共患病的现象在世界范围内接连出现。自然界是各种生命体共生的世界，人体和各种动物是各种病毒和细菌生活的“大本营”。病毒与宿主和谐共处。如果离开宿主，细胞是很难长时间存活的。寄生在一个宿主中的病毒经过特有的传播方式(呼吸道、消化道、体液)进入一个新的宿主，经过一个磨合期，要么会长住下来，要么被宿主的免疫系统清除掉。如果大量病毒一次性入侵，免疫系统迅速启动，在清除病毒的过程中也会把感染病毒的宿主细胞一同破坏清除。免疫系统如果“火力猛烈”，会大量破坏宿主细胞，就会引起宿主的严重病理反应，甚至危及生命。中国工程院院士夏咸柱表示，目前已被记载的人畜共患病包含了病毒、细菌、寄生虫等多种病原体。能在人和脊椎动物间发生感染和传播的病原体超过 800 种。值得注意的是，近 30 年来新发传染病中，人畜共患病比例超过 75%。2012 年，《纽约时报》刊登了一篇文章，原题为《疾病的生态学》。作者在文中指出，如果我们不能够理解并照顾自然界，这些生态系统就会崩溃，反过来以我们所知甚少的方式影响人类自身，传染病的演变模型就是其中一个例子。人类和微生物(包括病毒与细菌)其实都是大自然的成员之一。侵占动物的栖息地，损害生物多样性，破坏野生动物食物链，甚至一些不良的饮食习惯，都可能使得自然疫源性疾病蔓延到人类身上。

中华文明强调“天人合一”“道法自然”的哲理，将天、地、人统一起来，将自然生态同人类文明联系起来，按照大自然规律活动，取之有度，用之有节。这是先人对处理人与自然关系的重要认识，《易经》《老子》《孟子》《荀子》《吕氏春秋》《淮南子》《齐民要术》等古代典籍中都有丰富论述。党的十八大以来，党中央对生态文明建设高度重视，明确提出坚持人与自然和谐共生，并将其作为新时代坚持和发展中国特色社会主义的基本方略之一。十三届全国人大一次会议第三次全体会议通过了《中华人民共和国宪法修正案》，将“生态文明”写入宪法，从根本法的角度把生态文明纳入中国特色社会主义总体布局和第二个百年奋斗目标体系，为中国特色社会主义生态文明建设提供了根本的法律保障。“坚持人与自然和谐共生”蕴含着极为丰富深刻的思想内涵，借鉴了中国传统文化中的生态智慧，继承发展了马克思主义生态观，是新时代推进生态文明建设的行动指南，彰显了中国作为负责任大国的国际担当。

三、中国文化的生命智慧

（一）道家的生命观

“道家”一词有两种不同的理解：一种是狭义的“道家”概念，就是确指先秦老庄之学、秦汉黄老之学至魏晋玄学的道家学术流派；另一种是广义的“道家”概念，就是既包括原来自先秦至魏晋的“道家”学术流派，也包括东汉以后创立的中国本土宗教“道教”。[①]

1. 生命的本源

老子在《道德经》中将“道”视作“天地之始”“万物之母”。“道”不仅是自然之道，也是生命之道，蕴含了无穷的生命创造力和万物产生的潜能。“道生一，一生二，二生三，三生万物，万物负阴而抱阳，冲气以为和”，包括人在内的万物皆是宇宙间阴阳二气相互作用和结合的结果。庄子认为：“人之生，气之聚也；聚则为生，散则为死”。生命以“气”为根本，是形（精）、气、神三者的和谐统一。“道”在混沌之间转化为“气”，“气”一变而产生形体，再变形成生命，三变而使生命死亡。“道”不是超然独立于万物的主宰者，而是根植于自然之中的。生命的轨迹遵循“道”，“道”是生命活动的自然法则。人的生命从产生到死亡的演变历程都与“道”息息相关，“道”甚至是一种超越死亡的存在。

2. 生命的自然

道家直接从生命的根源处来理解人的生命本质，由“道”性自然论及人性自然，其生命本质观的根本特征是宣扬自然主义人性论。[②] 在老子看来，“道”的本质是自然，那么由“道”所产生的“德”也是自然的。“道”的自然性表现在万物之中，是万物的本质属性。生命由“道”所创，为“德”所蓄，所以生命与自然是紧密联系在一起的。生命不能离开自然，否则生命就会异化为他物，从而失去自我，无法葆有生命自身的特质。

庄子崇尚人性自然，认为人的本性是纯净质朴的、自然天成的、不着人为色彩的真性情。庄子说：“物固有使然，物固有所可。”即万事万物都有其与生俱来的个性，那是一种自然属性，而非人为的。因此人们应当顺从自然天性，尊重事物的个性。

3. 重生贵身

道家是从人与自然的联系中确立人的生命价值的，它所重视的是人的生命

---

① 黄海德：《道家、道教与道学》，载《宗教学研究》，2004(4)。

② 李霞：《生命本位与自然关怀——道家生命观的基本特征及其现代价值》，载《中国哲学史学会2004年年会暨中国传统哲学当代价值学术研讨会论文集》，2004。

的本然价值。对于人在宇宙中的地位及其生命价值，无论是道家还是道教都持“天人并生”的观点，这两者都认为人与天地万物共同构成宇宙自然，它们凭借自身独特的个性及存在价值成为宇宙自然中不可或缺的一部分，人与天地万物的价值是等同的。① 因此，道家讲究“重生贵身”，以生命为贵，强调重生轻物，重视人的生命存在，认为人应当顺从其自然本性而生存。生命是其他一切价值存在的根本，离开生命，一切都无从谈起。

4. 死亡的意义

在道家思想中，万物之生死是“道”自然变化的结果，即生命从于道、存于道、复归于道。道既是生命的本源，又是生命的终结。人的生死就像万物的生死那样顺其自然。生死是相互渗透、相互转化的，也就是说生命现象在“生”出现的时候已然包含了“死”的潜在因素；死亡也并不意味着终结，只是生命形态的一种转化。正如太阳每日东升西落，它开始升起的时候也就离落下越来越近；只有当它日落西山后，它才能在第二天照常升起，普照大地。生死就如一个循环，就像白天和黑夜那样自然。人的一生无异于花开花落，不过自然而已。

庄子在《大宗师》中说：“死生，命也，其有夜旦之常，天也。人之有所不得与，皆物之情也。”指出生死就如昼夜变化一样平常，都是有意义的，人们应该坦然顺之。在道家看来，既然死亡是自然规律，无可避免，那么人们就应该遵循自然的法则，勇于接受生和死的命运，不以生喜，不以死悲，豁达地看待生死。

（二）儒家的生命观

1. 生死天命，敬畏生命

“由生知死”是儒家参悟人生意义的基本思路。人们首先要明白生的价值，也就是人为什么而活着，然后才能懂得死的意义。孔子曰：“未知生，焉知死？”(《论语·先进》)生是死的前提。人只有懂得了生命的意义，才能坦然地面对死亡。“有生者必有死，有始者必有终，自然之道也。”(《法言·君子》)人类有生就必然有死，有开始就会有结束，这是自然规律。既然生与死的变化都是自然之道，不由人力主宰，那么人应该“尽人事以尽天命”，顺应自然健康发展，不断完善人性，尽到自己做人的本分，以此完成天命。

2. 万物之首，珍爱生命

荀子的“人贵论”认为：“水火有气而无生，草木有生而无知，禽兽有知而无义，人有气有生有知且有义，故最为天下贵也。”(《荀子·王制》)荀子认为人区别与草木禽兽，人同时拥有生命、思维和道德，因此处于万物中最尊贵的位置。孔子提出“仁者爱人”。这里的“人”泛指一切的人，无论阶级、贵贱。爱

---

① 刘玮玮：《儒家生命伦理观与道家生命伦理观之比较》，载《长沙理工大学学报(社会科学版)》，2011(6)。

人，即爱一切人，当然也包括自己。儒家重视生命，认为对自己身体的损伤都是对生命的不尊重，“身体发肤，受之父母，不可毁也”。同时，儒家反对无谓牺牲。“暴虎冯河，死而无悔者，吾不与也。”(《论语·述而》)孔子认为，徒手与老虎搏斗，徒步涉水过河，这样死了也不后悔的人，我是不赞同的。这样的死没有价值，是轻视的生命的表现，不应该支持。

3. 终始如一，敬生隆死

荀子曰：“生，人之始也；死，人之终也。终始具善，人道毕矣。故君子敬始而慎终。终始如一，是君子之道，礼义之文也。”(《荀子·礼论》)生是人之开始，死是人之终结，生命对于人应当始终如一。生和死一样都是人生的大事，需同等看待，善始善终。生，要敬畏生命，爱惜生命；死，要重视死亡仪式，隆重、慎重地完成。敬生隆死，这是君子之道，也是孝子之事。古代儒家所重视的死亡仪式，其实有着教化民众的社会作用。曾子曰：“慎终，追远，民德归厚矣。”(《论语·学而》)慎重地举行死亡仪式，追念祭祀远古的祖先，感受和缅怀先人的高风亮节、美好德行，自然能够使人民变得忠厚老实、爱人爱亲，起到教化世人的作用，促使人们形成正确的人生观和价值观。

4. 死为休息，直面死亡

儒家强调生时珍爱生命，重视由生向死的过渡仪式。对于死后，儒家也给出了一种看法，“子不语怪、力、乱、神”(《论语·述而》)。孔子不谈论怪异、暴力、变乱、鬼神，体现了儒家生死观中的实用理性精神。荀子在《大略篇》中，通过子贡与孔子讨论何时才能安息的对话提到：“望其圹，皋如也，宰如也，坟如也，鬲如也，则知所息矣。”看那个墓穴，那高高耸立的像高地似的，像小山尖似的，像土堆似的，像扣着的锅似的，就知道休息的地方了。儒家以生死是自然规律的观点引出他们对死后生活的幻想：死后的世界不像生前世界如此纷繁复杂，那是一个用于休息的舒适场所。这就是儒家的“休息说”，它指生前是用来奋斗不止的，死后才能够休息；同时，再次强调了死亡的必然性。

5. 追求“成人”，死而不朽

儒家对死亡的肯定引发了人们对生命的另一种追求，那就是如何达到“死而不朽”。相比于追求死后的归宿，儒家更倾向对生命的塑造和完善，重视追求“生”的价值和展现“生”的瑰丽。珍爱生命的目的就是实现人生的价值。生命是一个自然发展的过程，有生必有死，不可抗拒。如何才能不死呢？儒家将不死的信念寄托于“成人”，企图通过对生的有意义的追求达到精神的不死，从而实现生命的不朽。

死而不朽，是面对死亡的必然性之后，对生命的一种超越性的追求。“立德，立功，立言”(《左转》)被儒家当作生命不朽境界的三种标准。立德，就是以身载道，把全部力量投入高尚的道德行为中，追求卓越的品行；立功，就是为国家和社会做出突出的贡献；立言，就是从思想上提升生命境界，为社会提供精神财富。①

四、生命态度与心理健康

人类独有的反思生命和死亡的能力为自身增加了额外的存在焦虑(Existential Anxiety)。古德曼(Goodman)认为，存在性的死亡焦虑和对虚无的焦虑是最难克服的，大多数被人们用来试图消除惯有的分离——遗弃焦虑的防御结构，如否认现实、合理化、隔离等，并不能轻易地就成为抵御存在性死亡焦虑的保护屏障。为了应付对虚无的焦虑，人们求助于各种象征性不朽(Symbolic Immortality)的方式：假定我们可以通过孕育后代得到永生(生物学的)；相信来生，相信灵魂不死，死亡仅仅是向存在的另一个不同空间的过渡(宗教和精神上的)；通过工作得到永生，相信因为我们的成就，我们将被永远记住(创造性的)；通过自然本身的存在得以永存，当我们死去后，我们会回归自然，生命生生不息，化为永恒(自然界的)；通过对一种制度或传统的认同获取永生之感，因为这种归属和认同使我们能够超越死亡(文化上的)。

死是每种生物的最终结局，是人类无法抗拒与躲避的宿命。存在的人必然会死亡，生与死是生命的必然经验。或许正是人能够思考，个体意识到了自身存在的有限性，才陷入了死亡焦虑的困顿中恐惧不安，甚至会万念俱灰，做出一些异常或反常的行为。然而也许正因为人的思考能力，我们可以从死的阴影中走出，去创造一种更好的生活。虽然现代人的科技智慧远高于古人，但由于传统宗教文化影响的衰微，加之人将主要精力放在了对“生”的享乐上，无暇对“死”进行深度思考，因此人们在“死”的问题上产生了极大的困惑与恐惧。所以，我们不仅需要一种合理的人生观，还必须拥有正确的死亡观，以获得某种生死的大智慧，既提升生命的质量，获得幸福快乐的人生，也能够消解对死亡的心理恐惧，平抑由死亡引发的悲痛与创伤，并为人生补充永不枯竭的动力，最终超越死亡。

存在主义心理学家罗洛·梅(Rollo May)认为，对死亡的觉察是我们热爱生命的源泉，否认死亡会导致真正的绝望。他引用神话隐喻指出，“身为人，即使是痛苦，我们都要忍受”。当一个人已经没有东西可以再失去的时候，他会承担起对生命的责任。因此最强烈的生命经验里，往往伴随着最强烈的死亡经验。生命中的苦难会使我们停滞不前，但停顿时的空白确实是必需的。生活中的痛苦、挫折、绝望、停滞与死亡，事实上反而蕴藏着巨大的潜在能量与生命力。一个人的存在感表现得越强烈，他就越有创造性和责任感，对自己命运

---

① 郭荣君:《儒家生死观的现实关怀与超越追求》，载《苏州大学学报(哲学社会科学版)》，2012(2)。

的控制能力就越好。

自20世纪中期以来，人们所遭遇的最大问题是空茫感。空茫感的来源其实是人们为与世界、与他人和与自己沟通的途径感到迷茫以及人们不知道自己置身于世界中的哪个角落。没有人知道自己真正想要什么，能做的似乎只有不断地逃离。空虚茫然的生命态度会威胁人类的健康，使人不知为何而活。找不到自己存在价值的人，同时也会迷失生命的方向。

从心理健康角度看，健康的生命是个人与自我、个人与他人、个人与环境以及个人与人类关系的和谐发展。作为一个健康的个体，必须首先发展成为原本的自我。如果人们无法活出原本的自我，无法活出自己，那么无论他们多么想成为别人，都是做不到的。其次，人要与周遭相融，人们的互相依赖感会不断地在有意识或无意识中出现——即使在我们攻击和破坏这种人与人的相互依赖时也一样。罗洛·梅认为，个体与他所置身的世界事实上是一个整体，健康的人与社会整合，实际上也意味着与所处的世界合为一体。罗杰斯认为，人生活在关怀中，良性的人际关系会为当事人带来改变的可能，对他人提供爱与关怀的同时，自己也会获得喜悦和鼓舞，并且丰富个人的内在体验。最后，更高水平的健康意味着人与人类整体或宇宙产生意义联结。超个人心理学的先驱马斯洛指出，人们在基本的五种人生需求——生理需求、安全需求、归属与爱的需求、尊重的需求、自我实现的需求之外，还有超越性的需求。这是一种更高级的精神性需求。人必须站在人类整体或人类与宇宙的关系的角度来反观人生，最终才能获得一种心灵和生命的解放。

第二节　生命的意义

案　例

看到网上有句话说得非常好，“高中忙得井井有条，大学忙得乱七八糟”。以前我们的脚下只有一条路，每天都有很明确的目标和很具体的任务。可是，我们迈入大学之后，却迷茫了。进入大学后，一些学生真的不知道每天的忙碌是为了什么。时光匆匆流过，然而回顾一下自己，进入大学后好像并没有学到什么东西，并没有一些切实的进步。他们老是涌起生命的无意义感，想不如死了算。又怕死；可又觉得死亡也挺好的，可以逃避活着时的无意义感，因此纠结低落难受。这是怎么回事，怎么调理？（转自豆瓣网）

问　题

1. 你是否思考过死亡对我们意味着什么？
2. 你对自己的生命价值和意义有何种观点？

在现代社会，人类面临的挑战不是大规模的自然灾害或战争等带来的生存危机，而是社会急剧变化带来的不可控感不断挑战着每个人的感知体验极限。于是，生命的颓丧、疲困问题日益凸显出来，就表现为所谓“无聊”“佛系”和“自戕”。存在主义心理学家罗洛·梅认为，当旧的价值观是空洞的，传统习俗再也行不通时，个体就会感到难以在世界上发现自己。这种状态不一定是心理疾病，而是一种内心空虚的焦虑，是一种植根于心灵深处的对于不确定性的恐惧，是一个人无法成为一个实体来指导他自己的生活或有效地影响、改变他人和周围世界。

一、生存焦虑及其应对

“存在性焦虑”(Existential Anxiety)是由于未能发挥生命潜能而引起的焦虑，表现为一种模糊的紧张意识、烦恼，或者由于某种原因使本来能够达到的目标没有达到所引起的“安静的绝望”(Quiet Desperation)。被困在存在性焦虑中的人会有一种生命的缺失感——仿佛一些很重要的东西突然消失了，自己却说不出失去的到底是什么，似乎自己生活中的一切并没有想象的那么有意义。这种缺乏人生意义和目标的状态可能会导致焦虑、恐惧，乃至抑郁。

存在主义哲学家海德格尔(Heidegger)认为，人的存在是在时间中存在的，具有不可超越性，只能用先行的方法对死亡做预先的内心体验来凸显死亡的价值。他提出“先行到死”的方法，认为一个活着的人虽然还没有到达人生的“终点”，但可以“先行到死”，由“死”来反观“生”。当人们从观念上先行一步、立于人生的“终点”、立于生死之界来反观我们的人生时，人们才能真正察觉自我的生命缺少了什么，人生中应该去追求什么；而且也会真正明白人生幸福与快乐的真实含义，人生痛苦与悲伤的真谛。由“死”观“生”的结果，可以使人自我定位，具备好坏、优劣、美丑、是非的价值判断，这就为人们的人生确定了方向、性质和内容。所以，一个人仅仅关注“生”，未必能很好地“生”；只有透悟了“死”，并能立于“死”的视角观察“生”，才能更好地“活”，在短暂的一生中创造出更大更多的意义与价值，让人生更辉煌。

从心理健康角度看，虽然大部分人都没有体验过明显的死亡恐惧与焦虑，但是生活中有许多事件可以诱发死亡焦虑，如丧失挚爱的亲人、患有危及生命的疾病或遭遇重大创伤等。死亡焦虑过于严重，会使人神经衰弱，限制人格的健康发展，给人带来许多消极影响。拉斐尔(Raphael)在 1984 年指出了死亡焦虑的不同表现：同害怕疼痛、毁灭和身体残缺一样，个体存在着对未知的焦虑、对自我灭绝的恐惧，害怕自己在走向死亡的过程中功能丧失，不得不依靠他人，无法忍受病痛的折磨；此外还有着对孤独的焦虑，对失去自己深爱着的人的焦虑。

托马尔(Tomar)和伊莱恩(Elaisno)认为死亡焦虑是由三个因素直接决定的：过去的遗憾、将来的遗憾、死亡的意义性。过去的遗憾(Past-relat Regret)是个体意识到尚未实现自己最基本的期望时的情绪反应。这种遗憾与个体在特定的文化环境中认为自己在过去的生活里应该已经达到而实际没有达到的生活目标是紧密相关的。这实质上是“应该自我”与“现实自我”的差异。将来的遗憾(Future-relat Regret)反映的是个体为自己设定了要在将来完成的目标、计划和任务，却又发现自己无法达到这些目标时的情绪反应。这反映出“理想自我”和“现实自我”的差距。死亡的意义性(Meaningufluness of Death)是个体对死亡的概念化，如个体认为死亡是一件积极的事还是消极的事，死亡是否有意义，死后是否有来生等。死亡的意义性是与个体的自我观念和对世界的看法相关的。

试着回答以下这些问题，想想怎样才能减少自己的死亡焦虑。

表 8-1　死亡焦虑

死亡焦虑		
过去的遗憾	**将来的遗憾**	**死亡的意义性**
1. 你是否对自己的过去心满意足？ 2. 回忆过去，什么让你追悔莫及？ 3. 如果让你重新来过，你最想做点什么改变？	1. 如果生命戛然而止，你最遗憾没有去做的事情是什么？ 3. 当你离去时，你想要别人怎样记得你？ 3. 如果始终没有实现自己的理想，你会怎样？	1. 你会害怕死亡吗？ 2. 死亡对你意味着什么？ 3. 你想过死后的世界吗？ 4. 你如何看待重要他人的死亡？

在这个模型的基础上，心理学家指出，常见的死亡焦虑的应对机制包括：人生回顾、人生规划、自我超越等。这些过程会对个体的自我观念和世界观形成影响，从而去影响死亡焦虑的三个决定因素。

对于大学阶段的青年朋友而言，做好人生规划是一种非常重要的应对措施。死亡的存在以及我们对死亡的沉思，可以让我们意识到生命的有限性，能使我们更加珍惜生命中的每一分每一秒。尤其对于青年朋友来说，要做好合理的人生规划，让生命中的每一时段都充满意义，都能够留下不可磨灭的印迹。《生命向前》一书认为，无意义的漂流往往会让人停滞不前。因为当人们漂流时，往往丧失了洞察力——最终会怀疑人生到底有没有意义，对目的地失去希望。人生中漂流的代价也是非常昂贵的，不仅表现在金钱方面，而且表现在时间方面。一个人太过频繁地在人生中反复曲折前进，不确定目的地，就会耗费宝贵而有限的资源。因此，要想到达某地，第一步是下决心不再待在原地。一个人如果能够牢牢抓住生活，不浪费人生中的宝贵时光，努力地从事各种创造的活动，珍惜生活中的亲情、友情、爱情、人情，并尽可能多地品尝种种人生的滋味，那么就能在死亡来临之际不留遗憾，毫无恐惧，心安理得，这就达到了生死两相安的最佳境界了。该书生动地提出了“人生账户”，如图 8-1 所示。

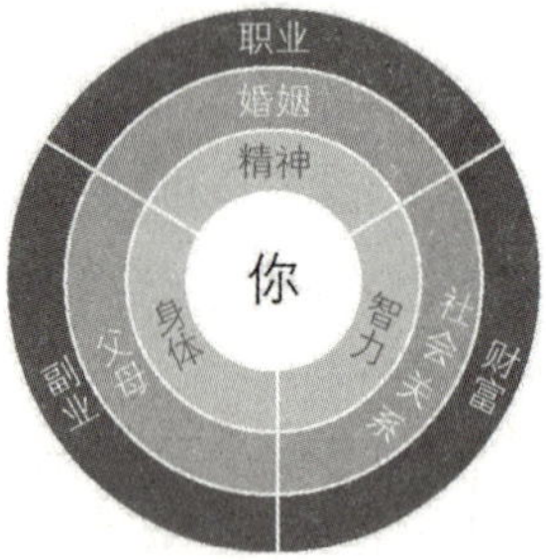

图 8-1　你的“人生账户”

二、珍爱生命，直面挫折

虽然人是万物之灵，但生命自身相当脆弱，十分容易受到外在的和自我的伤害。人的生命只有一次，死亡意味着人们此生的完全结束。这就时刻提醒我们一方面要充分地利用好生存的时间，不浪费分毫，每一天都应该有丰富的内容；另一方面要十分注意保护自己脆弱的生命，不要使之受到损伤，更不要沦入非正常的死亡。我们不仅要细心地保护自我的生命，还要通过各种锻炼和养生努力地活够大自然赋予我们的自然寿命，在任何情况下，都不应该以结束生命为借口来解决困难。

中国文化向来认为天地之间“人命最重”“寿为最善”，乐生恶死是人的本性。《庄子·刻意》中说：“丧己于物，失性于俗者，谓之倒置之民。”庄子讽刺一些人盲目地追逐外物，却忽视了这些外物其实只是暂时寄存在自己身边，并不真正属于自己，更不能等同于自己的本性。所以，一个人不应当因为荣华富贵而放纵自己，也不应当因穷困而趋附世俗。按照生命自然规律生活，不要过度地透支生命，不以生命换取名利权位，成为中国人独特的生命态度。

国内的调查发现，目前大学生在健康管理方面很不自觉，吸烟、酗酒、熬夜、节食、纵欲、锻炼等不科学的现象突出。湖南某高校一份问卷调查结果显示，高达 94%的大学生有过熬夜现象，手机依赖、玩游戏、恋爱和室友影响成为熬夜的主要原因。[①] 西安某高校调查研究发现，大学生熬夜的首位原因是

① 唐丽萍、何源明：《熬夜对大学生心理健康的影响调查分析——以湖南科技学院为例》，载《湖南科技学院学报》，2018(4)。

玩手机游戏和上网聊天，占 88.7%。另外不规律饮食中，不吃早餐者所占比例最高(54.8%)；饮食不规律的原因中，暴饮暴食和睡懒觉为最主要的原因，分别占 57.0%和 51.6%。[①] 美国《国家科学院学报》刊登的一份新的研究表明，睡眠不规律会对人体 1000 多个基因造成严重破坏。[②] 世界卫生组织早就将通宵夜班列入了可能的致癌因素，因为长期睡眠障碍、睡眠不足是导致人体免疫力低下的重要原因之一，肿瘤的发生与人体的免疫力强弱有密切关系。

新闻链接

2019 年 3 月 30 日 18 时许，四川凉山木里县立尔村发生森林火灾。事发之后，当地部门迅速展开救援工作。据悉，着火点海拔 3800 米左右，火场平均海拔 4000 米，多个火点位于悬崖峭壁上。3 月 31 日下午，救火人员在转场途中，受瞬间风力风向突变影响，突遇山火爆燃，有部分救火人员失联。已经确定有 30 名救火队员不幸殉职。其中 27 人是凉山州森林消防支队的队员，1 个“80 后”，24 个“90 后”，2 个“00 后”。牺牲的中队长张浩刚刚结婚不久，朋友圈最近每一个动态都是在任务途中。另一名牺牲的队员蒋飞飞，最后的朋友圈同样是奔赴火场的画面。(搜狐网，2019-04-02)

凉山三十名救火英雄的故事让举国上下悲痛万分。他们为了救火，为了保护更多的人献出了自己的生命，但这能说他们不珍爱自己的生命吗？恰恰相反，正是他们对生命的大爱让他们义无反顾地冲向火海，将个人生死置之度外。他们对生命的珍爱反而是大多人不能及的。司马迁说过，“人固有一死，或重于泰山，或轻于鸿毛，用之所趋异也。”每个人的生命只有一次，都是无比可贵的，然而不同的人的生命价值也是不一样的。只有让生命的光辉闪耀在人性之花上，才算是绽放了最美的光芒。

另外，大学生面临的压力与日俱增。大学生自我要求的不断提高，理想与现实的差距越来越大，尤其在人际关系、学习压力和就业压力等方面，大学生越来越多地受到了挫折感的困扰。大量研究发现，大学生挫折心理抵抗能力对自杀意念有显著影响。例如，2016 年一项针对 769 名大学生进行的调查研究发现：大学生挫折心理抵抗能力与自杀意念之间的负相关显著，挫折容忍力、挫折复原力、挫折认知水平、信心、意志品质、挫折经验是自杀意念的有效预测变量。[③] 受社会经济发展的影响，“00 后”的家庭物质条件较之前更好，一方

---

① 滕红、潘建平、杨武悦：《西安某大学男女学生不良生活习惯调查比较》，载《中国妇幼健康研究》，2013(2)。

② 林南：《熬夜缺觉危害大》，载《食品与健康》，2018(8)。

③ 张家甄、张敏强等：《大学生挫折心理抵抗能力与自杀意念的关系》，载《中国健康心理学杂志》，2016(3)。

面，他们多才多艺，思维活跃，意识超前；另一方面，他们表现出自制能力差、常常在外表上很自信、不惧权威、内心较脆弱、没有应对挫折的能力等特点。研究还发现，大学生自杀问题主要集中在学业受挫、恋爱受挫、人际关系问题、心理障碍、就业受挫和经济困难这六大方面。其中排在首位的是学业受挫，包括四六级没过，本、硕、博论文没通过等。这说明，对大学生而言，学业受挫是主要原因。排在第二位的是恋爱受挫，占自杀人数比例的 25.0%，相当于 1/4 人数比例。①

对大学生来说，他们需要认识到挫折存在的普遍性与必然性。任何一个人的成长，任何一个事物的发展，总少不了挫折。考试考砸了、恋爱分手了、创业失败了、烧饭烧煳了，都是一次挫折。然而，有的人能正确对待，有的人却是消极地对待，其结果会大相径庭。对待挫折的态度和方式甚至可能影响人的一生。中国人常说，知耻而后勇，知弱而图强。挫折往往让我们知道自己的不足，因此产生勇往直前的力量，使挫折向积极方向转化。贝利(Bailey)成名后，有个记者采访他："你的儿子以后是否也会同你一样，成为一代球王呢?"贝利回答："不会。因为他与我的生活环境不同。我童年时的生活环境十分差，但我正是在这种恶劣的环境中磨炼了我顽强的斗志，使我有条件成为球王；而他生活安逸，没有经受困难的磨炼，他不可能成为球王。"要知道，成功是我们梦寐以求的那朵"红玫瑰"，而挫折正是那遍及周围的"针刺"。

三、追求意义，活在当下

1942 年 9 月，著名犹太精神病学和神经学专家维克多·弗兰克尔(Victor Frankl)连同他的妻子和父母一起被纳粹逮捕并押送至集中营。3 年后，当他从集中营被解救出来时，他有孕在身的妻子和其他大部分家人都已不在人世。他作为 119104 号囚犯活了下来。1946 年，他用了 9 天时间写下了他在集中营中的经历并出版。在这本名为《生命的意义》的畅销书中，他总结了生与死之间的差异：那就是生命的意义。

维克多·弗兰克尔认为，一般人可以通过三种价值方式获得生命的意义：第一种方式是创造的价值，即通过某种类型的活动以实现个人的价值，如经由个人工作、嗜好、运动、服务、自我的付出或贡献、与他人建立的关系等来发现生命的意义；第二种方式是经验的价值，即经由体验某种事物或经由体验某个人(爱情)来发现生命的意义，如欣赏艺术作品、投入大自然的怀抱、与人交谈、体验爱的感觉等；第三种方式是态度的价值，即当个人面对无法改变的命运(罪恶感、死亡或痛苦的逼迫)时所决定采取的态度，此价值即苦难的意义，

① 大学网，2011-09-13。

是人类存在的最高价值所在，如个人所持的生活信念或价值观、生命观等。

维克多·弗兰克尔讲了一个他在集中营里的亲身经历：他与一群俘虏被纳粹强迫跋涉到某地铺铁轨，其中一位俘虏提到不知道他们妻子的命运如何，这让他想到他自己新婚的妻子。那一瞬间他领悟到虽然他不知道他妻子的下落，但是她“存在”于他的心里。于是他写下了这样的话：“人类可以经由爱而得到救赎。我了解到一个在这世界上一无所有的人，仍有可能在冥想他所爱的人时所尝到或显现的幸福感觉，即使这感觉是极短暂的一刹那。”维克多·弗兰克尔提出，所有的痛苦，包括即将到来的死亡有没有意义？如果人不可避免地要受环境影响，那人的自由在哪里？一个人也许无法选择环境与命运，但可以选择面对命运的态度，保持人性的尊严，以高贵的姿态去面对苦难。这种对生命的尊重与责任独立于生理、心理的精神自由，是死亡也无法剥夺的。

很多人可能会简单地认为，人生的意义当然是寻找幸福。然而具有讽刺意义的是，那些一味追求幸福的人，反而往往感到不幸福。佛罗里达大学的社会心理学家罗伊·包麦斯特(Roy Baumeister)在《意志的力量：重新发现人类的力量》中写到，追求幸福并不能将人从动物中区分出来，这只是生物的本能而已。人的独特之处，就在于其对意义的追求。二者的区别就在于，在幸福的生活中，“得到”更多；而在充满意义的生活中，“给予”更多。人们若只是沉溺在日常的生活中，往往对什么都十分执着。你的我的他的，不能混为一谈，更不能让别人从自己这里取得一丝一毫，什么都得分得清清楚楚，不仅执着于自己的，而且盯着他人的。而且，对哪怕是一点点的损失也无法忍受，哪怕是吃上一点点的亏也是坚决不干的。这样的话，人们在生活中一定累得很，苦得很，无奈得很。要知道，最终我们还是会失去所拥有的一切，到达死亡的终点。有限的寿命无疑会让我们焦虑于充满偶然性的死亡，但同时也能让我们审慎而体面地存活。古希腊神话里，黎明女神厄俄斯恳求宙斯赐予她永生，却忘了要求永葆青春，结果只能以一个无助老人的身体永远活着，余生只剩下痛苦。因此，相较于寿命的长度，也许我们更应该回过头来关注生命的质量；也只有明白了终有一死，才能在当下找寻到意义。从这个角度来说，生命的部分意义就在于我们会死亡。

新闻链接

疫情牵动全国人民的心。看到药店口罩无货，刚满 20 岁的“00 后”上海姑娘金正悦在短短两天内筹集到 5000 多只口罩、100 多副护目镜和 50 多件防护服，发往武汉、襄阳、孝感等地的各大医院。金正悦说：“我们虽然年轻，但有初生牛犊不怕虎的锐气和拼劲，面对这样的国家大事，年轻人也想贡献一点自己的力量。”在她身后，是一支由 100 多位年轻人组成的驰援队。在互联网上，还有许多像他们一样的捐赠群正夜以继日地筹集着爱心。从建群开始，这群“无名雷锋”就通过各种渠道捐献医疗物资：有人捐钱买了600只口罩送到上海华山医院；有人买了1000只口罩委托金正悦送往需要的地方；有人入群的时候正在去往马尼拉机场的路上，为的就是去买口罩……截至目前，这个捐赠群已经扩容到105人，群员中“00后”居多，80%都是身在海外的中国留学生。（引自文汇网，2020-01-27）

弗洛姆在《爱的艺术》一书提到：一个人能给予另一个人什么东西呢？他把自己的一切给予别人，把自己已有的最珍贵的东西给予别人，把自己的生命给予别人。这不一定意味着他为别人牺牲自己的生命，而是他把自己身上存在的东西给予别人，把自己的快乐、兴趣、同情心、谅解、知识、幽默——把自己身上存在的所有的表情和表现给予别人。在他把自己的生命给予别人的时候，他也增加了别人的生命价值，丰富了别人的生活。通过提高自己的生存感，他会提高别人的生存感。他不是为了接纳才给予，给予本身就是一种强烈的快乐。在给予中，他不知不觉地使别人身上的某些东西得到新生，这种新生的东西又给自己带来了新的希望。在真诚的给予中，他无意识地得到了别人对他的报答和恩惠。这其实是变相意义的个体消融带来的融入快感。

知识扩展

中国哲学大师冯友兰认为人生有四种境界，分别为：自然境界，功利境界，道德境界，天地境界。

一个人做事，可能只是顺着他的本能或社会的风俗习惯。就像小孩和原始人那样，他做他所做的事，然而并无觉解，或不甚觉解。这样，他所做的事对于他就没有意义，或很少意义。他的人生境界就是自然境界。

一个人可能意识到他自己，为自己做各种事。这并不意味着他必然是不道德的人。他可以做些事，其后果有利于他人，其动机则是利己的。所以他所做的各种事，对于他有功利的意义。他的人生境界就是功利境界。

还有的人，可能了解到社会的存在，明白他是社会的一员。这个社会是一个整体，他是这个整体的一部分。有这种觉解，他就为社会做各种事；或如儒家所说，他做事是为了“正其义不谋其利”。他是真正有道德的人，他所做的都是符合严格的道德意义的道德行为。他所做的各种事都有道德的意义。他的人生境界就是道德境界。

最后，一个人可能了解到超乎社会整体之上，还有一个更大的整体，即宇宙。他不仅是社会的一员，同时还是宇宙的一员。他是社会组织的公民，同时还是孟子所说的“天民”。有了这种觉解，他就为宇宙的利益做各种事。他了解他所做的事的意义，知道他正在做他所做的事。这种觉解使他达到了最高的人生境界，即天地境界。

第三节　危机调适

新闻链接

上海市精神卫生中心心理咨询与治疗部主任仇剑崟及其团队携手舒辅智慧医疗公司率先研发“新型冠状病毒相关情绪自我评估问卷”，调查疫情中广大民众的心理应激反应及其动态变化，以期为心理干预和政策制定提供重要依据。该文章首发于英国医学杂志出版集团旗下《综合精神医学》杂志，已于官网正式上线。截至2月10日，共回收有效问卷52730份。调查对象中男性18599人，女性34131人；调查对象覆盖全国34个省份。

调查结果显示：

第一，35%的民众对“新冠”肺炎疫情存在明显的情绪应激反应，反应指数与性别、年龄、教育、职业、所处地区显著相关。

第二，女性情绪反应指数显著高于男性；教育水平越高，对疫情情绪反应越明显。

第三，不同年龄段人群情绪反应指数呈“N”字状，即青年(18～30岁)和老年(60岁以上)人群情绪反应较明显，青年人的信息多来自媒体渠道，媒体中大量疫情的报道使他们容易受到疫情动态的影响，从而产生应激反应。老年人本身身体素质较弱，再加上本次疫情中大部分死亡病例为60岁以上的老年患者，因此肺炎疫情对老年人身心健康的影响也更明显。(环球网，发布时间：2020-03-09)

一、心理危机概述

所谓心理危机，指面临突然或重大生活事件，如亲人亡故、突发威胁生命的疾病、灾难等，个体既不能回避又无法用常用的方法来解决问题时所出现的心理失衡状态。辛弃疾在《贺新郎·用前韵再赋》中写道：“叹人生、不如意事，十常八九。”人生不如意事十之八九，即便是在金色年华的大学，也可能面临各种各样的挫折：考试挂科之后的懊恼焦虑，人际冲突频繁，感觉被孤立伤害，家庭出现重大变故而又无力改变，感情失败后独自默默品尝苦果……面临种种挫折，我们可能手足失措，甚至长期沉溺于痛苦无法自拔。心理学家马歇尔(Marshall)的研究发现，生活中的日常琐事对个体身心健康的影响具有累积性，日常生活琐事如果长时间得不到解决，积压到一定程度时，就会对个体心理健康产生有害影响，使个体产生负面情绪。

（一）大学心理危机的类型

有研究发现，大学生常见的心理危机有三种。

第一，发展性危机。发展性危机是个人在正常成长和发展过程中，对急剧的变化或转变所产生的异常反应，如升学危机、性心理危机等。这些危机是大学生生命中必要和重大的转折点，每一次发展性危机的成功解决都是大学生走向成熟和完善的阶梯。

第二，境遇性危机。境遇生危机是指突如其来、无法预料和难以控制的心理危机，如交通事故、人质事件、突然的绝症或死亡、被人强暴、自然灾害等。

第三，存在性危机。存在性危机是指人生中的一些重要事件出现问题而导致的个人内心的冲突和焦虑，是伴随重要的人生目的、人生责任和未来发展等内部压力的冲突和焦虑的危机。

案　例

据香港《星岛日报》报道，香港撒玛利亚防止自杀会公布2017年香港自杀死亡统计数字及分析报告。结果显示，2017年香港共有916件自杀死亡个案，比2016年减少38件；但19岁以下学童及青少年自杀数字却呈上升趋势，从2016年的24件上升到2017年的36件，增加50%。该会去年接到的年纪最小的求助者仅为7岁，逾半青少年选择由高处坠下达到死亡目的。在2017年19岁以下青少年自杀热线求助个案中，亲子关系问题占最大比例，达24%；其次是学业问题，占20%。该统计同时显示，在2017年处理的自杀个案中，70岁以上长者自杀人数有221人，占比最大，达24%。香港撒玛利亚防止自杀会自杀危机处理中心主任何永雄分析认为，长者自杀原因主要与丧偶和子女去世有关，也有人担心养老问题。

一项大于10年的前瞻随访研究显示，抑郁障碍的自杀率为4.0%～10.6%。一项荟萃分析资料分析显示，抑郁障碍的终生自杀风险为6%。我国的自杀率为22.2人/10万，女性自杀多于男性，农村高于城市。一项1997—2015年包括32694名中国大学生群体的研究表明，中国学生群体的抑郁发病率为23.8%。2019年7月24日，《中国青年报》在微博上发起针对大学生抑郁症的调查，超过30万的投票中超过两成的大学生认为自己存在严重的抑郁倾向。世界卫生组织也曾提出1/4的中国大学生承认有过抑郁症状。①

① 以上数据来源于《2019中国抑郁症领域蓝皮书》。

（二）心理危机的表现

心理危机的危险性很高，但往往一般学生并不知道自己正处于心理危机的状态中。那么，我们如何判断自己目前的心理状态是一种危机，而非普通的心理问题呢？实际上，心理危机与一般的心理问题不同，在生理、情绪、认知行为上都有一系列的不良反应，且危机反应可能会维持6～8周。

表8-2　心理危机常见身心反应

	最近6～8周的不良反应
生理方面	肠胃不适，腹泻，食欲下降，头痛，疲乏，失眠，做噩梦，容易受到惊吓，感觉呼吸困难或窒息，哽塞感，肌肉紧张等
情绪方面	常出现害怕，焦虑，恐惧，怀疑，不信任，沮丧，忧郁，悲伤，易怒，绝望，无助，麻木，否认，孤独，紧张，不安，愤怒，烦躁，自责，过分敏感或警觉，无法放松，持续担忧，担心家人健康，害怕染病，害怕死去等
认知方面	常出现注意力不集中，缺乏自信，无法做决定，健忘，效能降低，不能把思想从危机事件上转移等
行为方面	害怕见人，容易自责或怪罪他人，不易信任他人，暴饮暴食，酗酒，攻击暴力，滥用药物，伤害自己等

如果最近1～2个月，你正在因为一些突发事件而痛苦，甚至已经有了表8-1中的很多问题，那么你应该去找专业的心理工作者寻求帮助，而不要让糟糕的状态一直折磨自己。危机之所以让你痛苦，是因为它是出人意料的，具有不可控性。并且，往往你身边缺乏合适的人陪伴、帮助你，你会感到无助、丧失尊严，因而非常痛苦。心理危机不仅会影响到人际关系，如使人变得没有耐心、脾气暴躁、容易激动、易与他人发生冲突，或者变得不愿意与人交往、封闭自己。严重的心理危机还可能导致抑郁症、焦虑症、急性应激障碍、创伤后应激障碍等心理障碍。

（三）心理危机的过程

每个人对严重事件都会有所反应，但不同的人对同一性质事件的反应强度及持续时间不同。一般应对过程可分为三阶段。

第一，立即反应阶段：当事者表现为麻木、否认或不相信。

第二，完全反应阶段：感到激动、焦虑、痛苦和愤怒，也可能有罪恶感，有退缩或抑郁的倾向。

第三，消除阶段：接受事实并为将来做好计划。

当危机发生时，我们应该学会理性地看待自身目前的反应和所处阶段。一般情况下，每个人都有自我恢复的机制，危机过程持续不会太久，如亲人或朋友突然死亡的居丧反应一般在6个月内消失。但是，一旦危机超过了6个月，你依然处于危机的种种心理体验中，那就不是一种健康的状态了。

二、如何应对心理危机

心理危机并不可怕，人人可能都会有。人在每天的生活中面临大大小小的压力，一旦承受的压力超过了应对能力，就会出现危机。一般来讲，大部分人的危机在 4～6 周内可以解决。有一些人的危机很难解决，如果没有有效的应对方法，可能引发心理疾病，甚至还会出现自杀的念头，严重的可能实施自杀的行为。

（一）主动寻求帮助

心理危机和一般的心理问题不同。心理危机是一种紧张、失衡状态，表达的是个体无法应对危机事件时心理失衡的程度；心理问题是各种不良的情绪或不合理的思维方式，表达的是个体心理不健康的程度。对于一般的心理问题，个体可以凭借一些方式进行自我调节；而对于心理危机，个体很难通过自身的调节来克服。因此，个体出现心理危机时，应该尽早和亲友或老师沟通，寻找专业的心理咨询服务。此外，人是一种社会动物，这意味着人类有着团体合作的天赋。与他人多交流，可以相互鼓励，相互支持，转移注意力。当遭遇个体危机时，打开心扉向愿意帮助你的人倾诉并寻求帮助，恰恰是一种睿智的表现。然而，当我们自我封闭、害怕或者不愿意向别人讲述自己的问题的时候，负面的情绪就无法得到宣泄，我们也无法跳出自己狭隘的视线，无法真正看到问题所在。

（二）学会身心调适

林德曼在 1944 年提出的“哀伤辅导模式”认为，在严重的危机事件面前，不要压抑自己内心的痛苦，应该通过各种方式发泄出来，其中最主要的方法就是嚎哭。我们要适时给自己一个情绪宣泄的出口（合适的地点、时间、对象），给自己的心理穿上一层防护服，只对积极的、快乐的、有用的信息做出反应，保护好自己的情绪。当然，最好的宣泄方式是在自己觉得有安全感的人面前和地方宣泄。一般咨询室会专门设置“宣泄室”，为有需求的来访者提供帮助。

另外，在躯体方面可以做慢而深的呼吸，放松心身，调动自身的免疫力，可以通过呼吸放松训练、有氧运动、正念打坐、冥想等方式来调适情绪。在行为方面，要注意补充营养，保证足够的睡眠。如果几天睡不着，建议短暂服用助眠药物，保护好自己，回避不必要的伤害，保持持久的战斗力。当发生地震、火灾、瘟疫等重大社会事件后，要从权威媒体了解真实信息和相关科学防护知识，要认清大局，为所能为，为所当为，尽量保持规律生活，适度锻炼、读书、听音乐等。

（三）危机往往也是转机

虽然心理危机的出现给个体带来了困扰和痛苦，但是心理危机的成功解决也是个体成长的重要契机。它可以帮助当事人培养坚强的意志，并提供解决突发事件的能力、方法。这些收获都能避免未来再次陷入心理危机。有人做过这样一个实验，他们给一组小白鼠以电击或其他挫折情境，使其产生紧张状态，然后让它们正常发育。这组小白鼠长大以后就能比较轻松地应付挫折；另一对照组没有经受过这类挫折的小白鼠，长大以后在遭受电击等痛苦刺激时就显得怯懦，表现出异常行为。同样的道理，人也有类似的现象，一个从小受过逆境磨炼的人，成年以后能更有效地适应环境，对紧张状态的反应有较大的灵活性，挫折刺激对其造成的伤害也比较小。

人生充满坎坷，但越是这样坎坷的人生，越是能锻炼出生活智慧和坚忍的意志。《孟子》云："故天将降大任于斯人也，必先苦其心志，劳其筋骨，饿其体肤，空乏其身，行拂乱其所为，所以动心忍性，曾益其所不能。"古今中外，很多人的优秀和成功恰恰磨砺于其坎坷的人生。文王拘于囚室而推演《周易》；仲尼困厄之时著作《春秋》；屈原放逐才赋有《离骚》；左丘失明乃有《国语》；孙膑遭膑脚之刑后修兵法；吕不韦被贬属地才有《吕氏春秋》传世；韩非被囚秦国，作《说难》和《孤愤》；西汉著名史学家司马迁因替李陵败降之事辩解而受宫刑，然而他继承父业，发奋创作了中国第一部纪传体通史《史记》(原名《太史公书》)，被后世尊称为史迁、太史公、历史之父。

(四)改变不合理认知

心理危机往往源于错误的认知及脆弱的承受力。对挫折的错误认识主要表现在三个方面。一是认为挫折不应发生在自己身上。有的学生简单认为学生时代应是丰富多彩、充满快乐的，大学学习也应是轻松愉快的，人际关系同样也应是和谐的。对于挫折，他们缺乏思想认识和心理准备。因此，一旦遭遇挫折就会出现心理危机。二是以某方面的挫折来否定整个自我。例如，一次考试成绩差便认为自己的能力差，比不上别人。这种以偏概全的认知方法往往会引起强烈的挫折反应，自暴自弃。三是把某一次挫折的后果想象得非常可怕。例如，有的学生在失恋之后，认为自己再也不可能爱上其他人了，甚至认为失去爱情就失去了一切；或一件事情没做好，便担心别人对自己有看法而失去信心。

生活中压力总会不断出现，但压力和心理问题是否会转化为心理危机，很大程度上取决于我们是积极还是消极地看待问题。实验研究发现，即便是将动物和人置于绝望的环境中，人为地让他们无法逃脱失败或惩罚，仍然有三分之一的个体不会放弃，还是做"徒劳"的挣扎与努力。产生这种差异的最重要的原因是什么呢？塞里格曼(Seligman)指出，群体中天生存在乐观差异，少数个体是较为乐观的。这些乐观的个体并非没有遇到挫折，只是对挫折的认知不同。

什么是乐观呢？一乘客坐公交车，一路上七八个红绿灯，刚到路口就变成了红灯，被挡了下来。"真倒霉！一路都是红灯。"乘客叹口气。"不倒霉，"司机回头笑笑，"变绿灯时，我们是头一个走的。"霍奇斯(Hodges)曾说："失败往往是黎明前的黑暗，继之而出的就是成功的朝霞。”当你冲破“黑暗”，看到“朝霞”时，蓦然回首，你会发现自己已变得更加强大，更有智慧和忍耐力。

知识扩展

“新冠”肺炎疫情下普通大众的常见心理或精神问题

一、焦虑、疑病

目前，大部分群众已经认识到新型冠状病毒感染的肺炎的严重性，由于无法分辨谁是携带者，因此会感到难以保障自己和家人的健康；而且人们对于疫情新情况的把握往往难以达到自身要求，所以安全感急剧下降。

因此，人们出现了普遍的焦虑心理，尤其表现为特别关注身体的各种感觉，而且会将身体的各种不舒服与新型冠状病毒感染的肺炎联系起来，怀疑自己生病了。很多人口罩漏了一条小缝或是偶有咳嗽，就开始怀疑自己感染了新型冠状病毒感染的肺炎，焦虑感更甚。还有部分人过分关注疫情的进展消息，反复查看相关内容，也加重了紧张、恐慌的情绪。

人们还可能会出现“看谁都是携带者”；“不敢出门，更不敢去医院”；“感到生活充满了不确定性”等想法。这些想法可能会推动焦虑发展为恐慌，导致产生一系列盲目从众的行为，如过量使用消毒剂，过量吸烟饮酒，抢购囤积口罩、方便食品等。

二、愤怒情绪

浏览社交媒体时，我们也往往会看到一些充满了“戾气”的文字，有些是针对那些喜欢吃野味的人的，有些是针对基层的管理者的，有些是针对全体疫区人员的；而且下面的评论里也不乏赞同者、响应者、散播者。随病毒而来的，好像也有网络中“病毒式传播”的愤怒，在一条条未辨真伪的信息下声嘶力竭。

根据心理学上“挫折—攻击模型”，面对疫情的风险和人人自危的压力情境，油然而生的愤怒情绪其实是增强控制感、进行自我防卫的自然反应。但现在最需要做的并非把矛头指准谁，这种群体情绪反而可能成为网络暴力的温床，甚至被有心煽动者利用。许多谣言恰恰是针对人们的恐慌心理，诱使人们用怒火滔天的形式过度地发泄自己的不安，对无辜的人造成伤害。不管是身处旋涡之中的群体，还是紧张的观望者，一味地表达愤怒都于事无补，我们更需要保持平静的情绪，以“不信谣、不传谣”的心态理性关注疫情现况，不冲动地参与对当事群体的攻击，不让自己成为一部分“有心人”的帮凶。

三、低落抑郁

在自我隔离、居家不出门的过程中，也有很多人表示，自己情绪低落，甚至悲伤、绝望，对一切都似乎失去了兴趣，也难以感到愉悦；每天都十分疲劳，精神不振，也很难集中注意力思考；在想到现在的疫情和生活时，忍不住心痛、哭泣；当疫情影响到自己工作、家庭的重要事项时，甚至会觉得一切都完了。

这样的表现可能是抑郁发作的信号，这些反应和我们在日常生活中遭遇重大挫折时的反应差不多。在当前的紧张疫情防控形势下，不断跳动的确诊人数、网络上传播的悲观消息以及身边其他人传递的沮丧情绪，都可能成为压倒我们的最后一根稻草。

低落抑郁的情绪如果持续时间过长，可能导致生活规律的紊乱，如食欲减退或猛增，体重出现明显的波动，连续几天失眠或睡眠过多等。长期低落的情绪还可能造成机体免疫力下降等。

四、盲目乐观

面对此次疫情，适度的乐观是必要的。但是，部分群众抱有“做了很多预防措施就不可能被感染”的错误想法，产生盲目的乐观情绪；更有甚者认为事不关己，不必做防护。事实上，即使采取了一定的预防措施，也不可能保证100%不被感染，更不必说不做防护了。不切实际的乐观不仅会放松人们的警惕，而且会增加自己和别人被感染的风险。

此外，当后续疫情蔓延的势头得到有效遏制时，人们更容易产生危机已过之感，可能放松预防措施，开始旅行、聚餐等。届时，一定不要过度乐观、麻痹大意，防止疫情反扑。

——节选自中国心理卫生协会《新型冠状病毒感染的肺炎公众心理自助与疏导指南》

第四节 幸福心理

案 例

伊丽莎白·泰勒(Elizabeth Taylor)出生于英国伦敦，美国影视演员。九岁就出演了自己的第一部电影，十岁便与米高梅签约。1957—1959年三度获得奥斯卡提名。1961年，获第33届奥斯卡最佳女主角。1963年，主演的《埃及艳后》上映 。1967年，获第39届奥斯卡最佳女主角。2003年，正式宣布退出影坛。2005年，获得了英国影视艺术学院颁发的终身成就奖 。2011年3月23日病逝，享年79岁。这位被誉为“世界头号美人”的好莱坞巨星曾说过：“我爱过七个男人，有过八次婚姻，上帝给了我美貌、声名、成功和财富，所以没给我幸福。”

古今中外，不乏关于幸福的阐释，其中一些观点影响深远，成为大众解读幸福的智慧源泉。中国人自古有五福之说，如《尚书》云：“一曰寿、二曰富、三曰康宁、四曰是好德、五曰是终命。”意即福寿绵长、钱财富足、心身康宁、仁善宽厚、善始善终。在儒家文化的影响下，许多人以“内圣外王”为幸福目标，以《大学》中提到的明德、亲民、止于至善的路线为代表；强调人既要安身立命，又要拓展个人功业，实现“治心”与“治世”的双赢。

在对幸福的研究中，西方文化形成了两大研究流派，即享乐主义幸福观和理性主义幸福观。前者认为幸福就是追求感官的快乐，避免感官的痛苦，如伊壁鸠鲁(Epicurus)认为快乐是幸福生活的开始和目的；后者强调人的精神快乐和理性能力，认为人的幸福必须在理性的指导下才能实现，如亚里士多德(Aristotle)称幸福就是灵魂的一种合乎德行的现实活动。

马克思主义幸福观是以唯物史观为基础，把人民幸福作为最终指向目标的幸福观。马克思认为，人们对于幸福的追求是在一定社会条件下，人们在物质条件满足的基础上去追求更高的精神上的体验，是境界更高、更加文明的过程。

进入 21 世纪之后，积极心理学在全球掀起了一场以课程为导向的“幸福教育”浪潮。积极心理学课程及其教育理念被普遍接受并在全球广为传播。从现有的文献来看，“幸福”俨然成为当前积极心理学研究的核心和焦点。当代学校的幸福教育主要尊重学生的主体地位，鼓励学生追求幸福，重视培养学生对幸福的情感认同，着力培养学生创造幸福的能力。

一、幸福感的心理学研究

(一)主观幸福感和心理幸福感

从心理学的角度对幸福感进行研究始于 20 世纪 60 年代，但真正形成心理发展意义的主观幸福感研究还要从 20 世纪 90 年代积极心理学影响的逐渐扩大开始算起。心理学将幸福感分为主观幸福感和心理幸福感。主观幸福感是人们根据主观的标准对自己生活满意度及各方面的整体性评估，并由此产生积极情感占优势的心理状态。心理幸福感认为幸福不仅是快乐体验，而且包含个体通过充分发挥自身潜能而实现完美人生意义的体验，是超越简单享乐的幸福。心理幸福感主要包括良好关系、人生目标、个人成长、环境掌控、自我接纳和自主性六个维度，其中良好关系和人生目标是最重要的两个维度。

新闻链接

据美国有线电视新闻网报道，联合国可持续发展解决方案网络(Sustainable Development Solutions Network)于当地时间 2020 年 3 月 20 日发布的榜单显示，芬兰再次成为“最幸福国家”。3 月 20 日联合国发布 2019 年《世界幸福报告》，芬兰连续两年被评为“全球最幸福国家”。报告对 156 个国家和地区的数据进行调查分析，排名指标包括收入、自由、社会支持、健康和寿命等。丹麦、挪威、冰岛、荷兰进入前五名。对比2018年报告，中国从86名下降到93名。

从2012年开始，联合国可持续发展解决方案网络每年都发布《世界幸福报告》。“最幸福国家”榜单的考量标准有六个，分别为居民收入、自由度、信任度、预期健康寿命、社会福利和对他人的慷慨度。去年获得“最幸福国家”头衔的也是芬兰。

《世界幸福报告》编辑、英属哥伦比亚大学教授约翰·海利维尔(John Helliwell)表示，芬兰当地人和移民都是“世界上最幸福的人”。“这和‘芬式DNA’无关，而与芬兰居民的生活方式有关。”海利维尔介绍，虽然芬兰人要为保障社会稳定缴纳高额税款，但他们信任政府，拥有自由，且对他人非常大方。“他们真的关心彼此，”海利维尔说，“人们想生活在这样的地方”。

(引自：新京报网站，2019-03-21)

“积极心理学之父”马丁·塞里格曼认为，幸福心理由五个相互交织的要素构成，可以缩写为的PERMA。

P=积极情绪　Positive Emotions

E=投入　Engagement

R=人际关系　Relationships

M=意义　Meaning

A=成就　Achievements

弗雷德里克森的研究发现，人们在体验积极情绪时，会发生很多有利于人类这个物种延续下去的事情，包括这样一个事实：我们扩展了对自身环境的认知，对别人感到更好奇，这反过来有助于构建人际关系。此外，在PREMA五要素中，成就并不是胜利或者夺得第一名；相反，它是实现有意义的、有使命感的目标。研究发现，人们希望做某些事情，而不是什么事都不做。对此，自我决定理论指出，想要实现成功，必须让人们感觉自己能够游刃有余地掌控身边的环境。然而，并非所有成就都能带给人们幸福。追求一些体现了肤浅渴望的外在目标(如金钱和名誉)，或者以别人梦想的目标为自己的追求，并不会给人们带来满足的成就感或幸福感。研究还发现，最幸福的人们每天醒来后都致力于实现明确而艰难的目标，这些目标超出了他们的舒适区，不但获得了最佳的成果，而且还可以带来最高水平的自尊感和自我效能感。

芝加哥大学心理系教授米哈里·契克森米哈(Mihari Cheksenmiha)在分析了不同文化、不同年龄层的人对最满足和最愉快时刻的描述之后，认为人们在“心流”状态下最为快乐。“心流”是一种对正在进行的活动和所在情境的完全的投入和集中，是一种人们因为过于沉浸在一项活动中而忽略身边一切事物的状态。在一个高度物化的社会里，对财富、地位、权力的追逐未必能使人更加快乐。唯有从每天的生活经验、当下的体验品质，即“心流”中创造乐趣，才能提升身心的品质。人在做自己喜欢做的事情时才真正体会到长久的快乐，这与技能和挑战的匹配程度有关。研究还发现，专注、冥想、瑜伽、太极拳、武术都会增强一个人达到“心流”的能力。

表 8-3 “心流”状态的 8 个特征

1. 活动有挑战性，且需要一定技能	这种任务具有挑战性，需要全身心地投入，但又不会太困难以至于无法完成
2. 注意力完全被活动吸引	人很难把自己和正在做的事分开，而这是自动发生的
3. 活动有明确目标	事情要有明确且合理的方向
4. 有清晰的反馈	知道自己是否已经达到了目的，哪怕只是一种自我肯定
5. 人只注意正在做的事	此时，人会忘记生活中的不愉快
6. 获得一种个人控制感	享受个体控制情境的愉悦
7. 失去了自我意识	注意力集中在活动和目标上，且自动调节感官为之服务
8. 失去了时间感	往往几小时像几分钟一样过去，但相反的情况也会出现

（二）影响幸福感的其他因素

1. 年龄和性别

研究发现，随着年龄的增长，人们的生活满意度有升高的趋势，至少会保持稳定。关于老年人的主观幸福感研究提出了年龄的自我接纳这一概念，即主观年龄。主观年龄越比现实年龄小，那么其主观幸福感水平越高。女性比男性具有更高的主观幸福感和满足感，这种差异可以用社会角色来解释。男女社会角色在情绪体验上有很大的不同，女性多从事情绪表达的工作，男性很少强调情绪表达，这样女性较男性更多地有一种接受的态度，并相信自己的情绪反应会被社会认可。这些差异引起对幸福感的不同判断，因此，女性比男性具有更高的主观幸福感。

2. 财富收入

对金钱的看法比金钱本身更影响幸福。研究发现，收入与主观幸福感呈正相关，因为较高的收入会带来更多的物质享受、更高的权力与地位，伴随着更高的自尊心和自信心。但也有研究表明，随着时间的推移，在富裕国家，国家经济收入的增长并没有带来本国人民的主观幸福感水平的提高。这可以用社会比较理论来解释。这一理论认为个人的幸福是建立在对自己与别人地位差异的比较的认知上的。我们往往进行上行的社会比较，从而导致了自身生活满意度的降低。

3. 文化

近年来，一些研究者在主观幸福感的跨文化研究中界定了个体主义和集群主义两种文化形态。个体主义文化强调个体的独立性，强调选择的自由和个人的需求；集群主义文化强调个体之间的相互依存及与他人之间的关系，强调责任及他人的需求。在个体主义文化中，个体内部情感和真实性经常被认为是一种美德，在他们的身上可以发现内部情感和生活满意度之间有很强的相关性。在集群主义文化中，个体的思想和情感只有参照别人的思想和情感才能获得充分的意义，这种文化中的个人对文化准则的知觉和生活满意度之间有更强的联系。

4. 健康情况

大多数心理学家认为健康与主观幸福感具有较强的相关，但这种相关仅仅表现在被试自我报告健康测试时。自我评估健康会受到消极情绪、人格特质的影响。例如，高度神经质的人出现疑病的可能性会大于常人，积极情绪能提高我们对疼痛的忍耐能力。生活满意度可以通过主观解释自身的健康进行预测，因此，自我评价的健康状况比客观的健康状况对主观幸福感的影响更大。

5. 生活事件

生活事件是一种应激源，是人们在生活中所经历的各种紧张性刺激。根据动力平衡理论，每个人都有一种平衡的生活事件水平和主观幸福感水平。当生活事件处于平衡水平时，主观幸福感不变；一旦生活事件偏离正常水平，主观幸福感就会随之升高或降低。有学者认为，生活事件对主观幸福感的影响应该因研究对象及其研究背景的不同而异。

6. 社会支持

社会支持是指可以为个体所利用的重要外部资源。它可以为个体提供物质或信息上的帮助，增加人们的喜悦感、归属感，提高人们的自尊感和自信心。当人们面临应激性生活事件时，它还可以阻止或缓解应激反应，从而增加正性情感，抑制负性情感，防止主观幸福感降低。

1938 年，哈佛大学发起了一项史上研究时间最长的研究项目之一。他们跟踪调查了 724 位男性，从少年一直跟踪到老年，年复一年地记载这些被访者的生活、工作、健康状况等。研究发现，影响个人幸福最重要的外部因素是人际关系，我们的幸福与快乐指数往往与我们人际质量有较大的关系。好的人际关系并不取决于你朋友的数量，而是跟你建立起联系的那个人是你感觉真正能够依赖的。研究还特意选取了一批 50 岁的人，记录了他们 50～80 岁的人生状况，发现那些具有良好人际关系的人到 80 岁时是最健康的。此外，这项研究还有一些结论可以为我们带来启发：智商在 110～115 的人与 150 以上的人，在收入上没有明显差别；当智力达到一定水平之后，一个人金钱上的成功主要取决于他与他人的关系水平；一个拥有“温暖人际关系”的人，在人生的收入顶峰(一般是 55～60 岁)比平均水平的人每年多赚 14 万美元；儿童时代受到良好母亲关怀的人比没有受到母亲关怀的人平均每年多赚 87000 美元；孩提时代和母亲关系差的人，年老后更有可能患上老年痴呆症；童年受到父爱关怀的人，成年后的焦虑较少。

7. 人格因素

心理学研究发现，人格因素是主观幸福感最可靠、最有力的预测指标之一。郑雪、王玲等研究者研究表明，外向性人格维度与幸福感、生活满意度、积极情感存在显著的正相关，与消极情感存在显著负相关；神经质与幸福感、生活满意度、积极情感存在显著负相关，与消极情感存在显著正相关；稳定外向型人格的人的主观幸福感水平最高，其次是稳定内向型人格的人和不稳定外向型人格的人，幸福感水平最低的是不稳定内向型人格的人。①

同时，许多研究表明，自尊和主观幸福感的关系密切。自尊是个体在社会实践过程中所获得的对自我的积极情感性体验，反映出个体知觉到的现实自我状态与期望自我状态之间的差异。研究表明，大学生自尊结构是双重的，存在外显自尊和内隐自尊两种成分。外显自尊和内隐自尊均可以显著预测大学生的主观幸福感。对自己进行否定性评价、不喜欢自己的大学生在人际交往、学习、求职工作中会遇到更多的困难，更容易引发心理障碍。② 弗海姆(Furnham)的研究结果同样表明自尊是幸福感的一个最有力的预测因素之一。高自尊人格者对自己持肯定的态度，善于积极地评价自我，乐观自信，有较好的应激方式，善于改变情境，所以能较好地应付各类问题，幸福感相对高些。因此，发展大学生的高自尊人格也可以成为提高其主观幸福感的一种方法。

应对方式是个体对环境或内在需求及其冲击所做出的恒定的认知性和行动性的努力。采取积极的应对方式有助于获得社会支持，从而可以获得较多的帮助，体验更多的生活满意度。较多地使用解决问题和求助类应对方式的个体幸福感水平较高，较多使用退避、不良情绪和发泄类应对方式的个体幸福感水平较低。

二、大学生如何获得幸福感

(一)关注生活的积极面

人们越是关注什么，什么就越有可能变成现实。如果我们总是关注负面的东西，那么个人的潜能是很难真正被开发出来的。快乐不等于没有不快乐，负面情绪的体验是一种自然且正常的生命现象。痛苦在很大程度上来自自身对痛苦的关注，而不是痛苦这件事情本身。哈佛大学研究显示，如果你感到沮丧，那是因为对过去不满；如果你感到担忧和焦虑，那是因为你活在未来。在困境中保持乐观，在顺境中保持低调，既是一种选择又是一种智慧。

若是身处逆境，遭遇各种困难，却以积极的态度和想法来对待，便可容易

① 郑雪、王玲、邱林等:《大学生主观幸福感及其与人格特征的关系》，载《中国临床心理学杂志》，2003(2)。

② 耿晓伟、张峰、郑全全:《外显与内隐自尊对大学生主观幸福感的预测》，载《心理发展与教育》，2009(1)。

地逆转处境，同时收获智慧与结果；若以怨天尤人的态度抱怨，那么将丧失接下来更多的逆转机会。事实上，幸福的人既关注幸福，也关注从不幸到幸福的转变。人常常为幸福的假象所蒙蔽，总以为幸福在未来，自己眼前的努力为的是明天的幸福，从来没有感觉到自己在今天就是幸福的。在平凡的生活中，我们总是对我们已经适应的事物视而不见，不知珍惜，认为它们是理所当然的，只有经过困苦之后才知道自己本身就是幸福的。因此，只有珍惜当下、活在当下，才能感受到最真实的幸福。细心留意那些不经意的美丽，观察那些不同寻常的事物，尝试捕捉美丽瞬间，如季节更替带来的焕然一新，陌生人投来的友善微笑等，用心享受生活，你会发现幸福就在身边。

（二）你的认知是关键

一个人看待事物的角度比客观事物本身更重要。心理学的研究发现：如果你是一个太看重结果的人，那么你达到目标后得到的幸福只能维持短暂的一段时间，然后你会回到原有的幸福感水平上；同样，如果你因为一件事情而感到挫败，一段时间后，你也会回到原来的幸福感水平上。这项结果表明，外在种种指标并不会影响你的幸福感，内在的认知决定你幸福与否。

通常我们只看到一次巨大的改变需要的时间和带来的影响，而不去看让这次巨大的质变产生的一些基础性的量变。人改变认知的历程是长久的。一个人如果真的希望能够改变自己的生活，那么一定会主动、认真地思考什么样的认知是健康有益的、需要他学习并付诸行动的。无论怎样的逆境，总有值得你庆幸的地方。但是执着于结果的人往往看不出逆境中有什么值得庆幸的，心智也并没有得到成长。然而，人生的成长和飞跃常常发生在你觉得非常痛苦的时刻。你可以选择成为一个受害者，也可以选择从中学习一些东西。选择如何面对人生，全看自己。

（三）接纳自己的不完美

这个世界是一个相对的世界，万事万物的好与坏都是相对的，因为好坏是人定义的。不要一味克服人性的弱点，而要学会适应它们。现实中很多人为了追求完美，只肯定自己正面的部分，否定甚至想遗弃负面的部分，所以才导致了那么多的不如意的事情甚至是悲剧的发生。对美好东西的向往和对丑恶东西的厌恶是我们自己的本能，对熟悉的事物产生厌倦、对新鲜事物保持好奇也是我们人性中的一部分。我们要改变自己，就要先允许自己是一个普通的人，有各种各样的情感体验。只有打开自己，袒露自己真实的人格，才会唤起真实的人性。若所有人都能在别人面前做一个自然的人，而非精心装饰的人，那么谁都能相互尊敬，且活得舒坦。在这个世界上，没有人能够带你到达幸福的彼岸，只有自己能够对自己的幸福、快乐承担责任。

（四）尝试做一些改变

人类的身体和心理是相互影响、相互作用的整体。某种情绪会引发相应的肢体语言；反过来，肢体语言的改变同样可以导致情绪的变化。当无法调整情绪时，你可以调整肢体语言，带动出你需要的情绪。例如，强迫自己微笑，你会发现内心开始涌动欢喜。外在的行动也可以改变内在的认知，有时候自己强迫自己行动，也能够改变自己的情绪状态，如可以去散散步、跑一圈、骑自行车、跳舞或打球等。运动有助于缓解悲伤情绪，调节性格。找到一项适合自己时间和身体状况的运动，并持之以恒，渐渐地你会发现，自己越来越开朗、乐观了。

要学会挑战你的不舒服。一个人的成长少不了尝试各种新的挑战。战胜了挑战你就会适应一件新的事情，不再紧张害怕。想要舒服，就先要不舒服。如果你每天做一件让自己不舒服的事情，一年下来，你就发现能让自己感到舒服的事情越来越多。可以尝试新鲜的东西或找回过往的某种兴趣，如学习一种乐器，烹调你最爱吃的美食，开始一项体育运动等。但是，最好不要做出太大的改变，否则身心很难适应，甚至出现各种问题。例如，你要开始锻炼身体，你可以先限定运动量，日后再慢慢增加运动量，否则身心俱损。

对于承受巨大压力的人来说，重要的是学会尽量简化自己的生活，适当休息。吃饭的时候什么都不做，只是单纯欣赏食物的美味，这就是很好的休息。少做一些事情，我们的效率会提高，生活的满意度也会上升，创造力和生产力也能增强。生活是一种投资，你无须什么都抢着做，少做一些事情你照样不会损失多少，甚至收获更多。

（五）学会感恩和宽恕

人类有普遍的亲社会行为（又叫利社会行为），是指符合社会希望并对行为者本身无明显好处，而行为者却自觉自愿给行为的受体带来利益的一类行为。进化心理学的研究发现，和人类差别很大的物种，如吸血蝙蝠中，同样存在着明显的社会交换行为。例如，蝙蝠会吐血给那些没有采集血液的蝙蝠，有一天它们可能受益于类似的捐助。拒绝分享的蝙蝠，将被蝙蝠群体记住，并且被排除在这种协作之外。人类以外的其他灵长目动物，如黑猩猩、短尾猴中也存在着广泛的互助行为。埃蒙斯（Emmons）和麦卡洛（McCullougb）的研究发现，那些感恩的人往往更乐观，更有活力，与他人联系更多，更可能有充足的睡眠。唐尼（Downey）对宽恕做了一些研究。他认为，宽恕可以帮助受害者完成侵犯后的认知和情感转变。受害者可以做出现实评定，确认侵犯者的责任，从本质上脱离受害者这个角色。

对美好时光不能心存感激和欣赏，对过去的不幸夸大其词、念念不忘是不幸福的罪魁祸首。感恩和宽恕能改变记忆，感恩能增加美好记忆的强度，宽恕能将痛苦记忆消除，它们会使你更幸福。人们最常犯的一个错误就是用别人的过错惩罚自己。原谅与接纳那些伤害我们的人，是打开心结的唯一方法。很多人把感恩当作一种付出。其实，感恩本身就是一种幸福。生活中，我们可以尽量多给朋友甚至陌生人提供帮助，花时间做社区工作或志愿者工作，享受为他人带去幸福的喜悦，感谢那些曾经帮助过自己的人，以微笑对待每个人。研究发现，感恩意识强的个体有更少的沮丧、焦虑等情绪，感恩还能降低患抑郁症的风险。还有实验研究发现了感恩与催产素的密切关系，催产素是一种亲社会激素，被喻为“爱的荷尔蒙”，能促进人们的共情反应和亲社会行为。①

（六）理解幸福的私人性和公共性

孔子说：“富与贵，是人之所欲也；不以其道得之，不处也。”(《论语·里仁篇》)意思是说，财富和地位是每个人都向往的；但是，以不正当的手段得到它们，君子不享受。从事自己喜欢的工作固然重要，但实际上大多数人由于环境等各种因素无法实现这一点，所以发现工作的价值与意义是获得幸福感的重要方法。柏拉图(Plato)曾在《理想国》中说：“任何人凡能在私人生活或公共生活中行事合乎理性的，必定是看见了善的理念的。”②人们对于幸福的向往，不仅是对个人欲望的满足，同时也是对良好公共生活的诉求，即要在公共生活中享受自由和尊严、平等与和谐。现代人类中心主义的幸福观过分强调通过科技对自然的征服与控制来实现人的物质幸福，仍属于一种工业文明幸福观，若从非人类中心主义的立场看，自然界其他生命也同样具有享受幸福的权利。人类物质文明盲目发展造成的自然资源短缺、生态退化、环境污染加剧以及疾病暴发，其实都是人的不合理生存和生活方式引起的。因此，一种基于生态关怀的真正幸福一定是全人类乃至全生态意义上的。马克思曾预测，未来共产主义社会应该树立和形成的新型幸福观，应是一种人类与自然和谐相处的幸福观。党的十九大报告中也强调：“我们要牢固树立社会主义生态文明观，推动形成人与自然和谐发展的现代化建设新格局。”幸福，本质上是一种涉及生态的生存与生活的整体幸福，是伴随着一种更文明的生产和生活方式：节约、简朴、健康、自然、开放、人道、共存、对话、多样性和面向未来。

思考题

1. 了解古代文化中有关生命的知识对你有什么启发？
2. 生命态度是如何影响心理健康呢？
3. 个人幸福和生态幸福的关系是什么？

---

① 倪旭东、王勤勤:《感恩对心理幸福感的影响及其作用机制》，载《中国健康心理学杂志》，2020(2)。

② 柏拉图:《理想国》，郭斌和、张竹明译，276页，北京，商务印书馆，1986。

影视赏析

触不可及

因为一次跳伞事故，菲利普(Philip)瘫痪在床，欲招聘一名全职陪护。由于薪酬高，应聘者云集，个个舌灿莲花，却无法打动他的心。直到德希斯(Desis)出现才让他做出决定。德希斯刚从监狱出来，背负家庭重担，一心只想寻一封辞退信以申领救济金，而且他明显对女助理的兴趣远大于这份工作。但是菲利普还是一眼相中了这个小伙子。于是，德希斯开始了一个月的试用期。虽然舒适的豪宅环境让他备感虚荣，但是他仍面临很多挑战：不仅要为菲利普做身体复健，还得给他洗浴、灌肠、拆信、穿丝袜等。起初，两人的思维方式与价值观大相径庭，但是，随着了解的不断深入，他们成了朋友……(本片取材于真实事件，获 2011 年东京电影节最佳影片金麒麟奖，弗朗索瓦·克鲁塞与奥玛·赛分享影帝桂冠)

推荐阅读

1.［奥］维克多·弗兰克尔. 活出生命的意义[M]. 吕娜，译. 北京：华夏出版社，2010.